U0944934

修订本

ON CONTEMPORARY
CHINESE CIVILIZATION

当代中国文明论

文明与文明城市的理论研究

鲍宗豪——著

東方出版中心

图书在版编目（CIP）数据

当代中国文明论：文明与文明城市的理论研究 / 鲍宗豪著. —修订本. —上海：东方出版中心，2020.2
ISBN 978-7-5473-1589-7

Ⅰ. ①当… Ⅱ. ①鲍… Ⅲ. ①城市建设－社会主义精神文明建设－研究－中国 Ⅳ. ①D648.3

中国版本图书馆CIP数据核字（2019）第289384号

当代中国文明论（修订本）

著　　者　鲍宗豪
责任编辑　张爱民　黄　驰
封面设计　钟　颖

出版发行　东方出版中心
地　　址　上海市仙霞路345号
邮政编码　200336
电　　话　021-62417400
印 刷 者　上海盛通时代印刷有限公司

开　　本　710mm×1000mm　1/16
印　　张　14.75
字　　数　162千字
版　　次　2020年3月第1版
印　　次　2020年3月第1次印刷
定　　价　88.00元

前　言

2014年3月27日，习近平主席访问联合国教科文组织并发表重要讲话，第一次提出了关于“文明交流互鉴”的“新文明观”，他强调“文明因交流而多彩，文明因互鉴而丰富，文明交流互鉴，是推动人类文明进步和世界和平发展的重要动力”。[1]在这一被国际舆论视为“具有历史意义的文明宣言”中，习近平主席科学把握人类文明进步大势，深刻阐明“多彩、平等、包容”的文明观，真诚倡导“和而不同”的文明交流互鉴准则，郑重宣示相互尊重、和谐共处的中国理念，从而为世界和平发展开辟了新路程，为铸就人类文明美美与共的人类命运共同体画卷凝聚了新共识。

正是基于对文明交流互鉴规律的全面把握，对全世界共同面临的文明发展问题的深入思考，习近平主席又在2014年上海亚信峰会和博鳌亚洲论坛2015年年会上，先后两次提出了召开亚洲文明对话大会的重大倡议。2019年5月15日，亚洲文明对话大会在北京隆重召开。习近平主席在开幕式主旨演讲中，不仅阐释了在数千年亚洲发展历程中亚洲人民创造的辉煌文明成果，而且提出了夯实共建亚洲命运共同体人文基础的4点主张，尤其强调：“我们应该用创新增添文明发展动力。”“中华文明在继承创新中不断发展，在应时处变中不断升华。”[2]

在日益开放的当代世界，我们既要对人类文明成果保持海纳百川的

---

[1]《文明因交流而多彩　文明因互鉴而丰富》，人民日报海外版，2014年3月28日。

[2]《习近平亚洲文明对话大会开幕式上的主旨演讲》，新华社北京，2019年5月15日电。

胸襟，撷百家之精华，融各方之优点，把握时代大势，着眼民族梦想，放眼世界未来，推动中华文明创新性发展，也要立足当代中国千百万人民的“文明实践”，提炼当代中国各城市、各地区以“文明创建”促进物质文明与精神文明协调发展，实现社会现代化文明追求的智慧成果。

“当代中国文明论”正是基于当代中华文明与世界文明交流互鉴的需求而与时俱进，创新中华文明，以期形成当代中华文明或者说当代中国文明的新理论、新体系。同时，“当代中国文明论”延续并传承了中国优秀传统文明的基因，但它不是中国传统农业社会、农业时代的文明。“当代中国文明论”延续和传承了中国民主革命和改革开放之前中国社会主义建设、社会主义工业化时期，革命先辈和中国共产党人为实现民族伟大复兴而浴血奋斗、全力推进工业化、提升工业文明水平的精神和成果，但又不是中国以重工业为基础推进中国工业化、展示工业文明成果的文明论。

《当代中国文明论》主要特色及其逻辑结构有六个方面：一是开创性地提出以当代中国千百万人民在实践、在追求的“城市文明”，以及“文明城市创建”价值共识为基础和研究领域，反映并展示党的十四届四中全会以来中国东西南北近千个城市，在开展文明创建中传承中华文明，提升当代中国人文明素养、社会文明程度的文明成果；二是凸显“文明城市”作为一种中国特色可持续“城市化模式”，对中国落实联合国《2030年可持续发展议程》，引导中国的新型城镇化，实现健康、可持续发展的价值；三是20多年文明城市创建实践形成的城市精神文化，通过引导城市保留并传承独特的历史文化、城市风骨，凝练城市的“精气神”，延续城市文脉、风格，弘扬当代中国的城市精神，促进城市物质文明与精神文明的协调发展；四是深刻阐释“文明发展”作为当代中国“文明实践”内在逻辑要求，对当代中国经济和社会转型发展中，解构“增长主义”，实现高质量发展的意义；五是在中国文明崛起，当代世界文明处于新的历史转折的关键时期，当代中国文明论的研究扬弃“现代性”与“后现代性”的论争，引导中国走出传统“经济现代化”的弊端，研究并实践社会现代化的文明追求，这在以“资本”为基石和核心的资本主义制度安排下，是无法“扬弃”和“超越”的。在这个意义上说，当代中国文明论对“社会现代化”的研究，不仅超越了中国的农业文明、工业文明的语境，而且率先提出了人类进入“社会现代化”新时代、提升社会文明程度的种种问题；六是对当代中国社会现代化、社会文明的研究，不仅“向下”研究社会现代化进程中中国都市生活方式的新变化，从都市精神生活新追求、交往生活新创造、消费生活新变化、休闲娱乐新天地四个角度反映当代中国人的文明生活方式，而且“向上”研究信息化大数据时代“社会现代化”的新特质，用“大数据”揭示当代中国特色社会现代化的文明水平。

同时，对当代中国社会现代化文明实践的研究，又归结到“全球化”时代文明语境的构建。因为社会现代化是“全球化”时代的“社会现代化”。所以，当代中国特色的“社会现代化”，不可局限于“中国”，它必须借助“一带一路”以及人类命运共同体的构建，促进全球社会现代化“文明语境”的构建，只有以全面深入推进“全球化”为契机，构建“和而不同”的全球社会现代化文明语境，才能引导中国和人类社会走向更高境界的文明，实现全世界人民的永续追求。

2019年8月由中国出版集团东方出版中心出版《当代中国文明论》一书，该书主要以2005年以后我在上海《社会科学》《学术月刊》《天津社会科学》等杂志发表的学术论文为基础，整合提炼而成，今天看来不少观点和数据均不合时代需求。然而，当代中国又缺乏“当代中国文明论”的研究，亦无法将当代中国宽广、深厚且具特色和魅力的“文明”成果，用于当代世界文明的交流互鉴，仅靠几千年中国农业文明的成果与世界进行交流互鉴，对早已处于“现代性”与“后现代性”水平较高的国家，“文明”的力量还不够。所以，必须与时俱进，创新中华文明的研究，以“当代中国文明论”引导中国的城市化、社会现代化，影响世界社会现代化的文明追求。

作为抛砖引玉，《当代中国文明论》只是以提炼概括当代中国文明实践、社会现代化文明追求的方式，来提出重大问题，阐释当代中国文明论的思想，架构当代中国文明论的理论体系。因此还有很多不成熟、不完善之处。还需要说明的是，本书第十二章原是我的学生李振教授与我一起署名发表的论文，这次修订特将其作为最后一章，对当代中国文明研究作一个总结，但这还只是对文明论研究如何促进形成“全球化文明语境”提出问题，尚待进一步研究和探索。

鲍宗豪

2020年春

目　录

第一章
当代中国“文明论”研究的新视域

对“文明”的研究，既是近现代以来考古学、历史学、文化人类学、文化哲学、社会学以及心理学等诸多学科共同在研究的前沿性课题，也是信息化、全球化时代世界各国共同关注的重大理论和实践课题。不同的学科、不同的学者从不同的视角探索和论证文明的本质、文明的形态、文明的冲突、文明的兴衰等等，不仅为我们勾勒了东西方文明的图景，揭示了人类文明演进的特点与规律，而且从不同领域、不同层面构建文明论的体系。但是，对当代中国文明论的研究，最缺乏的不是“文明学”“社会文明论”“文明哲学”的研究，而是缺乏对当今中国千百万市民在追求与实践的“文明城市”[1]本质的论证，缺乏对“文明城市”在构建中国特色可持续城市化新模式方面所具有的意义和价值的研究。基于15年来对全国各大城市创建文明城市的实践与理论研究，我试图聚焦“文明城市”以及社会现代化的文明追求来拓展当代中国文明论的研究视域，不仅凸显“文

[1] 20世纪90年代末，全国各省、自治区、直辖市就开始了全国文明城市的创建。尤其是2005年中央文明委颁布《全国文明城市测评体系》以来，全国有31个省区市的省会城市、15个副省级城市、160多个地级市、300余个县级市以及4个直辖市的30多个城区参加全国文明城市（城区）的创建。截至2017年，已有197个城市（城区）获全国文明城市（城区）的荣誉称号，391个城市（城区）获全国文明城市提名城市（城区）。“文明城市”作为全国城市最高的综合性荣誉，每三年评选表彰一次，参与创建“文明城市”的工作和活动，几乎渗透到城市（城区）的家家户户，已成为当代中国全体市民百姓共建共享城市文明的活动。

明城市”作为中国特色可持续城市化新模式的理论与实践意义,而且突出大数据时代社会生活、社会现代化的文明新诉求。

一 当代中国“文明论”研究的哲学基础

18世纪以来,随着资本主义的繁荣发展,西方学者对“文明”问题进行了种种反思和探索,形成了五种最具特色的文明论。对不同文明论的反思,既要善于揭示不同文明论研究对象转换背后的深层价值意蕴,更要通过对马克思“文明实践”内蕴价值需求的揭示,进而奠定当代中国“文明论”研究的哲学基础。

1. 从“文明起源”到“文明实践”的反思

——文明起源论。大凡研究人类文明与文明史的学者,一般都涉及文明的起源问题。但不同的学者对文明起源研究的视角不同。如英国哲学家霍布斯(Thomas Hobbes, 1588—1679)从文明演化视角研究文明的起源;日本启蒙思想家福泽谕吉在论及世界各国文明程度高低时,阐释了文明进化的思想;英国历史学家汤因比(Arnold Joseph Toynbee, 1889—1975)在创立文明形态史论的过程中,阐释了文明起源的基础——生产的剩余;全面系统建构文明起源论的思想家则是美国人类学家路易斯·亨利·摩尔根(Lewis Henry Morgan, 1818—1881)。1877年,摩尔根的《古代社会》出版。他在全面深入地考察了人类文明产生的过程后,认为“人类必须获得文明的一切要素,然后才能进入文明状态”。[1]为了揭示人类文明进展的轨迹,摩尔根采取由近及远的回溯逆推的方式,展示了不同时期人类文明的表征及其贡献。马克思、恩格斯对文明起源的研究,既汲取了摩尔根关于文明与野蛮分野的研究成果,但又不局限于文明起源、演化的历史,而是以历史与逻辑相统一的方法、以人类的劳动实践为

[1] [美]摩尔根:《古代社会》,杨东莼、马雍、马巨译,北京:商务印书馆,1977年,第28页。

基础，揭示人类社会文明的起源；并认为人类的文明是从两种劳动最大的一次分工（即物质劳动与精神劳动的分工）开始的，也是文明时代开始的一个重要标志，是一个阶级对另一个阶级剥削的开始。[1]

——文明形态论。关于文明形态的研究，值得关注的是斯宾格勒（Spengler，1880—1936）和汤因比。斯宾格勒的《西方的没落》开创了以“文明形态学”为中心的现代文明论，影响深远。他把世界各民族分为文化民族（或称文明民族）与原始民族两大类，认定世界历史是文明民族创造的；世界历史可分为八个独立的文化形态：埃及文化、印度文化、巴比伦文化、中国文化、古典文化、阿拉伯文化、西方文化（浮士德文化）和墨西哥文化；每个伟大文化都来源于一个民族最深层次的民族精神，都有自己表现于文化各个方面的基本象征。斯宾格勒关于“文化来源于一个民族深层次民族精神”的思想是深刻的，但其历史前提和研究方法是错误的，并持有神秘主义、不可知论和历史悲观主义观点。英国历史学家汤因比继承和发展了斯宾格勒的思想，认为历史研究的最小单位不是民族国家，而是一个个的社会或文明。1934—1961年出版多卷本巨著《历史研究》，创立了用文明观察历史的理论——文明形态史观。汤因比以文明为研究单位，从宏观的视角出发，将人类史作为一个整体加以考察。他对已知的至少三十一种文明，进行了分析和归纳，对文明的起源、成长、衰落、解体加以描述。他认为：“文明乃是整体，它们的局部彼此相依为命，而且都互相发生牵制作用……这是处于生长过程中文明的特点之一，它们的社会生活的一切方面和一切活动都彼此调和成为一个社会整体，在这个整体里，经济的、政治的和文化的因素都保持着一种非常美好的平衡关系……”[2]据此，汤因比提出了文明形态的理论。

雅斯贝斯（Karl Jaspers，1883—1969）对文明形态学的突破在于：提

---

[1] 参见《德意志意识形态》，《马克思恩格斯全集》第3卷，北京：人民出版社，1960年，第56—57页。

[2] ［英］汤因比：《历史研究》（下），曹未风译，上海：上海人民出版社，1986年，第463页。

出了以轴心期文明理论为特色的文明形态发展论。他认为，人类文明有以下四种形态。第一种形态：史前文明。这是人性开始孕育、文明开始形成的时期，构成人类文明的一些最基础的要素出现了。第二种形态：古代文明。公元前5000年至公元前2000年间，国家的诞生，世界帝国的出现，马的应用，文字的发明，民族的形成，还有建筑和艺术品的出现，这一切都使得古代文明呈现出完全不同于史前文明的面貌。不过，古代文明仍然“缺乏奠立我们新人性基础的精神革命”。[1]第三种形态：轴心期文明。公元前800年至公元前200年间，以公元前500年为中心，地球上各地区发生了精神运动，标志着轴心期文明的到来。第四种形态：科技文明。它发端于15世纪的欧洲，经过17—18世纪的准备和发展，在19世纪末20世纪初全面展开，成为轴心期文明以来人类文明在精神领域和物质领域的第一次全新发展。人类的精神基础正是在这一时期同时并独立地在中国、印度、波斯、巴勒斯坦和希腊开始奠定，直到今天，人类文明仍然附在这个基础上，靠其“产生、思考和创造的一切而生存”。[2]

马克思主义对文明形态的研究，仍沿着（劳动）实践的思路展开。恩格斯（Friedrich Engels，1820—1895）曾说过，劳动创造了人。人类的劳动也在创造着文明，推进着文明形态的演进。劳动的进步，即劳动方式、劳动工具等的进步，使人类社会从野蛮逐步走向文明。人类的实践，首先表现为物质资料的生产，而物质资料的生产实际上就是改造自然的活动，人类改造自然的物质成果就是物质文明。人类在改造客观世界的同时，主观世界也得到改造，社会的精神生产和精神生活也得到发展，这方面的成果就是精神文明。物质生产又总是表现为一定的历史形式，而物质生产方式的每一次飞跃，都会引起文明形态的改变。与不同的人类社会物质生产方式形成的社会形态相对应，便形成了奴隶制文明、封建制文明、资

[1]［德］雅斯贝斯：《历史的起源与目标》，魏楚雄、俞新天译，北京：华夏出版社，1989年，第55页。
[2] 同上书，第14页。

本主义文明、社会主义文明的不同文明形态。因此，马克思主义的文明形态论，是奠基在实践、劳动实践基础上的。

——文明批判论。主要是西方学者对资本主义的种种批判。早期最具代表性的是卢梭（Rousseau，1712—1778）和傅立叶（Charles Fourier，1772—1837）的文明批判论。一是卢梭的文明批判论。1755年4月，法国哲学家让-雅克·卢梭在题为《论人类不平等的起源和基础》的论文中，一反长期以来人们的一致赞美文明之声，对文明发展所带来的祸害给予了严厉的鞭挞，从而成为文明批判论的先驱。恩格斯充分肯定了卢梭文明批判论中所充斥的革命辩证法。他说：“卢梭把不平等的产生看作一种进步。但是这种进步是对抗性的，它同时又是一种退步……文明每前进一步，不平等也同时前进一步。随着文明产生的社会为自己建立的一切机构，都转变为它们原来的目的的反面。”[1]显然，恩格斯从卢梭对“文明”带来的另一面即不平等的批判中，进一步揭示了人类社会平等与不平等的辩证法。二是傅立叶的文明批判论。圣西门（Saint-Simon，1760—1825）和孔德（Comte，1798—1857）将文明作为进步状态来看待，法国的夏尔·傅立叶则对文明持批判态度。他揭露文明制度的罪恶，特别对商业文明的批判更是尖锐和深刻。正因为如此，恩格斯说：“在傅立叶的著作中，几乎每一页都放射出对备受称颂的文明造成的灾祸所作的讽刺和批判的火花。”[2]三是继卢梭对工业文明的反思揭开了批判科技文明的序幕之后，法兰克福学派、存在主义、罗马俱乐部、汤因比以及爱因斯坦（Albert Einstein，1879—1955）等人，都对科学技术和工业文明进行了反思和批判。法兰克福学派认为，在工业文明社会，科学技术成为意识形态，变成对自然和人进行控制和压抑的统治工具。因而，工业文明是压抑性文明，而发达工业文明是压抑性文明发展的顶峰。马尔库塞（Herbert Marcuse，1898—1979）指出，发

[1] ［德］恩格斯：《反杜林论》，中共中央马恩列斯著作编译局编译，北京：人民出版社，1970年，第137、138页。

[2] 《马克思恩格斯选集》第3卷，中共中央马恩列斯著作编译局编译，北京：人民出版社，1972年，第305页。

达工业文明是单向度文明。一方面,它是一个富裕社会;另一方面它又是一个病态社会。在技术帷幕和资本主义经济繁荣的背后,是对人全面的奴役和对个人精神压抑的日益加剧,是人的尊严的丧失。"人对人的最有效征服和摧残恰恰发生在文明之巅,恰恰发生在人类的物质和精神成就仿佛可以使人建立一个真正自由的世界的时刻。"[1]

——"文明冲突论"。1993年亨廷顿(Samuel P. Huntington, 1927—2008)在美国《外交》季刊上发表《文明的冲突》一文;之后又于1996年出版了《文明的冲突与世界秩序的重建》一书,系统地论证了他的有关文明冲突的思想。他认为,全球政治在世界历史上第一次成为多极的和多文明的;文明之间的均势正在发生变化;以文明为基础的世界秩序正在出现。受现代化的驱使,全球的政治在沿着文明界线进行重组的同时,文明的冲突是不可避免的,但冲突的主要根源将不再是意识形态因素或经济因素,而是文化上的差异,即文明的冲突。

在众多文明的冲突中,亨廷顿认为有两大文明与西方冲突最大,其一就是伊斯兰教,其二是以中国为首的儒教世界。亨廷顿笔下的西方世界认为伊斯兰教最不容易接受外来价值观念,是最难同化的。而对于以中国为首的儒教世界、亚洲世界而言,也是未来与西方发生冲突的一个焦点。亨廷顿认为,儒教和伊斯兰教之间的联系在不断扩大和加深,将可能形成对抗西方的儒教–伊斯兰联盟。亨廷顿还对普世文明持否定的态度。在《文明的冲突与世界秩序的重建》一书中,从普世文明的来源上否定了"文化的多元性的终结",给人们展现了一个多元文化的世界,而世界文化的差异性与多样性正是其"文明冲突论"的理论基础。但从根本上说,亨廷顿的"文明冲突论"是一种文化决定论。亨廷顿的"文明冲突论"表面上承认文化的多样性,实质上是一种内含着文化霸权的理论。

——文明实践论。马克思(Karl Marx, 1818—1883)对文明的分析论

[1] [美]马尔库塞:《爱欲与文明》,黄勇译,上海:上海译文出版社,1987年,第19页。

证很系统、完整。据不完全统计,《马克思恩格斯全集》从第1卷到30卷,使用“文明”一词即达2 600多次。马克思、恩格斯以历史唯物主义的眼光,在总结前人对文明研究和认识成果的基础上,第一次把文明的发展同一定的生产方式以及由此产生的阶级关系联系起来考察,揭示了文明的本质。这里再把它作为“文明论”(也是本文)的哲学基础加以阐释。

马克思认为,“文明是实践的事情”。[1] 这就是说,文明是个实践范畴,具有实践性。实践是人们改造客观世界的物质活动。劳动是实践的基本形式。如果没有劳动,没有劳动实践,就不会有人类,也不会有人类社会文明。实践活动不仅使人类创造了文明,也推动着社会文明的进一步发展。人类在(劳动)实践中,主体(实践着的人)和客体(进入实践领域的客观世界)存在着双重关系的相互作用:客体不断地主体化,自在的自然变成了“人化自然”,主体又不断客体化,在自然界打下自己的印记,物化为客观对象。这种主客体在实践中的辩证统一关系说明了人们在变革客观世界、创造物质世界成果的同时,也改变着主观世界、创造出精神文明。这种物质的、精神的积极成果的总和,便是人类社会发展到一定阶段所体现出来的进步状态即文明;在这个意义上说,文明的本质是人在实践(劳动实践以及交往实践、创造实践)过程中,人的本质力量对象化的物质的、精神的成果,这种成果折射出文明的状态、趋势,也正是在上述意义上说,文明本质上是“实践的事情”。

马克思主义文明实践论给我们的启示是:首先,文明是一个实践价值的概念,它是人类本质力量的对象化和实践价值的自我确证。人在实践中创造了文明,反过来文明也确证人的价值,塑造人的素质;文明引导人类走出野蛮的生存状态,通过不断创新生产工具、推动生产力进步,提升人类的生存与发展方式的品质。其次,文明是一个实践时空的概念。文明既具有历时性,又具有明显的地域性特征即地缘文明,正是这种在特

[1] 《马克思恩格斯全集》第1卷,中共中央马恩列斯著作编译局编译,北京:人民出版社,1960年,第666页。

定时空条件下的文明实践，才会有东西方文明的差异，才会有不同种族以及不同民族文化的差异。再次，文明是一个生活实践的概念。文明是特定时代、特定社会的人们积极进步的、合乎人性的生活方式，它包括特定的文明生活条件、生活规范、生活习俗、生活关系、生活内容和生活观念等一系列生活要素。正是通过文明的生活才使人与动物相区分，才能体现出人类不同时期生活的水平、质量及其发展程度。

2. 当代“文明论”研究对象的价值选择

马克思的“文明实践论”不仅揭示了文明的本质，而且奠定了当代“文明论”研究对象价值选择的基础。换言之，对当代中国文明论研究对象的选择，包括把文明城市作为当代中国文明论研究的一个重要领域，实质上是基于“文明实践”内蕴的价值需求。

（1）“文明实践”的转型。以马克思的“文明实践论”来解读近现代以来西方学者的种种“文明论”，可以发现从“文明起源”到“文明实践”的研究，从研究对象的关联来看，经历了三次转型。

第一次，从“文明起源论”向“文明形态论”的转型。该转型标志着对“文明”的研究，从一般的人类文明起源的纵向研究，到以横向“文明形态”（对世界上不同文化形态的分析）研究为主，结合不同文明形态起源（即纵向研究）为辅的文明论研究。该转型既标志着人类文明实践的进展，使人类社会的文明不仅仅摆脱了蒙昧、野蛮状态，而且形成了种种不同的文明（文化）类型。因此，对人类文明的研究要引入“文明类型”的方法，要研究并揭示不同的文明形态背后的民族文化精神。

第二次，从一般“文明形态论”向轴心期“文明形态论”的转型。这也是随着人类文明实践的发展，西方学者雅斯贝斯在了解并研究了中国文明和印度文明之后，才对东西方不同“文明形态”同时发生的“轴心期”（公元前500年为中心）作出了判断。该转型的意义在于：“轴心期”文明形态论，既是对人类真正“精神文明”（雅斯贝斯称作“精神革命”）

起源的发现，对人类“精神文明”“精神力量”的展示，又是判断史前文明、古代文明等不同文明形态分界的评价标准；既是人类对未来文明思考、创造和发展的思想精神基础，又蕴含了不同文明形态相互区别的思想精神的历史脉络、历史轨迹。

第三次，从“文明批判论”向“文明冲突论”的转型。资本主义的工业化、现代化在不同时期面临不同的突出矛盾。如果说资本主义工业化早期西方学者对文明的批判，着力于揭示工业化、现代化（现代性）时期“资本”的负面效应，而在资本主义后工业化、后现代化时期，实际上也是“资本”的全球化时期，“资本”面对旧的两极对立世界格局解体的现状，它要寻找并发现有碍于“资本全球化”的新的“敌对力量”；同时，为了保证一个多种族、多元文化的资本帝国能降低国内种族冲突、一致对外，于是，正在崛起并日益产生重大影响的东方文化，成为“资本全球化”的一个“假想敌”。“文明冲突论”的提出，正迎合了这一需求，自然为西方世界普遍接受。这时，“资本”的原罪不是种种负面效应，也不需要深化“文明批判”，而是要研究并把握东西方文明的差异、冲突和融合的新特点、新趋势、新影响等。在这个意义上，“文明批判论”向“文明冲突论”的转型，是“资本”（相对于封建等级而言亦是一种文明）在走向全球化的实践中，必然会出现的一种“文明转型”。“文明实践”的转型不会停留于一种水平、一种类型，它将随着人类文明实践的拓展、人类文明实践的演进，而不断发生、发展。

（2）“文明实践”的地缘特点。实践的历史性、区域性决定“文明实践”的地缘特点。所谓“地缘”，也可以说是特定地理状况和自然环境的集合，不仅包括地貌和地形，还包括气候、各种矿物资源等。正如法国历史学家费尔南·布罗代尔（Fernand Braudel，1902—1985）所说，讨论文明就是讨论空间、土地及地貌、气候、植物、动物种类，以及自然方面或其他方面的优势。讨论文明也就是讨论人类是如何利用这些基本条件；一种文明的价值观、思维方式和风俗习惯等是为地缘-自然条件所根本决定的。[1]

这并非地理环境决定论,而是强调:其一,不同地缘的文明,一般都起源于同一个地缘世界,或者说发端于直观的看得见摸得着的空间格局。如属于印度文明的人们大多生活在南亚次大陆;属于西方文明的人们一千五百年前主要生活在欧洲中西部,尽管公元16世纪以后他们迁移到南北美洲、澳大利亚、新西兰和非洲南部等地区;属于伊斯兰文明的人们主要生活在从北非、中东至阿富汗再至印度尼西亚这一狭长而广大的地带;属于东正教文明的人们主要生活在欧洲东部和乌拉尔山脉以东的亚洲北部。

其二,发端于同一地缘世界的文明,其深层是共同"文化基因"的影响。如"犹太文明"(当然是否存在"犹太文明"还有争议)共同起源于巴勒斯坦地区;[2] 公元2世纪上半叶,犹太人失去了现今巴勒斯坦一带原有的家园。自此,犹太文明"散居"(Diaspora,也译为"流散")世界各地。一方面,"散居"在世界各国的犹太人,既有共同的"犹太文明"基因,又在融入当地(寄居国)文化、认同当地的文化和文明的过程中,形成了具有寄居国文化特征的犹太文明。如18世纪法国犹太人对法国国家的认同、美国犹太人对美国文化的认同,均高于对犹太民族的认同。正因为如此,才有埃塞俄比亚犹太人、摩洛哥犹太人、德国犹太人、波兰犹太人、俄国犹太人、美国犹太人等差异和区分。另一方面,散居于世界各地的犹太文明,虽然在融入寄居国时有"变异",即带有寄居国文化特征,但若换个角度看,也可以说是"犹太文明"的一种扩张方式;也正因为犹太人具有共同的"文化基因",共同的犹太教信仰(也可以说是犹太文化精神),所

[1] 陈代光:《中国历史地理》,广州:广东高等教育出版社,1997年,第25—26页。

[2] 公元前2000年左右,犹太人的祖先从幼发拉底河流域迁居迦南地区(即今巴勒斯坦地区),被当地人称为"哈比鲁人",意即"渡河而来的人",后讹音为"希伯来人"。公元前1000年左右,希伯来人开始自称为"以色列人",意为"与神角力者"。公元前933年,统一的希伯来王国分裂为北国以色列,南国犹大。两国沦亡后,遗民被称作"犹太人"。所以,希伯来人、以色列人和犹太人同宗同源。

以他们即使身在他国也会每天向耶路撒冷朝拜，并于1948年在巴勒斯坦地区建立了属于“犹太文明”的以色列国。

（3）“文明实践”的自觉意识。马克思主义文明实践思想的提出，揭示了人类文明本质特征：人类的文明实践是人的自由自觉实践活动的体现，是人类对文明实践自由境界的追求。

“文明实践”的自觉意识，是人类在一定历史条件下对文明的自觉选择、自觉创造，人类既选择适宜其生存发展的生态环境，又选择适宜其生存发展的社会人文环境；人文生态环境的不断完善，又成为“文明实践”水平不断提升的基础。如人类在“文明实践”的活动中，以其独特的自由自觉的探索创新精神，不断创造出新的文字、绘画、戏曲、舞蹈、音乐等来印证人类“文明实践”的自觉意识。

轴心期的精神文明，实质上是人类在进入自由自觉的“文明实践”后才发生的。换言之，“文明实践”是人类能进步到轴心期文明的动力，“文明实践”是区分“轴心期文明”与“非轴心期文明”的基石。东西方不同的“文明实践”，形成了具备东西方历史文化特色的精神文明；当今东西方文化的发展，仍然需“自觉意识”的引导，根据文明实践的需求，进行新的“文明论”的探索。

总之，“文明实践”的转型要求我们：对当代“文明论”的研究不能仅仅满足或停留于传统的文明研究，必须根据新的“文明实践”的需求，研究世界文明、东西方文明；在放眼世界、比较世界多种文明的同时，更要重视对具有地缘特点的当代华夏（中国）文明的研究；“文明实践”的自觉意识，要求我们对当代中国文明论的研究，更应关注与重视当代中国千百万民众创建“文明城市”的实践，更应自觉地把“文明城市”作为当代中国文明论研究的对象。

二　当代中国“文明实践”与城市文明

把文明城市作为基于“文明实践”的当代中国文明论研究的新视域，

既是对华夏城市文明的一种历史审视，又是对中西方城市文明不同的向度、不同历史价值的一种反思。

1.“文明实践”与华夏城市文明

源远流长的华夏文明，在“器物”（物质）文明、精神文明（文字、绘画、艺术、宗教等）、制度文明（家族氏族制、中央集权制、科举制）等方面，创造了许许多多的灿烂辉煌。但从笔者读到的文献资料看，对承载华夏文明的“城市文明”的本质的揭示还不够。说不够是要基于以下的分析与思考。

（1）古代城市作为文明时代的主要标志之一，其本质在“文明实践”的基础上出现了不同于家（包括单一聚居部落）的以城墙围起来的“公共空间”；该“公共空间”的出现，也可以说是人类第一次对“文明空间”（相对于渺茫无边际的田野、平原、山川等，是一种“文明的空间”）的体悟、认知和抉择。正因为有了公共“文明空间”，才出现了原始的文明与蒙昧、野蛮的区分。

据记载，中国史前城堡起源于史前环壕聚落。目前发现年代最早的长江流域史前城堡湖南澧县城头城址，距今6 000年，坐落在小岗地之上，平面布局为圆形，面积只有7.6万平方米。城内布局经过规划，城内东部为祭坛区和稻田区，东北部为居住区，西北部为墓葬区，西部为手工业作坊区。城内有祭坛，有随葬品较多的墓葬，说明城内经常举行宗教活动。[1]原始城堡——这一“文明空间”的出现，使原始社会不同部落之间避免了种种野蛮的冲突，为先民找到一个相对稳定的生活、生存与发展的空间；第一次使人类的生存空间有了城市与乡村的区分，使人流、物流从空旷、茫茫的农村、山庄向城市流动、汇聚；“城市”成为人们追求美好生活的“文明空间”。从这个意义上说，古城堡的出现是人类生存空间发展历

[1] 刘炜编，赵春青、秦文生：《中华文明传真1　原始社会：东方的曙光》，上海：上海辞书出版社，2001年，第78页。

程上的一座宏伟的历史丰碑，它不仅将原始社会的文明时代与野蛮时代划分开来，而且开启了人类走向未来生活的理想空间。正如亚里士多德（Aristotle，公元前384—前322）所说的，人们来到城市是为了生活，人们居住在城市是为了生活得更好。

（2）古代城市作为人类"文明实践"的公共空间，使人类第一次能在该空间交流、交往和创造，使该"公共空间"真正成为孕育、聚集与传播人类文明的载体，成为人类生存与发展的"文明空间"。

我们还是从对中国古代城市的考古发现来说明。距今4 000—5 000年前的中原大地，在夏王朝建立以前经历长达数百年之久的古国时代，不仅城池林立，而且城堡的布局已具有相当严密的规划。如凉城岱海岸边的老虎山、西白玉、板城、大庙坡、准格尔寨子塔，城内均划分出显示政治权利的宫殿区，地势较高，多有成排的房基或夯土台基，甚至有宫殿遗址，还有一些奠基或祭祀的遗存。[1]在夏王朝的中心地区二里头遗址，发现大型宫殿遗址和多种精美器物；二里头遗址在同时期遗址中规模最大、规格最高，不仅有宫殿建筑、大型墓葬，还有各类手工业专业作坊，是个功能完备的气势宏伟的都城。[2]显然，宫殿建筑、祭祀遗存、手工业作坊，以及相当严密的都城规划，表明古人不仅把都城作为聚集与传播经济、政治、文化艺术的载体，而且开始精心规划都城这一生活与交往实践的"文明空间"。

夏王朝建立前在长江、黄河流域如雨后春笋般涌现的一大批城址，无异于构建了一个又一个"文明空间"，筑起的一道道分水岭，将野蛮社会与文明社会截然分开。从此，宽广辽阔的两大河流域带动周边地区大踏步地奔向文明时代。

（3）古代城市作为文明实践的"公共空间"，它之所以能成为孕育、聚

---

[1] 刘炜编，赵春青、秦文生：《中华文明传真1　原始社会：东方的曙光》，上海：上海辞书出版社，2001年，第127页。

[2] 同上书，2001年，第154页。

集与传播人类文明的载体，最根本的在于它能成为"精神革命"的所在地，能使其成为产生和传播精神文明的基地。

根据雅斯贝斯有关"轴心期文明"的划分，公元前500年左右的华夏精神革命，主要是指发生在春秋战国时期的思想文化的解放运动（或者说类似西方的精神革命）。春秋战国时代的政治变革，冲击了周王室及贵族阶层对学术文化的垄断，使它从深宫中走出来，面向社会。士阶层的活跃，带动了思想、文化的大变革。由于统治者的支持，宽松的学术环境形成，许多士或著书立说或办学宣传自己的学术观点、政治主张。各种学派涌现，出现空前的"百家争鸣"局面。影响春秋战国时代乃至中国千年思想文化的哲人孔子（公元前551—前479），在城市"文明空间"创办了当时规模最大、最正规，成就最显著的私学，传播其教育思想，创立儒家学说，为中国未来的精神文明的发展奠定了思想基础。

2."文明实践"与中西方"城市文明"的向度

以上阐释了以"文明实践"为基础的城市"公共空间"（"文明空间"）对华夏城市文明发端、发展的意义与价值，这里从三个侧面比较中西方"城市文明"的不同向度，以进一步揭示中西方城市文明的不同特点。

（1）城市数量与繁华度比较。在封建经济和文化发展数千年的过程中，中国的城市在数量和种类上都超过了世界上任何一个国家。美国学者钱德勒在《城市发展4 000年》一书中列举了不同历史时期35个世界最大的城市，其中中国有5个城市先后8次位居世界第一。特别是到了明清之际，中国大城市的数量居于世界第一位。[1]

与城市人口规模相适应，中国古代城市的用地规模也较大。汉代的长安、隋唐的长安、宋时的东京（今开封）以及元朝的大都（今北京），均是

---

[1] 参见宁越敏、张务栋、钱今昔：《中国城市发展史》，合肥：安徽科学技术出版社，1994年。

世界上最大的都市。唐时的长安整座城市的面积达250平方公里，总人口在百万以上，人口密度约每公顷120人。汉魏时期的洛阳城，周围约15公里，共有十几个城门，宫城居城市的正中央。对比国外古代的城市，其占地规模一般都比我国的相应城市要小得多。[1]当北宋东京成为超大城市时，欧洲真正称得上城市的还没有几个，最大的城市威尼斯要到350年以后人口才超过10万。[2]

（2）城市建筑比较。中国和西方传统城市建筑的差异，则是十分明显的：一是在西方传统城市中主要建筑多半是供养神的庙堂，如希腊神殿、伊斯兰建筑、哥特式教堂等等。中国传统城市却主要是宫殿建筑，即供世上活着的君主们所居住的场所。中国的祭拜神灵即在与现实生活紧密联系的世间居住的中心，而不在脱离世俗生活的特别场所。二是西方建筑象征超越人间的出世的宗教建筑精神，相反，而是入世的、与世间生活环境连在一起的宫殿宗庙建筑，则成了中国建筑的代表：从而，不是高耸入云、指向神秘的上苍观念，而是平面铺开、引向现实的人间联想；不是可以使人产生某种恐惧感的异常空旷的内部空间，而是平易的、非常接近日常生活的内部空间组合；不是阴冷的石头，而是暖和的木质。它不重在强烈的刺激或认识，而重在生活情调的感染熏陶。三是中国的宗庙建筑，“不是像哥特式教堂那样，人们突然一下被扔进一个巨大幽闭的空间中感到渺小恐惧而祈求上帝的保护。相反，中国建筑的平面纵深空间使人慢慢游历在一个复杂多样楼台亭阁的不断进程中，感受到生活的安适和对环境的主宰……实用的、入世的、理智的、历史的因素在这里占着明显的优势。”[3]然而，中国和西方传统城市建筑的差异，并不能证明两者之间的优劣。这是因为，中国和西方的传统城市建筑都是依地点、依具体的地理情况和人文环境发展起来的“地方风格”，因而都具有功能和结构上的合

[1]　董鉴泓主编：《中国城市建设史》，北京：中国建筑工业出版社，1989年，第35页。
[2]　同上书，第63页。
[3]　李泽厚：《美的历程》，北京：文物出版社，1981年，第63页。

理性。

（3）城市形象比较。城市形象抽象地代表了一个城市的基本属性：历史沿革、自然风貌、文化遗产、精神传承、都市文明、市民素质、城市风尚等，也涉及城市的发展规模、发展水平、发展模式、生活质量等。城市形象主要有城市自然景观与环境、城市发展形象、城市建筑形象、城市生态形象、城市行为（市民与政府）形象等要素构成。从城市景观来看，现代中西方城市景观都强调规划的完整性，规划以中轴线为中心展开，重视绿色空地等，其差异主要表现在以下几个方面：

一是西方位于城市（或社区）中心的建筑大多是教堂，而中国位于城市中心的大多是政府机关（历史上是封建衙门）。二是西方城市建筑大多是开放性的，而中国城市建筑大多表现出了某种封闭性。西方城市大多没有中国式的城墙，虽然在中世纪时也有许多城堡，但是城市主要是工商业活动的场所，不是军事堡垒和政治中心，更没有将城市公园用围墙包围起来，将满园春色关闭起来；而中国的城市自古以来就是政治中心和军事中心（俗称“兵家必争之地”），建城墙可以防止兵荒马乱，维护政权稳定。中国传统家庭喜爱居住四合院，喜爱将自己的空间包围起来（俗话说“家丑不可外扬”“春光不可外泄”“肥水不流外人田”“各人自扫门前雪”等），封闭的环境造就了封闭的心理。三是西方城市中各色人种都有，成为世界人种和文化的博物馆。而中国由于长期的封闭性，因此城市中人种的复杂性相对较低。

3. 中西方城市文明的历史价值

中西方基于“文明实践”而形成的不同城市文明的历史向度的比较，对我们把握中西方城市文明的不同特点，对研究当代中国的文明城市，具有重要的历史价值。

第一，中西方城市的形成与发展，它反映了中西方城市在原始文明、农业文明、工业文明等不同时期所拥有的文明，所达到的不同文明的水平；中西方城市文明的发展是一个自然历史的过程，对中西方城市文明的认识必须尊重其发展的历史规律。

对中西方城市发展的研究，我们之所以用“城市文明”的概念而不提“文明城市”，正是尊重中西方城市文明演进规律的一种表现。因为“城市文明”与“文明城市”是两个指向不同的概念。“城市文明”指的是城市所达到的文明水平，所体现的城市文明程度——这种文明程度可以是以“物质文明”或“精神文明”为突出象征的城市文明；“文明城市”则内蕴着文明实践主体的自觉意识，内蕴着当今中国经济与社会发展基础好的城市对物质文明、政治文明、精神文明、生态文明全面协调可持续发展水平较高目标的追求。因此，“文明城市”也可以说是当今中国经济、政治、文化、社会发展整体水平较高的城市。

第二，中西方城市文明的特色，集中体现于城市建筑风格上。应当说，中西方各具特色的城市建筑都是依不同的地理环境和人文环境发展起来的，具有不同民族的风格。遗憾的是随着西方建筑文化的东渐，如果说在近现代中国还以传统建筑文化为本，那么到了今天中国的城市建设，千城一面的景象正在成为我们的视觉困惑。在各大城市大搞“与国际接轨”的过程中，各种不中不西、不伦不类的罗马式、哥特式和巴洛克式风格的建筑在中国各大城市中崛起，城市的个性、特色和风格正在缺失。缺乏个性和特色的城市也难以成为当今的文明城市。西方后现代主义关于城市建设的“文脉”精神，应成为我们当今推进文明城市建设的重要警示：城市决策者在开展城市规划与建设之前，应了解城市的文化与历史，应尊重你的城市文化！尊重你的城市的风格和城市的人文精神！

第三，中西方的城市文明虽有不同的历史发展轨迹，不同的历史时期城市文明的水平是不一样的。但是，城市文明的发端均以商业文明为标志（春秋战国时期的商业城市陶［今山东定陶］，意大利的威尼斯），推进城市商业文明的主要因素是城市手工业、交通运输业和科学技术的发展；伴随着商业文明而发展起来的城市文化艺术，则是中西方文化艺术家为人类城市文明而创造的灿烂绚丽的精神文明;城市的精神文明使城市脱俗于一般的商业文明、手工业文明、工业文明,它使城市文明与人的(自身)文明合二而一,使城市文明回归人本身,城市的思想精神、文化艺术印证着人的创造,体现着人对推进城市文明的智慧与力量。

第四,中西方不同时期的城市文明成果,凸现的是人的知识、能力、智慧和创造,是人的进化和文明在城市文明上的反映。人一旦意识到人的文明对城市文明的巨大力量,那么,合乎逻辑的推论便是要重视“文明城市”的建设。如果说“城市文明”的概念强调和展示的是“城市文明”演进的自然逻辑(其中蕴含着人在不同时期对城市“文明空间”的贡献),那么“文明城市”概念突出的则是人对城市文明的自觉意识、自觉活动、自觉创造;党的十四届六中全会强调“文明城市”创建,既是对人类城市文明发展经验的科学总结,又是对当代中国“城市文明”的推进已进入到一种自觉意识、自觉创造水平的判断。文明城市的创建实践将人类的城市文明提到了一个新的历史高度,21世纪人类的文明正在迎来新的城市文明的世纪。

三　“文明城市”创建实践与可持续城市化

当代中国的“文明实践”聚焦于千万民众参与的“文明城市”创建。“文明城市”的创建实践,不仅把当代中国的“文明实践”提升到了一个新的境界——为中国的持续城市化提供了一个文明和谐的城市发展范式,而且构建了一种让当代与后代人共享“城市文明”“城市和谐”成果的新模式,并正在凸显其作为当代中国城市化的一种新模式的理论与实践价值。[1]

[1] “城市化”一般指:是由农业为主的传统乡村社会向以工业和服务业为主的现代城市社会逐渐转变的历史过程,具体包括人口职业的转变、产业结构的转变、土地及地域空间的变化。“城市化”一般指:是由农业人口占很大比重的传统农业社会向非农业人口占多数的现代文明社会转变的历史过程,是衡量现代化过程的重要标志。在我国,由于地区发展、城市化、城市化发展水平的差异,有时又在同一意义上使用两个概念,本文也如此。

1. 可持续城市化面临的挑战

中国的城市化率，从1991年的26.94%到2010年的47%左右；平均年增长1.13%。相当于每年平均有1 700万人口从农村转向城市。2002年中国政府首次公布了中国城市化的进程目标，到2020年，我国的城市化率将达到60%左右。[1]换句话说，到2020年如果按照我国人口总量14.5亿计算，那么60%的城市化率就意味着城市人口将达到或突破8.7亿，也就是说，在今后十几年时间内，将有近3亿农村人口向城市集聚。也意味着将有近3亿农民需要解决就业或者需要城市提供就业岗位。这给当代中国的可持续城市化提出了严峻挑战。

今后10—20年，中国的可持续城市化面临六大挑战：(1)资源环境的约束给可持续城市化带来的挑战；(2)城市污染给可持续城市化带来的挑战；(3)城市化进程中，发展规划缺失给可持续城市化带来的挑战；(4)城市拥堵给可持续城市化带来的挑战；(5)社会“公共空间”的缺失给可持续城市化带来的挑战；(6)难以破解的城乡二元结构对可持续城市化带来的挑战。对这六大挑战，我已在先前发表的文章和在许多城市所作的演讲中已作阐释，这里不再赘述。

2. 中国可持续城市化模式的选择

国家前住房和城乡建设部副部长仇保兴提出：中国特色的城市化模式，必须以“C模式”，超越以美国为首的发达国家的城市发展“A模式”，防止陷入南美以及拉丁美洲的“B模式”泥淖。[2]

“A模式”，即是以美国为首的发达国家的发展模式，其主要特征是城市低密度蔓延、私人轿车为主导的机动化、化石燃料为基础、一次性产品泛滥等。其结果是：美国以占世界百分之五的人口消费了三分之一以上

---

[1] 参见周干峙：《2000年我国城市化率将达到50%至55%》，来源：新华网，2005年9月25日。
[2] 参见仇保兴：《城市发展研究》(京)，2009年第1期。

的世界能源。“A模式”无疑是造成现在地球的“三高”，也就是高油价、高排放以及粮食价格不断攀高的主因。

针对“A模式”给拉美带来的发展的陷阱，以至西方一些学者提出了“反增长”的“B模式”。塞奇·拉脱谢尔（Serge Latouche，1940—　）等人提出“反增长计划”。该理论认为：为了增长而增长对生物圈承受极限造成了极大的压力，因而是不可持续的，生态危机尤其是温室效应的持续恶化，使得反增长对缩减我们的经济规模而言是必要的，也是值得的[1]。因此，应该用一种非增长的社会来代替目前增长的社会。

厄尔·库克（Earl Cook）在《人类、资源与社会》（*Man*, *Energy*, *and Society*, 1976）一书中，回顾了能源的状态与历史，并提出了“持续增长是不可能的，也是不可思议的”。库克预言在20年到30年之内，人类社会将分三步“退回低能量状态”。[2]这种“反增长”的“B模式”对于发展中国家是不公平、不现实，也不可行的。

由对城市化A、B模式的分析，仇保兴同志提出了“C模式”。“C模式”是坚持“发展”的前提下，既充分利用市场机制的高效，又能低成本地补偿其负面影响的新型城市化模式。这种对A、B模式扬弃和超越的新模式，注定是一场涉及经济、政治、社会等诸领域的深刻革命。

仇保兴同志提出的城市化“C模式”很有价值。但是，作为21世纪中国的城市化、城市化模式，它有以下缺憾：一是对“模式”本身缺乏界定，即“模式”是什么？二是对中国城市化、城市化的“C模式”缺乏历史与现实、现实与未来相结合的逻辑分析，即缺乏对中国城市化、城市化模式在不同发展阶段特征的揭示，缺乏对中国城市化、城市化现实与未来定位与走势的分析。三是对中国城市化、城市化模式的价值分析也不足。城市化一旦上升到“模式”的层面，它必然带有普遍的意义。

---

[1] ［美］霍华德·T. 奥德姆等：《繁荣地走向衰退——人类在能源危机笼罩下的行为选择》，严茂超译，北京：中信出版社，2002年，第4页。

[2] 超越传统：探寻中国城市化的新模式（2），来源：新浪网，21世纪经济报道，2008年10月25日。

3."文明城市":可持续城市化新模式

为了说明"文明城市"("W模式")作为中国可持续城市化新模式的特征,这里有必要对"模式"的基本要素先作些分析研究。作为"模式"(model),在英文中还有"模型""原型""样式""典型"的含义。在《辞海》中,把"模式"亦称为"范型","一般指可以作为范本、模本、变本的式样"。作为术语时,在不同学科有不同的涵义。"在普通心理学中,指外界事物贮存在记忆中的有组织的心理图像。在认知心理学中,指信息加工的过程,或事物的有组织的结构。在社会学中,是研究自然现象或社会现象的理论图式和解释方案,也是一种思想体系和思维方式。"[1]

第一,在城市化层面研究"模式",一般应有以下三个基本要素:(1)独创的"模式""原型";(2)具有普遍意义的"范式"(中文里的"样式"和"范本"与美国科学哲学家库恩(Thomas Kuhn,1922—1996)提出的"范式"概念类似),当然,"范式"的普遍程度也具有相对性;(3)又是一种理论图式,或者说是一种内蕴着理念、方法、概念和基本观点的理论体系。

第二,当今中国千百万民众在参与、建设的"文明城市",是具有中国特色的可持续城市化新模式。对该模式的特征我们暂且以"文明"一词汉语拼音的开头"W"为标志,[2]命名可持续城市化的新模式。以"W"命名中国特色的可持续城市化新模式,其优点在于:(1)它是对美国等国家"A模式"的"扬弃","W"也可看作两个倒过来的"A";(2)"W模式"第一次找到了一种"城市化"、"城市化"与"城乡一体化"的互动模式;(3)"W模式"是在坎坷发展过程中不断完善的。"W模式"既表征"城市"(城镇)本身是一个系统,或者说是一个复杂的巨系统,又要求我们以系统的方法研究与揭示"城市"系统的演变。

---

[1] 引自《辞海》(中),上海:上海辞书出版社,1999年,第3748页。

[2] 本书之所以不用英文的"civilization"命名,因为英文的"civilization"主要相对于野蛮、落后的未开化状态而言,无法涵盖当代中国"文明城市"的丰富内涵。

第三，文明城市（“W模式”）作为中国可持续城市化的新模式，可从人类城市范（模）式变迁的历史中去考察。

美国科学哲学家库恩曾用“范式”来表明某一时期、某一科学“共同体”所公认的研究对象的概念框架、理论方法及其可仿效的科学范例、模式，并表征着某一科学发展的方向和研究路径。我们把“范式”移植到城市的概念上，以“城市范式”指称在不同的历史时期，由于不同的世界观与方法论的影响，在人类城市发展史上所出现的具有不同的城市价值取向、城市形态与功能特征的城市样式、城市模式。当原有的“城市范式”不能指导并解决现有的城市问题时，就会出现“城市革命”，引发城市范式的变迁。当然，“城市范式”的革命，并不完全抛弃城市原有的功能，而是在凸现新的城市功能、城市主导价值取向的同时，包容城市原有的功能，人类历史上不同的城市范式，反映了不同历史时期的城市人认识与处理人自身、人与自然、人与社会的关系，反映了不同的世界观与方法论对城市人的影响。

以“城市范式”来考察人类城市的变迁，大致可把它分为以下四个阶段、四种范式。一是“商业范式”的城市。中国古代城市的主要功能是维护“城市”的自然状态、城民的商业活动、日常生活，故而要在城内兴“市”，以便商品交换，筑“城市”以做好军事防御，保护城市市民的商品交换。古希腊的“城邦”，其最初功能也是如此。二是“工业范式”的城市。18世纪至19世纪西方国家的工业化，给西方城市尤其是大城市以最大的推动，既带来了城市的文明，又带来了污染、拥挤、生态恶化等一系列生态环境问题。这些城市问题也可以说是最原始的城市问题的出现，是人对自然资源肆意掠夺的结果，也是盛行于17、18世纪的笛卡尔主义及牛顿力学（机械）世界观的产物。三是“生态范式”的城市。生态危机唤起人类的觉醒，使人类开始反思工业社会所走过的路程，反思人类与自然的关系，开始钟情于“生态城市”。如美国旧金山湾东部海岸的伯克利、巴西的库里蒂巴、澳大利亚的阿德莱德等，是目前世界上具标志性的“生态城”。近年来，中国先后有100多个城市提出建生态城的目标，但是大都只考虑了生物生态、人工自然生态，却不重视社会生态。2009年中国和新加坡政府联合在天津滨海新区建设的“中新天津生态城”，则是要共同努力建设一个“资源节约、环境友好、经济蓬勃、社会和谐”的中新天津生态城，努力实现人与人和谐共存、人与经济活动和谐共存、人与环境和谐共存，使之能实行、能复制、能推广。四是“文明范式”的城市。20世纪末21世纪初，各国学者在反思“生态城市”的过程中，提出以新的思维方式认识“生态城市”，同时预言新的“城市范式”诞生。我认为，“文明城市”便是这样一种新的城市范式。

第四，20世纪末以来在中国广泛开展的“文明城市”创建，正是这样一种与21世纪人类城市发展趋势相吻合、体现科学发展理念的城市新范式、城市新模式。

因为城市是人类社会的历史在各个发展阶段上文明成果的积淀，是人类文明发展到一定阶段上的产物；文明时代的城市第一次具有了城市的意义，文明时代的城市第一次揭开了“城市文明”的篇章。城市文明作为社会文明、社会和谐的聚焦，它在根本上标示着人类社会的发展所达到的一种和谐、文明状态。“文明城市”作为当代中国千百万民众在自觉实践、自觉追求的“城市范式”，它是以科学发展、和谐发展的世界观与方法论为指导的“城市模式”，是当代中国为应对可持续城市化、城市化面临的种种挑战而作出的价值选择，是对未来中国城市美好生活产生重大影响的战略抉择。

4. 引导中国实践可持续城市化的系统量化模型

文明城市的基本特点有三：城市的形态文明、功能文明、素质文明。城市的形态文明是文明城市的形象，功能文明和素质文明则是文明城市的内在本质特征，它们既相互区别又相互联系，从不同的侧面展示文明城市的风采。

——形态文明。文明城市不能没有文明的形象，文明的形象是文明城市的首要形象。文明城市的形象是公众在感受、体验城市功能与素质的过程中，对城市形态文明的一种认知、判断，其认知与判断虽是主观的，但它是对城市形态文明的一种客观反映。

——功能文明。任何城市都具有经济、政治、文化的功能。城市的功能文明，主要体现在城市的服务、管理和创新三个方面。城市应成为最适合人居的场所，不仅要有合理的空间布局，美好的生态环境，而且要给“人居”提供能满足“人居”需要的种种服务。

——素质文明。城市素质文明可从城市的自然环境素质（质量）、城市基础设施素质（质量）、城市市民素质、城市发展素质等方面去分析。比如，城市基础设施的素质如何，对于聚集资本、人才、技术、信息等生产要素有着直接的影响；在城市基础设施体系中，大型桥梁、机场和地铁具有很强的代表性。当然，市民素质文明更重要、更关键，它是区分一个城市与另一个城市文明水准高低的指示器，是一个城市不断提升其功能文明、形态文明的根本保障。

文明城市特质回答的是文明城市自身的特点与功能问题，文明城市同时又是物质文明、政治文明、精神文明、生态文明建设协调发展，精神文明建设取得显著成就的城市。

根据文明城市的特质进而构建的《全国文明城市测评体系》（简称《测评体系》）是对城市文明以及通过文明城市创建活动进而实现可持续城市化的全面系统的量化评估。因此，《测评体系》的性质是一种过程性、工作性、结果性的指标体系。它既不同于一般的评价性指标体系，也不同于工作性的考核的指标，它是上述三种特性有机统一的能保障可持续城市化的综合量化评估体系。该体系舍弃了反映城市文明水平、文明城市创建活动中的许多具体环节和细节，着重于从全面系统的层面上，反映和表达城市文明以及文明城市创建实践中的各种关系、环节；同时，该体系模型作为文明城市创建实践与绩效的系统状态、结构——功能的简化模型，它是开放式的，它是可以由计算机进行实验的模型，它可以随着文明城市创建实践的需要与水平的提高而修正、完善，它引导全国文明城市的创建实践不断跃上新的台阶，进而保障城市的可持续城市化。

为什么这样说呢？因为“W指标体系模型”具有以下三大功能：

第一，第一次找到了一整套系统的、并被2005年至2017年先后五届全国文明城市评选表彰实践证明是可行的、描述与考量文明城市创建绩效的量化方法。任何科学只有发展到能成功地利用数学时，才算获得了真正的发展。同样，对文明城市、文明城区创建绩效的评估，只有形成了系统的“量化”指标，并能够通过这种“量化”指标对文明城市、文明城区创建活动及其绩效用数据计算与分析，用规范的语言从创建实践经验中提炼出可重复、可检验的科学陈述，才达到了“量化”的要求，才能成为全国各大城市最寄希望并感到最有应用价值的《测评体系》。“量化”方式在《测评体系》中的成功运用，不仅在全国文明城市、文明城区创建实践中是开创性的，而且在社会科学的研究中，也可以说是第一次找到了一条以“指标体系”模型为“量化”方式运用于复杂的巨系统对象研究的途径，这在促进社会科学的“量化”研究方面具有重大的理论价值。

第二，“W指标体系模型”作为把握文明城市（城区）的一种模型，它旨在通过不同的指标来反映文明城市（城区）中提炼出来的概念，进而客观、全面地把握和反映文明城市、文明城区的创建绩效，引导城市的可持续城市化实践。“W指标体系模型”舍弃了文明城市创建实践中的许多具体环节和细节，着重于从本质上，从城市复杂巨系统的层面上，反映和表达文明城市创建实践中的各种关系、环节；并随着文明城市创建实践的需要与水平的提高而修正、完善，所以先后形成了2005版、2008版、2011版、2015版、2017版《测评体系》，与时俱进地引导可持续城市化实践。

第三，“W指标体系模型”是对政府主导、政府组织动员市民百姓和各种社会力量参与文明城市创建实践、促进可持续城市化的制度设计、制度规范。城市的文明和谐发展需要制度的保障。但是，制度如何设计？

如何规范？如何真正发挥制度对城市文明和谐发展取向的保障作用？从2002年开始研制《测评体系》，到2005至2017年先后10多年运用该体系模型测评文明城市的实践中我体会到，该模型又是对城市文明和谐发展、可持续发展的制度设计、制度构建。

为什么这样说？其一，该模型不仅对一个城市的政治、经济、文化、社会建设设置了测评项目、测评内容，而且将一个城市经济与社会发展的水平、质量等量化为测评标准；不仅明确城市形态文明、功能文明、素质文明的评价对象，而且都有负责分管城市形态文明、功能文明、素质文明的政府责任主体（目前，该体系已将中央文明办、中央综治委、中央纪委、公安部、住建部、教育部、文化部、民政部等42个部委办的指标纳入《测评体系》），这就保证了国家各部委办的指标要求，通过各城市相关的委办局主体，使城市文明和谐发展的要求得以落实。这是一种以“测评指标”为桥梁，整合国家与地方资源同创共建文明城市的一种制度设计。其二，该模型作为一种制度设计，是与中国政府行政管理模式的运作一致的。如上所述，因为该指标体系模型在研制和修订的过程中，整合了国家42个部委办的指标，修改指标都要得到相关部委办的认可。政府能否扎实有效地推进文明城市创建，既是测评指标的要求，又是对政府创建文明城市工作实效的检测，也是对政府在城市建设与管理中的绩效的最好的检验，更是对政府推进可持续城市化、实现全面小康、和谐社会建设的全面检测。

第二章
中西方城市文明的比较

对当代中国文明城市的研究，应有纵向的历史比较和横向的比较为参照，这样才可使我们对文明城市的发端、发展定位和本质，更具科学性与合理性。因此，本章试图通过对中西方城市文明历史轨迹的描述与比较分析，阐释中西方城市文明对当代中国文明城市建设的历史价值。

一　中国“城市”文明的滥觞

城市是人类文明的“放大器”和“加速器”，城市文明的发展“聚焦”和“折射”着人类文明演进的轨迹。对中西方城市文明的考察，不可能全面、详尽展开，只能将它置于不同的历史时期做一概要的阐释；对中国的“城市”文明，我们着重研究其起源（即发端和古代的“城市”文明），又延伸至近现代的发展。

1. 从“城”“市”到中国“城市”的产生

中国是世界四大文明古国之一，也是最早产生城市的国家。在我国古代文献中，“城”和“市”是两个概念。“城”是指有防御性围墙的地方，能扼守交通要冲，防守军事据点和军事要塞。《管子·度地》记载：“内为之城，城外为之郭。”《墨子·七患》记载：“城者，所以自守也。”“市”是商品交换之所。《周易·系辞》下记载:“日中为市,致天下之民,聚天下之货,交易而退,各得其所。”市有大市、早市、晚市之分。《周礼·地宫·司市》记载:“大市,日昃而市,百族为主;朝市,朝时而市,商贾为主;夕市,夕时而市,贩夫贩妇为主。”从这句可看出古代城市的简单功能:军事防御和商品交换。

根据现有史料和考古实物证明,我国最早的城市产生于原始社会末期,也即是原始社会向奴隶社会的过渡时期。这个时期,从考古文化上说,大体相当于“龙山文化”时期(公元前2000);从我国历史上说,相当于传说中的黄帝时代,经尧、舜、禹直到夏朝前期,其间经历数百年之久。

之所以这样说,是因为在我国古书中已经有了关于这个时期部落首领建都和筑城的记载,同时更重要的是我国考古工作者也确实发掘到了属于这个时期为数不少的城址。如在《周礼》《尚书》《左传》《史记》等早期文献中,都有关于三皇五帝建都的片段记载。南宋郑樵《通志·都邑略》对其作了整理,比较系统地记载了三皇五帝之都的地点。

《通志·都邑略》录三皇之都云:“伏牺都陈(今河南陈县);神农都鲁(曲阜),或云始都陈;黄帝都有熊(河南新郑),又迁涿鹿(今属河北)。”

五帝之都为:“少昊都穷桑(今山东曲阜);颛(项)帝都高阳(今河南濮阳);帝喾都亳(今河南偃师),亦谓之高辛;尧始封于唐(今河北唐县),后徙晋阳(今山西太原),即帝位都平阳(今山西临汾);舜始封于虞(今河南虞城),即帝位都蒲坂(山西永济)。”

关于部落首领筑城的记载史书也不乏其例。《轩辕本纪》载:“黄帝筑城邑,造五城。”《黄帝内经》:“帝既杀蚩尤,因之筑城。”《世本·作篇》:“鲧作城郭。”《淮南子·原道训》:“昔者夏鲧作三仞之城,诸侯背之,海外有狡心。”《吴越春秋》:“鲧筑城以卫君,造郭以居人,此城郭之始也。”《太平御览》卷八引《博物志》曰:“处士东鬼块,责禹乱天下,禹退作三城……”等等。

三皇、鲧禹虽不是同一个时期的人,但他们都是原始社会末期杰出的部落和部落联盟首领，都处于我国从原始社会末期向奴隶社会的过渡时期。正如郭沫若主编的《中国史稿》一书中所说："从原始社会到奴隶社会之间，有一个过渡时期。在我国历史上，这个时期可以溯源到传说中的黄帝时代，经尧、舜、禹直到夏代前期，持续了数百年之久。"[1]

从考古发掘来看，随着我国考古工作者对探索夏文化等考古工作的深入开展，在黄河中下游平原地区，长江中游两湖地区，长江上游四川盆地和内蒙古高原河套地区四大区域先后都发现了史前时期的城市遗址。[2]如：黄河中游地区河南郑州西山城址，淮阳县平粮台城址，登封市王城岗城址，辉县孟庄城址，郾城郝家台城址，安阳后岗城址等；黄河下游山东滕州西康留城址，章丘城子崖城址，城子崖以东各相距约50公里的邹平丁公、淄博田旺、寿光边线王三座城址，以及鲁西平原阳谷县景阳冈城址等。又如：长江中游两湖平原地区的湖北天门石家河城址、江陵阴湘城址、石首走马岭城址、荆门马家垸城址等，湖南澧县城头山城址、鸡叫城城址；长江上游成都平原地区有新津宝墩城址、温江鱼凫城址、郫县梓路城址、都江堰市芒城址，还有内蒙古河套地区的石城聚落群先后发现有18座古城址。

如果我们把上述我国最早城市产生的时间与国外城市相比较，也是差不多的，美国著名城市规划理论家刘易斯·芒福德（Lewis Mumford，1895—1990）在《城市发展史》一书中谈到国外最早城市产生的时期时这样写道："城市，作为一种明确的新事物，开始出现在旧–新石器文化的社区中。"又说，"目前已知的最古老的城市遗址，大部分都起始于公元前3000年，前推后移不多的几个世纪。"[3]

2. 中国古代的城市文明

商周以及春秋战国时代，随着铁器的普及应用，农业生产率获得提

[1] 郭沫若主编：《中国史稿》（第1册），北京：人民出版社，1976年，第129页。
[2] 任式楠：《中国史前城址考察》，《考古》，1998年第1期。
[3] 参见［美］刘易斯·芒福德：《城市发展史》，宋俊岭译，北京：中国建筑工业出版社，1989年。

高,农业生产获得革命性发展,能养活更多人口,为城市的产生提供了基础,同时也促进了手工业与商业的发展,从此古代城市开始出现并获得发展。据《春秋左传》记载的筑城活动即达68次,除5次重修外,共筑城63座。据今人对春秋时期35个国家的统计,其时共有城邑600个,其中晋91个,楚88个,鲁69个,郑61个,周50个,齐46个,宋35个,卫30个,莒16个,秦14个,吴10个。如果再加上其他未统计的国家,其时城邑当在千个以上。[1]

春秋战国时期,工商业繁荣发达,城市经济职能增强,市民生活也丰富多样。当时著名的工商业城市如陶(今山东定陶)、临淄、邯郸、宛(河南南阳)、洛阳、大梁、安邑(今山西夏县)、吴、郢等,不下二三十个。其中陶为"天下之中,诸侯四通,货物所交易",(《史记·货殖列传》)实为全国性经济中心;邯郸、宛为冶铁业著名地点,安邑为煮造池盐著名产地;临淄不仅城市工商业繁荣发达,市民生活也很丰富,《战国策》说齐都临淄"甚富而实","临淄之途,车毂击,人肩摩","其民无不吹竽鼓瑟,击筑弹琴,斗鸡走犬,六博蹋鞠",城市繁荣和市民生活内容丰富可见一斑。

秦汉时期,随着郡县制推行,行政中心城市特别是县城镇得到大量发展。秦代时全国已设郡40多个,汉代达到103个,县则由400多个增加到1 587个,郡县级城市(镇)合计达到1 690个。众多商业中心城市兴起,并以商业贸易联系为纽带,形成了若干城市经济区域。秦代除了开辟以首都咸阳为中心、"东穷燕、齐,南极吴、楚"的驰道外,还在岭南修筑了"新道";在巴蜀修筑了"栈道";从四川宜宾到云南曲靖一带修筑了"五尺道";以及由咸阳经云阳(今陕西淳化西北)直至九原郡的"直道"等。在水运方面,不仅疏浚了鸿沟,将河、济、睢、淮四水连通起来,形成当时北方主要水运干线,而且在长江流域吴、楚、蜀也兴修了不少水利工程,以兴行船、灌溉之利。在岭南地区也开辟了"灵渠",以沟通湘江、漓江之水运。

[1] 张鸿雁:《春秋战国城市经济发展史论》,沈阳:辽宁大学出版社,1988年,第121页。

汉代在此基础上又有发展。这样,一个全国性水陆交通干道网基本形成,大大方便了全国的交通联系和商品流通,因而在国内主要地区出现了一系列规模较大、不同等级的商业中心城市。如京师长安既是全国最大的政治中心,也是最大的商业中心;洛阳、邯郸、临淄、宛、成都(当时合称"五都")是全国性大地区一级商业中心;燕(今北京)、温(今河南温县)、轵(今河南济源东南)、江陵、寿春、合肥、吴、番禺等,都是一方重要经济都会。

魏晋南北朝隋唐时期,我国城市发展又出现了新的特点:(1)发展和分布重心南移——发展呈南升北降、重心南移的态势。(2)沿大运河、沿长江城市发展轴线初见端倪;东南沿海港市兴起(当时兴起的港市在长江以南者除交州、广州之外,有广东的潮州,福建的泉州、福州,浙江的温州、明州[今宁波]);长江以北者有:扬州,山东半岛南部的密州,北部的登州(今蓬莱)与莱州,渤海湾北部的平州(今河北卢龙),以及辽东半岛南端的都里镇(今大连旅顺口附近)。其中以交、广、扬、泉最重要,称"四大港市";次一等的为明州与登莱,其他地位较轻,均属于小港口。(3)出现了我国最早的"镇",这里所说的镇指的是"建制镇",它是作为国家一级行政建制而设立的,镇的性质也不完全同于今天所设立的各个镇的性质,它作用主要是军事防务和行政管理。我国最早出现的镇是在北魏太武帝时期。先是魏明元帝拓跋嗣(409—423年在位)时为了防御北方的柔然,于423年修筑长城2 000余里(东起赤城,今河北省赤城县),西至五原(今内蒙古自治区五原县)。魏太武帝拓跋焘时(424—452年在位)为进一步防御柔然,[1]又在长城以外及陕北、宁夏、甘肃的要害处设镇,各镇均辖有一定地域范围,置镇将镇守,统管镇辖区的军事行政事务,这便是我国最早出现的镇。

到了宋代,由于农业、手工业、交通运输业和科学技术的发展,进一步

[1] 北魏时柔然族建立的政权,原在鄂尔浑河和土拉河流域游牧,北魏时进居阴山一带。

促进了商业的繁荣,城市文化水平比唐代又有了提高。据宋神宗元丰年间(1078—1085)的户籍推算,当时城镇住户已超过全国总户数的12%。[1]另有统计推算,北宋东京(今开封)人口实际已有150万至170万之众,达到10万户的城市亦有40个之多。[2]南宋都城临安(今杭州)人口也在百万以上。其他重要的工商业中心城市和港口有秦州(今天水)、大名、太原、洛阳、鄂州(今武昌)、建康(今南京)、扬州、苏州、成都、长沙、广州、明州(今宁波)、泉州等,与其他千余座中小城镇和星罗棋布的草市墟集一同形成了全国城镇网络。[3]

到了元代,虽几经战乱,杭州城仍被马可·波罗视为"世界最富丽名贵之城"。城"周围广有百里","城中有商贾甚众,颇富足,贸易之巨,无人能言其数。应知此职业主人之为工厂长者,与其妇女,皆不亲手操作,其起居清洁富丽,与诸国王无异"。[4]比马可·波罗稍晚的摩洛哥大旅行家伊本·拔图塔于1325—1349年游地中海、红海、阿拉伯海、西亚、东欧、中亚、南亚、东南亚和中国各港口城市,在其《游记》中也写道:"泉州为世界最大港,余见是港有大海船百艘,小者无数。"可见,13—14世纪上半叶的中国城市的富丽仍在欧洲之上。[5]到了明朝时期,据粗略估计,全国拥有大、中型城市上百个,小城镇两千多个,农村集镇4 000—6 000个。[6]其中最重要的工商业城市为京师(今北京)、南京、苏州、扬州、松江、杭州、汉口、荆州、成都、淮安、徐州、济宁、临清、德州、广州、泉州和宁波等。其他著名的集镇,如与汉口并列为四大镇的佛山镇、朱仙镇、景德镇也是人烟稠密,经济繁盛。景德镇当时就有"烟火十万家"之

[1] 漆侠:《宋代经济史》(下册),上海:上海人民出版社,1988年,第933页。
[2] 张琢:《九死一生:中国现代化的坎坷历程和中长期预测》,北京:中国社会科学出版社,1992年,第68页。
[3] 同上。
[4] 冯象钧译:《马可·波罗行记》(中册),北京:中华书局,1955年,第570—571页。
[5] 张琢:《九死一生:中国现代化的坎坷历程和中长期预测》,北京:中国社会科学出版社,1992年,第76页。
[6] 郑宗寒:《试论小城镇》,《中国社会科学》,1987年第4期。

说。[1]在城镇分布上，一个显著特征是在宋代江南经济和沿海港口商业城市发展的基础上，明代长江下游、大运河沿岸和太湖流域，出现了成串的工商业城市，开始向区域性城镇化发展，形成了拥有南京、苏州、扬州、常熟、嘉定、上海、吴江、松江、嘉兴、湖州、杭州、宁波等10余城市及更多的镇组成的城镇密布区。其中南京在明代鼎盛时期人口达120万。[2]

到了清代的1840年，中国城镇总人口已由唐代的大约800万上涨到大约2 400万。但城镇人口在总人口中的比重反而从唐代的约10%下降为6%。主要城市除人口过100万的特大城市北京外，在江、（运）河、海岸的苏州、南京、扬州、杭州、广州、汉口、福州、佛山、天津、厦门、上海等工商业城市的人口也都得到不同程度的增加。[3]

3. 中国近代的城市文明

中国近代城市的文明，是伴随着血与火的暴力，是在帝国主义列强入侵以及中国沦为半殖民地半封建社会的历史条件下发展的。自1840—1949年这109年间，按其发展变化的特点，大体可以分为下列四个时期：

（1）从1840—1895年，即从鸦片战争爆发至中日《马关条约》签订（55年）。中国封建社会发展到清代乾隆（1736—1795年在位）末年以后便日趋腐败，官吏贪污成风，财政支绌，军备废弛，国势显著地下降了。相反，西方资本主义列强迅速成长，并不断向外掠夺。中国处在这样败坏的情况下，便遭到他们的强烈冲击。1840年终于爆发了鸦片战争。

帝国主义国家用武力打开了中国的大门，强迫清政府签订了一系列不平等的条约，攫取了大量的在华特权。这些条约涉及割地、赔款、开辟

[1] 张琢：《九死一生：中国现代化的坎坷历程和中长期预测》，北京：中国社会科学出版社，1992年，第82页。
[2] 同上。
[3] 同上。

通商口岸、开设租界、领事裁判权、有利于外国的关税协定和片面最惠国待遇等。其中与城市发展有直接关系的是割地、开辟通商口岸和开设租界。据统计，自《南京条约》起，至1895年中日《马关条约》签订的前夕，各不平等条约规定开辟的通商口岸达43个之多。其中影响较大的通商口岸，除《南京条约》开辟的五口之外，尚有牛庄（后改营口）、登州（后改烟台）、南京、镇江、九江、汉口、天津、潮州、琼州等。他们取得这些通商口岸贸易权后，洋货大量涌入，中国自给自足的自然经济逐步瓦解；同时在上海、天津、广州、汉口、九江、厦门等城市开始出现了租界；香港则在《南京条约》中割让给英国。这是我国近代城市发展的一个关键性转折时期。从此，在我国的大地上开始出现了殖民地、半殖民地性质的城市。它们的出现和发展，改变了中国古代城市及其体系的结构，也使一部分城市中的某些地区畸形发展起来，并对中国政治、经济和文化的发展产生了巨大影响。

这一时期，国内封建统治阶级的“洋务派”，从镇压太平天国农民起义和两次鸦片战争的失败中也吸取了教训，从1865年开始，先后在上海、南京、天津、福州、武汉等地开办了一些军事工业，一些官办的民用工厂也随之兴起，这些对我国城市的发展均产生一定的影响。

（2）从1895—1931年，即从中日《马关条约》签订至“九一八”事变爆发（共36年）。这一时期，国内官办的和民办的工商业、工矿业发展也有所加快，尤其是1914—1918年第一次世界大战期间，帝国主义无暇东顾，暂时放松了对我国的侵略，更促进了中国民族工商业的发展。因此，这个时期，我国城市发展比较快，除了商埠城市、租界城市有所发展外，还兴起了一批受帝国主义控制的殖民地性质的城市，如青岛、大连、哈尔滨；兴起了一批矿业城市，如唐山、井陉、焦作、萍乡、大冶、抚顺、本溪等；兴起了一些铁路枢纽城市，如郑州、徐州、蚌埠、石家庄等；兴起了一些民族工商业城市，如苏州、无锡、常州、南通等。但这期间也是大运河沿线城市衰落的主要时期。

(3) 从1931—1937年，即从“九一八”事变至“七七”卢沟桥事变(6年)。这个时期主要是日本帝国主义占领全东北，并成立了一个“满洲国”，把东北作为侵略全中国的基地。这也是东北城市集聚区形成的重要时期。

(4) 从1937—1949年，即从“七七”卢沟桥事变至新中国成立(共12年)。这是日本帝国主义发动全面侵华战争时期，是中国人民8年抗战时期，由于国民党“消极抗战、积极反共”，使华北、华东、华中、华南广大地区相继沦陷，不得不将东部沿海大批居民和工业向大西南、大西北迁移、撤退，国民党将首都由南京迁到重庆。由于这一暂时因素的刺激，使西部地区原先一些偏僻的城市得到迅速发展，如重庆在1937年人口不过27万，到1945年竟达100万，工厂增至1 500家，为战前的16倍；成都1939年人口为30.9万，至1945年达71万；宝鸡由七八千人增至11万，昆明由10多万增至40多万；湖南衡阳也由10万人增至40万人等等。

总之，近百年来，我国城市在由古代文明向近现代文明转变的过程中，无论在城市的性质、规模、地区分布、城市物质要素和城市面貌等方面都发生了深刻的变化。但是，这一变化主要是由于帝国主义入侵的原因而引起的，因此，这一变化就其性质来说，是殖民地、半殖民地性的变化，而并不是帝国主义主观愿望上要帮助中国实现城市近(现)代化。我国城市由古代文明向近现代文明转变，这是文明的一种进步和发展，成为我国城市文明的重要篇章。但是我国城市近现代化文明的形成是以血与火的代价实现的，体现了我国人民在当时的历史条件下为争得“城市文明”而做出的种种努力、种种牺牲。

二　西方“城市”文明的发端与发展

相对于中国的“城市”文明而言，西方的“城市”文明又是一篇无法写尽的大文章。从古代的“城市”文明、从与西欧资本主义萌芽、诞生再到发展紧密相连的欧洲城市的发展；欧洲城市的发展又推动了新的物质文明和精神文明的进一步发展。这里我们从三个时期阐释西方的“城市”文明。

1. 古希腊与古罗马的“城市”文明

古希腊[1]文明的最初发源地是爱琴海一带以及邻近的希腊半岛。那是一个由众多礁石、岛屿、半岛、海湾、港口组成的区域。根据文明出现的地理位置，这一时期被称作“爱琴文明”的时期(约公元前2000至公元前1100)。作为地中海的一部分，爱琴海地区与地中海沿岸，特别是近东地区联系紧密，最早受到两河流域文明和古埃及文明的影响。该地区在公元前3000至公元前2000发生过民族大迁徙，是一个多民族共同居住的地方。我们今天所说的希腊人并不是最早在爱琴海地区创造出文明的人。在希腊人之前，已有两个生活在那里的民族先后创造出两个样式鲜明的文明：米诺斯文明和迈锡尼文明。这两个文明尽管没有能够得到延续，为历史所淹没，[2]但还是或多或少地在随后发展起来并被称为“希腊文明”的文明身上留下了自己的印记，成为描述希腊文明的最初对象。

在公元前8世纪到公元前5世纪，是古希腊最强盛的时期。商品生产的剩余、手工业的发达、对外贸易的开展以及文化艺术的繁荣，都刺激了古希腊城邦的发展。古希腊的先哲们以其极高的智慧和令后人自愧不如的探索精神，对城市和城市的发展模式作出了大胆的构想。例如，希腊伟大的哲学家亚里士多德在其著作《政治篇》中就探讨了城邦的社会、人口、家庭、伦理、贸易诸问题，另一位哲人柏拉图的名著《乌托邦》实际上是对人类理想城市的一种设计和大胆构想。这些先哲在哲学著作中有关

[1] 这里所说的古希腊并不是一个统一的国家，因为当时不存在统一的国家及其概念；古希腊是一个文化地理概念，所有使用古希腊语的民族都包括在内。

[2] 长期以来，米诺斯和迈锡尼文明一直被认为是一种虚构或传说，直到19世纪末施里曼等人的考古发掘研究才证实它们的历史存在。

城市的论述，实际上是世界上最早的城市理论思想。[1]

在古希腊的城邦中，最大的两上城邦是斯巴达和雅典。从某种意义上说，斯巴达的历史是城邦政治演进的一大例外，它没有沿着其他希腊城邦所走的古希腊式的民主制道路，而是实行了一种被称为“专制”式的统治，由国王和贵族元老议事会统治。尽管如此，斯巴达的政治仍不同于东方式的王权专制，它的公民大会的地位有所加强，特别是5位由民选产生的监察官有权随军监督国王。社会不再像迈锡尼王国那样形成一个以国王为塔尖的金字塔，所有人在经过一系列军事训练后都可以拥有一份田产，从而上升到相互平等的地位。在生活上，斯巴达人不分贵贱，一律实行公餐制。公民大体上都能意识到自己是斯巴达城邦的一员，有着共同的利害关系，至少在名义上，他们相互之间是平等的。

斯巴达的经济制度是建立在土地公有基础上的自给自足的农业经济，生产主要由奴隶进行。闭塞保守和发展缓慢是其社会特征，在希腊城邦中可以算是一个较为落后的社会，但是，斯巴达因军队遵纪守法、勇敢坚毅、战斗力强，加上公民素有质朴奉公的献身精神，故能长期在该地区称雄。

古雅典在公元前5世纪曾达到全盛时期，已有各种类型的建筑，有元老院、议事厅、剧场、俱乐部、画廊、旅店、商场、作坊、体育场。那时的雅典在居住方面已有公民平等的原则，居民居住的街坊呈方格网状，贫富居民混居在同一街区。即使是很有钱的富户，其住宅外观与贫者住屋也无大异，只是用地大小和住宅质量的区别。[2]雅典的城市建设充分显现了希腊式的民主以及对平民的关爱。雅典最出色的建筑群是卫城，是当时宗教的圣地和公共活动的场所，也是古希腊鼎盛时期的英雄纪念碑。

以雅典为代表的希腊文明，其基础是建立在自由、理性、乐观、世俗、人文等人类最为崇尚的理想之上，因而具有人类文明的崇高性和元典精

[1] 沈玉麟编：《外国城市建设史》，北京：中国建筑工业出版社，1989年，第23页。
[2] 同上书，第26页。

神。它的存在不仅对西方文明的内容和走向产生巨大且决定性的影响，而且成为烛照后世的伟大文明遗产，其具有的价值已经超越时空，是每一代人和每一个民族在任何历史阶段都可以一次又一次进行挖掘并从中获得宝贵启迪的伟大文明。

古罗马文明自出现以来绵延一千余年。罗马，这个最初只是在意大利中部立足的小邦，在数百年的时间内建立起了古代世界史上一个跨越欧、亚、非三大洲的帝国，并在随后400多年的时间内维系帝国的存在。在这期间，罗马人在政治、法律、文学、艺术（尤其是道路建筑艺术方面无人与其相媲美，西方谚语“条条大道通罗马”是对罗马道路建筑的规模化、网格化及其艺术的真实写照）、宗教等方面取得的文明成就是巨大的，对古典文明和欧洲文明的进程产生了举足轻重的影响。

在今天的意大利首都罗马，我们仍然能够看到罗马共和国时期和罗马帝国时期建造的大量的建筑遗址：元老院、神圣大道、凯旋门、纪功柱，还有那极负盛名的大圆形竞技场（斗兽场）。古罗马斗兽场是世界八大名胜之一，也是古罗马的象征。那是罗马帝国时期的皇帝维斯西安为纪念征服耶路撒冷的胜利，于公元72年命令手下人强迫8万名犹太俘虏动工修建的，历时数十年，其建筑规模之大，气势之恢宏，令今日建筑学家感叹不已。这座斗兽场的高度相当于现代楼房的19层高，可容纳5万名观众，在没有任何运输和起重设备的20个世纪之前，古罗马能出现如此辉煌的建筑，足以证明古罗马的城市建筑在世界建筑史与人类文明史中的重要地位。

2. 中世纪的地中海“城市”文明

随着公元476年西罗马帝国的覆灭，西方社会进入了中世纪。“中世纪”指的是从罗马帝国灭亡到文艺复兴兴起中间的那几个世纪。一般认为到15世纪时为止，大约1 000年左右。长期以来，中世纪在许多人眼中是“黑暗”的代名词，故中世纪又被称为欧洲的“黑暗时代”。的确，相对于希腊-罗马式的文明和文化而言，中世纪的社会是一种倒退，尚未步入文明的日耳曼[1]蛮族的胜利，使达到相当高度的希腊-罗马文明中的城市生活遭到了毁灭性的打击，无论是社会的物质生活水准，还是人们的精神生活水准都下降到了一个极其低下的水平，文明出现了倒退。

不过，如果仅以此评判、反映中世纪又是不公正和不客观的，还应该看到，中世纪对于古典文明而言，不仅有破坏，更有继承和发展。对于日耳曼等北欧诸民族而言，中世纪则是他们步入文明的重要时代。在中世纪开始时，这些还是未进入文明行列的蛮族，到了中世纪结束前，却已成为了一个拥有较高文明水准的民族，成为推动西方文明进程的中坚力量。此外，欧洲大陆也是在中世纪得到了长足发展，从原始农耕状态发展到城市文明，从部落散居到近代国家雏形的形成。生活在其中的人民开始逐步形成自己的——被称为“欧罗巴”的独特文化特征。西欧各国的疆域和民族格局也是在中世纪得到大致划分。更为重要的是被今人称为“西方文明”的文明终显其雏形，希腊-罗马传统、犹太-基督教传统和日耳曼传统经过近千年中世纪的整合，终于形成了一种为西方人所认同的文明样式——西方文明。中世纪是西方文明的一个承上启下的时代，一个造就欧洲社会和民族的时代。

中世纪的欧洲是建造城堡的年代。城堡的出现既是封建制的必然产物，也是中世纪公共权力危机和社会无序的一种反映，外族的袭击和暴民的动乱导致建造城堡之风盛行。教会势力和地方封建领主是城堡建造的发起人，即使在外敌入侵威胁消失后，建造城堡之风仍然持续，以确保自己的势力范围不受侵犯。成千上万的庄园和星罗棋布的城堡是中世纪欧洲封建割据各自为政的标志，是城市发展的相对沉寂时期。所以，比利时学者亨利·皮朗把10世纪以后地中海地区城市的再度兴起称作“城市生

---

[1] 本书所使用的“日耳曼”指的是日耳曼语系各个民族和部族的总称，包括属于北欧和中欧的印度日耳曼语系的各部族。

活的复兴”。[1]

12世纪以后，欧洲社会经过几百年缓慢的积攒，终于爆发出快速发展的势头，中世纪的盛期也就随之到来，城市复兴步伐加快。古罗马时期建立起来的城市，如罗马、比萨、佛罗伦萨、马赛、里昂、美因兹、伦敦、约克等相继恢复了中心城市的地位，一大批新兴城镇也如雨后春笋般在各地出现。欧洲城市化进程以前所未有的速度发展。越来越多的人被吸引到城市来生活，欧洲社会的人员流动加剧。城市管理机构——市议会和市议员制度在中世纪建立起来，一个新兴的市民阶层开始形成。当资本主义出现后，工人阶级和城市无产者均产生于市民阶层。城镇生活还造成社会分工的加剧，出现了为满足城市生活、生产需要的各种行业、店铺、作坊乃至休闲场所，手工业者的队伍扩大，行会组织出现。这时，城市在经济方面发挥的作用已远远超过古代。城市的重要性也开始日渐显现，它不仅发展成为建筑业、制造业、服务业、商业和贸易的中心，也成为政治、文化和社会民主的中心。可以说，新兴的城镇是中世纪发展至关紧要的发动机……它们提供市场、生产产品，从而使整个经济体系繁荣起来。[2]同时，商业开始复兴，一个以经商为主的群体形成，并逐渐取得较高的社会地位，这导致商业的进一步发展。商业的大发展一方面是为了养活急剧增长的城市人口，另一方面也是为了获得更多的利润。中世纪商业复兴从一开始就具有开放性和国际性。意大利的商人会远上佛兰德斯，而英国的商人会到威尼斯。最先发展起来的商业借助十字军运动开通的朝圣道路，建立了新的海上通道，促进了东西方贸易的开展。意大利北部城市如威尼斯等尤其在这一商业活动中受益巨大。在相当长的一个时期，意大利都在与东方的贸易中占据首屈一指的地位，并确认其在海上的霸权。

中世纪的西欧，居民的居住是十分分散的。贵族住在狭小的城堡里，

[1] ［比］亨利·皮朗：《中世纪欧洲经济社会史》，乐文译，上海：上海人民出版社，2001年，第39页。

[2] ［美］拉尔夫等：《世界文明史》（下卷），赵丰译，北京：商务印书馆，第563页。

农民散住在广袤的乡村里，手工业者也难以固定地长期聚集在一起，城市的发展停滞了。但是，在意大利的沿地中海地区，社会经济却是另外一番景象。威尼斯是个几乎没有农业土地的城市，需要完全依赖贸易来维持，而地中海海上活跃的贸易，滋养着成批的匠人和商人，以及聚集于城市的各种阶层。在威尼斯城市中建有教堂、市政厅、总督府、广场。到14世纪初，威尼斯的人口已超过10万，成为欧洲当时最大的城市。佛罗伦萨在13世纪末，城市面积已经达到480公顷，人口已有数万，已是当时意大利纺织业和银行业比较发达的经济中心；600年前的佛罗伦萨，城市广场已有喷泉雕像，已出现人文主义和文艺复兴的萌芽。当时，法国的巴黎还是一个很小的城市，德意志最大的城市也只有纽伦堡、卢卑克、诺林根几座小城。

文艺复兴给欧洲的城市发展带来了新的机遇。这在意大利北部的独立城市共和国国家，如佛罗伦萨、米兰、威尼斯表现得尤为突出。以资本为主要财产的实业家、商人和银行家成为支配城市政治和社会生活的主要力量。商业化的城市还通过在原材料、流通领域以及价格上的垄断，剥削和统治农村，使封建势力受到很大的冲击。事实上，意大利在中世纪形成的封建主义由于城市的发展而基本被摧毁。意大利成为资本主义的最早诞生地。在经济上成功的实业家、商人和银行家（可以说这些人已经属于新兴资产阶级）对社会和文化生活提出了自己的、不同于过去的新要求，用手中的钱丰富和美化自己的生活成为他们的生活追求。城市生活还造就了新兴市民阶层，他们思想活跃，自由化倾向严重，希望能够摆脱旧思想的束缚。资本主义生产关系还改变了人的生活方式，使人的价值观产生变化：人由消极被动变成积极主动，财富、自由、民主、幸福成为社会的追求和人文主义歌颂的内容。

文艺复兴使欧洲的城市建筑与中世纪决裂，教堂及其他宗教性建筑退居次要地位，大型的世俗性建筑成批出现，体现人文精神的建筑和街道构成了城市的主要景象。这些世俗性建筑有大型的城市广场、联排式的多层住房(公寓的前身)、图书馆、博物馆、城市园林等,显现了优越的城市环境。文艺复兴时期和巴洛克时期罗马的城市园林,有喷泉溪流,雕像玩石,美不胜收,当时建设的几十所名园给后人留下极为宝贵的财富。

3.资本主义工业化与“城市”文明

资本主义工业化是推动西方城市发展的最有力的力量。自18世纪中期开始至19世纪下半叶,先从英国开始,继而是法国、德国、比利时、荷兰,接着是美国与加拿大,西欧和北美相继完成了工业化进程,在这100多年间,也是西方城市发展最为迅速的时期。

相对于意大利和法国,英国的城市发展得比较晚,但在英国首先启动工业化的推进下,英国的城市兴起与繁荣是其他任何一个国家所不能比拟的,曼彻斯特在产业革命刚开始时(1760),人口仅万余人,到了19世纪中叶,人口已达到40万,成为一个比较典型的工业城市。伦敦在1800年的时候,人口已超过200万,成为当时欧洲最大的城市,到1900年人口又超过400万,达到了453.6万。[1]巴黎、柏林、阿姆斯特丹、米兰等都逐渐变成欧洲工业大城市。由于欧洲已普遍采取大工业生产方式,城市的功能也发生了重大的变化。原先的为君王、贵族和商业服务的功能,逐渐被围绕大工业生产而服务的新功能所替代。原先以家庭经济为中心的城市结构还带有浓郁的封建城市的特征,现在却被大片的工业区、交通运输区、仓库码头区、工人居住区所打破。以前温情脉脉、风度翩翩的贵族式城市的慢声细语,现在被淹没在隆隆的机器轰鸣声中。

工业文明促进了城市的文明。在生产力得到极大发展的前提下,在技术及发明不断应用于城市生活的环境里,城市变得更加公共性,这主要体现在城市公共市政设施的建设中。在伦敦、巴黎和柏林,城市道路(先是马路,继而是马路和汽车道路混用,再接着是专门为汽车而开辟的道

[1] 徐康宁《文明与繁荣——中外城市经济发展环境比较研究》,南京:东南大学出版社,2003年,第15页。

路）不断开辟、延伸，变得四通八达起来，路灯、下水道、电灯、电话、煤气开始逐渐普及起来，城市的近现代生活开始出现了。19世纪西欧各大城市的城市改建形成的格局，在后来的100多年间基本上得到延续。如法国的拿破仑第三执政时期（1853—1870），巴黎的城市改建基本形成，城市的道路、广场、绿地、水面、林阴带和大型纪念性建筑物组成了一个完整的统一体，其后的100多年内都没有遭到破坏。著名的香榭丽舍大街（Champs-Elysees）在19世纪中叶已经成名，是高级咖啡馆、餐厅云集的豪华时髦大街，其风格一直保留至今。

18世纪至19世纪西方国家的工业化，给西方城市尤其是大城市以最大的推动，既带来了城市的文明，又带来了污染、贫困、犯罪、拥挤等城市病，在其后的100多年中，人们又为消除这些文明的“附属物”付出了巨大的代价，直到今天还在不断地努力着。

三　中西方文明城市的历史向度

中西方城市形成与发展的历史，展示了中西方城市发展不同时期、不同阶段所取得的成果，所达到的不同文明水平；若转换一下视角，把中西方不同的城市文明看作中西方“创建文明城市”的不同篇章、不同阶段，看作中西方“创建文明城市”的古代史、近现代史，那么，我们将进一步从中西方“文明城市”的历史向度的比较中，获得种种有益的启示。

1. 城市数量与类型比较

在数千年封建经济和文化的发展过程中，中国的城市在数量和种类上都超过了世界上任何一个国家。

美国学者钱德勒（Tertius Chandler）在《城市发展4 000年》（*Four Thousand Years of Urban Growth*）一书中列举了不同历史时期35个世界最大的城市，其中中国的长安、开封、南京、杭州、北京5个城市先后8次位居世界第一。特别是到了明清之际，中国大城市的数量居于世界第一位。

与城市人口规模相适应，中国古代城市的用地规模也较大。府城的占地面积通常有数平方公里；省城的面积往往超过十平方公里；至于都城的面积则高达数十平方公里。如汉长安（内城）35平方公里，北宋东京40平方公里，元大都49平方公里，明南京43平方公里，都位居世界前列。据1957年探查，隋唐时的长安城城址东西长9 721米，南北长8 651米，不算后建的大明宫，城墙范围内用地约8 300公顷多，合83平方公里多，加上大明宫的面积，共达8 700公顷，合87平方公里。唐时的长安，不仅是中国古代历史上最大的城市，而且也是古代全世界的最大城市。对比国外古代的城市，其占地规模一般都比我国的相应城市要小得多。

中国古代、近代的城市类型主要是：都城、商埠中心、手工业中心城市、海外贸易城市。中国的手工业中心城市是明代以后发展起来的。如松江、苏州、杭州为重要的纺织业中心城市，景德镇、宜兴、佛山为陶瓷业中心城市，自贡为制盐业中心城市。这类城市一般都具有发展某类手工业的独特的自然禀赋条件。如景德镇地域上有质量上乘的瓷土，自贡有天然的盐井，苏州、杭州一带有发达的养蚕业等等。自唐宋起，中国出现了一批以海外贸易为重要经济基础的城市，这些城市主要有广州、宁波、泉州、扬州等，其中扬州既是国内贸易的中心城市，也是海外贸易的中心城市。

商业的繁荣促进了城市发展。北宋年间开封的繁华是有史料记载的。著名的《东京梦华录》对城市的道路是这样描绘的："坊巷御街，自宣德门一直南去，约阔二百余步，两边乃御廊，旧许市人买卖于其间，自政和间官司禁止，各安立黑漆杈子，路心又安朱漆杈子两行，中心御道，不得人马行往，……宣和间尽植莲荷，近岸植桃李梨杏，杂花其间，春夏之间，望之如绣。"御路宽达200余步，虽不可信，但可以想象当时开封城市道路之发达。而且，1 000年前的城市，已有专用的御路、人行道、水沟、绿化道，也是古代城市的一大创举和文明。[1]

---

[1] 董鉴泓主编：《中国城市建设史》，北京：中国建筑工业出版社，1989年，第61页。

可以说，1 000年前的开封，是中国古代城市文明的一个高峰，其繁华程度也是西方人无法想象的。1 000年前，也就是11世纪初的时候，整个欧洲尚处在比较荒蛮和落后的时期，与亚洲相比，在经济发展上毫无优势可言。当时的英国要等待800年以后才得以崛起，成为世界经济的中心；法国和德意志莱茵河地区采取封建的封臣领主制度，城市的发展受到限制，巴黎和纽伦堡还是一些很小的城市，在经济史的发展中无足轻重。

在西方，城市的兴起与发展也与商业、手工业和贸易密切相关，有一些手工业、商业繁荣的港口城市。如前所述，从11世纪以来，意大利的威尼斯就是当时欧洲最强大的国家，其势力范围延及克里特岛、君士坦丁堡和塞浦路斯岛。借海上贸易的便利，并经过几次十字军东征，威尼斯成了沟通东方与西方的贸易中心，构筑了一个强大的海上商业王国，曾经攻占过君士坦丁堡，占据这座东方大城3/8的面积，又把面积大于自己几倍的克里特岛列为自己的殖民地。11世纪到15世纪，威尼斯的海军不仅是地中海水域最强大的，而且也是世界上屈指可数的一支强大的海上力量。更为重要的是，在威尼斯，出现了欧洲最早的资本主义萌芽，并逐渐引发了资本主义生产方式作为制度的出现。自18世纪中期开始至19世纪下半叶，先从英国开始，继而是法国、德国、比利时、荷兰，接着是美国与加拿大，西欧和北美相继完成工业化进程，同时出现了一些工业城市，如曼彻斯特、巴黎、柏林、阿姆斯特丹、米兰，等等，工业文明促进了城市文明。而中国近代社会由于始终处于资本主义生产方式萌芽状态，因而没有出现工业城市，这是中国“城市”文明史上的一大缺憾。

当然，中国古代的商业城市，如北宋时期东京开封的商业规模和市场发达程度恐怕要600年以后才能在巴黎看到，要远甚于当时的威尼斯。但是，1 000年前的开封却有一个方面无法与小威尼斯相比，即商品的跨地区流通和贸易。威尼斯在沟通贸易方面的职能要超过当时的开封。开封的商业繁荣主要是为开封城、本地的市民以及来往的商人服务的，开封是一座消费型的商业城市。威尼斯也是商业城市，但威尼斯的商业城市是贸易型的,它依赖的是不断发展的地域贸易和国际贸易。只要贸易的需求存在,这座城市仍然能够发挥沟通贸易的作用和职能,城市就会不断发展下去,即使出现一些突然的事件,也只是影响一时而已。由威尼斯引发的12世纪地中海的商业资本主义,其气势和速度上完全可以和19世纪的工业资本主义相比,这种相比毫无夸张之处。

2. 城市建筑文化比较

20世纪也许是迄今以来西方城市建筑史上最辉煌的一个世纪,也是最令人茫然的世纪。在历史上从来没有哪一个世纪会在西方城市的土地上留下如此多、如此怪、如此大的建筑。因此,对西方城市的建筑,必须把它放到西方城市建筑文化与社会历史发展中去认识。西方建筑文化的不同特点,分别体现于以下三个时期:

工业革命在给西方的传统城市造成巨大冲击的同时,也促进了西方现代建筑文化的形成与发展。如工业化导致大量人口从乡村移居城市,使城市人口密度迅速增加,造成城市居住环境的普遍恶化;工业化的需求改变了城市的传统功能,打破了城市的传统格局,形成了以交通枢纽(火车站、码头等)、工厂区域、工人居住区域等为中心的新的城市布局。由于工业化初期缺乏政府对于城市规划和土地规划的统一管理,在相当程度上造成了城市开发的混乱状况。工业的发展刺激了金融业的发展,大城市随之出现了金融中心区和金融建筑。交通日益繁忙,逐渐出现了城市交通阻塞现象。城市污染严重,废物、废水等成为突出的问题。城市中缺乏适应工业化功能性需求的新的建筑形式。工业革命给西方城市所造成的诸如此类的冲击,无疑需要人们以一种全新的理念和行动来回应。在工业化、城市化和思想观念大变革以及新技术、新材料不断出现的社会背景下,现代西方城市建筑和城市规划运动逐渐地在20世纪初期形成了。这个运动具有鲜明的民主色彩,其大方向是试图通过采用简单的建筑设计形式达到建筑物低造价、低成本的目的,从而使它能够为整个社会服务。

随着西方现代主义城市建筑运动的兴起，有不少先驱者期望通过改变城市的建筑设计，最终为市民大众提供价廉物美的住宅空间，解决因城市环境恶化而造成的种种社会问题，建立一个为多数人服务的社会，从而达到社会改良的目的。他们利用钢筋混凝土、平板玻璃、钢材等新的建筑材料，采用废弃任何外加装饰的新的建筑形式，打破了千年以来建筑为权贵服务的原则，打破了几千年以来建筑完全依附于木材、石料、砖瓦的旧传统。作为对古典风格晚期的反叛和革新，现代主义城市建筑和设计的出现代表了一种全新的理念、全新的价值取向以及全新的美学标准。同时，现代主义城市建筑运动在材料方面的拓展，钢筋混凝土和钢材的运用，使大跨度、大高度的城市建筑成为可能。采用框架结构及其他复合结构，使墙体不再担当承重功能或只起围护作用。这使人们对“墙”的概念有了重新认识，也使室内采光效果第一次取得了突破性的改进。这场现代主义的建筑文化革命，不仅仅局限于建筑领域，还影响到了城市规划设计、环境设计、家具设计、工业产品设计、平面设计和传播设计等诸多领域。

西方后现代主义的城市建筑文化，是在继承和扬弃现代主义城市建筑文化的基础上发展起来的，它具有鲜明的特征和个性，主要有以下几点：一是对历史的重视，并实用性地采用诸如建筑构造、建筑符号、建筑比例、建筑材料等历史建筑的因素，以增加城市建筑的文脉性。二是重视建筑的意义及其表达。西方后现代主义城市建筑文化的理论家都认为，建筑类型和风格是传达意义的关键，类型代表了时代特征。无论是有意识的还是无意识的，建筑的类型和风格形成了城市建筑发展的连续性，建筑类型赋予建筑城市，乃至文化以文脉内容和知识性、文化性特征。正因如此，后现代主义的建筑理论家都非常重视对城市建筑类型的研究。三是注重人、建筑和自然的关系。当人们在建筑地点放下一块基石的时候，就改变了地点的意义，地点变成了建筑，建筑活动因此如同现象学中提出的环境因素一样,是把差别、区别综合起来的活动。四是具有不同于西方现代主义城市建筑文化的城市规划理论。在后现代主义者看来,不仅现代主义的城市建筑是有问题的,而且其城市规划理论和实践也是有问题的。现代主义建筑家在完全忽视城市文脉的前提下设计城市建筑,把西方城市改造成了人造的钢筋混凝土森林。在西方,越来越多的人居住在城市,但城市不仅没有能够提供温馨的、充满人情味的、自然的生活场所,反而造成了人和人、人和自然的隔膜。汽车替代了步行,电讯交往替代了面对面的交往。邻里关系疏远,人际关系松懈,城市丧失了它的传统功能,人成了人造都市环境中的一个物理因素。因此,后现代主义城市规划理论坚持"文脉主义",反对按照功能划分区域以及割断文化脉和文化多元性,以城市结构的矛盾统一组合——如简单/复杂、私人/公共、创新/传统等,来规划城市,突出城市和建筑的本来意义。

中国和西方传统城市建筑的差异,则是十分明显的。引用李泽厚在《美的历程》中的分析,他认为,在西方传统城市中主要建筑多半是供养神的庙堂,如希腊神殿、伊斯兰建筑、哥特式教堂等等。中国传统城市却主要是宫殿建筑,即供世上活着的君主们所居住的场所。大概从新石器时代的所谓"大房子"开始,中国的祭拜神灵即在与现实生活紧相联系的世间居住的中心,而不在脱离世俗生活的特别场所。而自儒家替代宗教之后,在观念、情感和仪式中,更进一步发展贯彻了这种神人同在的倾向。"于是,不是孤立的、摆脱世俗生活、象征超越人间的出世的宗教建筑,而是入世的、与世间生活环境连在一起的宫殿宗庙建筑,成了中国建筑的代表。从而,不是高耸入云、指向神秘的上苍观念,而是平面铺开、引向现实的人间联想;不是可以使人产生某种恐惧感的异常空旷的内部空间,而是平易的、非常接近日常生活的内部空间组合;不是阴冷的石头,而是暖和的木质……不是去获得某种神秘、紧张的灵感、悔悟或激情,而是提供某种明确、实用的观念情调……它不重在强烈的刺激或认识,而重在生活情调的感染熏陶……不是像哥特式教堂那样,人们突然一下被扔进一个巨大幽闭的空间中感到渺小恐惧而祈求上帝的保护。相反，中国建筑的平面纵深空间使人慢慢游历在一个复杂多样亭台楼阁的不断进程中，感受到生活的安适和对环境的主宰……实用的、入世的、理智的、历史的因素在这里占着明显的优势。"[1]然而，中国和西方传统城市建筑的差异，并不能证明两者之间的优劣。这是因为，按照佛朗普顿的说法，中国和西方的传统城市建筑都是依地点、依具体的地理情况和人文环境发展起来的"地方风格"，因而都具有"功能和结构上的合理性"。

从1840年鸦片战争至新中国成立的这一段历史时期，中国的城市建筑典型地反映了中国社会的内忧外患以及中西、古今城市文化的冲突、交融的特征。据王振复的总结，这种特征主要表现在以下几方面：[2]

其一，从城市总体规划角度看，一些中国城市是西方某国独占的割让地，殖民化程度颇高，当初进行城市建设时，可能有一些具体设想，但在文化观念与城市功能问题上，都缺乏远见，也经不起细加推敲的。如上海与天津等，是数个殖民国家瓜分共占的租界，还有华界并存，更不可能进行总体规划。因而，这些新型城市的平面一改中国传统的"棋盘格"，其建筑的分布，拥挤处寸土必争，疏放处荒芜漫漫，城市道路往往依原有地形发展，曲折甚或纠缠，呈现"无政府状态"，导致城市风貌千奇百怪，缺乏统一、均衡的美。而在一些西方人独占的城市区域里，其景观又显得单调，如哈尔滨的俄罗斯式、长春的日本式与青岛的德国式等。

其二，虽然这些深受西方文化濡染的中国城市总体布局往往都不很合理，但却滋生了一些新的平面"语汇"。中国城市的典型平面布局是讲究"规矩方圆"，通常的做法是中轴对称，最严谨的城市平面布局是所谓"棋盘格"。而这种城市平面布局规制与模式由于西风东渐而遭到了毁灭性打击，即变有序为无序，无序是对有序的历史性惩罚。

其三，从建筑技术与结构看，中国传统建筑的基本模式是土木结构，

[1]　李泽厚：《美的历程》，北京：文物出版社，1981年，第63页。
[2]　王振复：《中国建筑的文化历程》，上海：上海人民出版社，2000年，第283—288页。

数千年一脉相承。西风东渐,迫使城市建筑的技术与结构发生革命。当洋务运动初起时,一些工业生产类建筑以土木为材,土木结构,一般规模也不大,占地仅在300—400亩之间,有的甚至仅为数十亩。但在由外资所兴办的工厂与洋行等建筑中,已引进西式砖木混合结构。自19世纪60年代开始,钢结构已被应用于中国的城市建筑。据记载,中国近现代第一座铁(钢)结构建筑,是1863年建于上海的自来火炭化炉房,这是由英国人开办的一家工厂。

其四,近现代中国城市建筑文化,无疑受到了西方建筑文化的巨大影响,但依然不同程度地保留着中国传统建筑文化的烙印。当时北京并未处于接纳西方文化的前哨,但也或多或少地受到了西风的冲击。北京近代旧式商业类建筑,自是传统的一路,却以"洋式"装修门面。如商店里出售的已是"洋货",而商店的建筑却是属于中国传统的。为了协调"中""洋"之间的不同风格,北京人便改装了商店的主入口,采用玻璃这种明亮、光滑的新材料装潢橱窗,以此突出商业类建筑的现代情调以及炫耀性与招徕性。或者"用砖砌成圆券、椭圆券或平券,券旁做柱墩,墩上作几排横线脚,顶上立狮子、花篮等装饰。这是文艺复兴壁柱处理的变体"。[1]

3. 城市形象比较

形象(Image)是一个主体自身及外界对这个主体的基本认识和评价,它具有外在性、理念性和公众性。城市形象(City Image)就是一个城市的内外公众对这个城市的总体的、抽象的、理性的概括和评价,也是城市与公众之间、城市与城市之间传递信息和思想的外在形式。城市形象抽象地代表了一个城市的基本属性:历史沿革、自然风貌、文化遗产、精神传承、都市文明、经济基础、市民素质、城市风尚等等,也涉及城市的发

[1] 尤翔:《近代中国西方古典建筑的细部分析》,《南京工业大学学报》2002年第3期。

展规模、发展水平、发展模式、生活质量等。通常情况下，城市形象还体现一个城市所独具的特征和气质。

城市形象主要有城市自然景观与环境、城市发展形象、城市建筑形象、城市生态形象、城市行为形象（市民与政府）等要素构成。从城市景观来看，现代中西方城市景观都强调规划的完整性，规划以中轴线为中心展开，重视绿色空地等，其差异主要表现在以下几个方面：

一是西方城市（或社区）位于中心的建筑大多是教堂，而中国城市位于中心的大多是政府机关（历史上是封建衙门）。

西方国家的居民大多信仰宗教，教堂是他们每周必去的场所，是生活的一部分。尤其是美国，信教人口达95%，全国有60万神职人员从事宗教活动。其首都华盛顿有各类教堂数十座。北京的城市中心是天安门广场，上海的城市中心是人民广场，这两个广场附近都是政府机构，是权力的中心。中国也有一些宗教活动的场所，大多分布在名山大川，不食人间烟火的地方。有些宗教场所（如清真寺、天主教堂、基督教堂、佛寺等）坐落在城市，但也只是在城市很不起眼的地方，当然它们也成为中国信教群众的活动中心。

二是西方城市建筑大多是开放性的，而中国城市建筑大多表现出了某种封闭性。西方城市大多没有中国式的城墙，虽然在中世纪时也有许多城堡，但是城市主要是工商业活动的场所，不是军事堡垒和政治中心。大部分家庭都喜爱低矮的栅栏式的“围墙”，将自己满园的春色宣泄出去供人欣赏。更没有将城市公园用围墙包围起来，将满园春色关闭起来，然后再出售门票提供一部分就业机会。而中国的城市自古以来就是政治中心和军事中心（俗称“兵家必争之地”），建城墙可以防止兵荒马乱，维护政权稳定。封建政府甚至还建立长城以保卫国家，这是一种变相的城墙。中国传统家庭喜爱居住四合院，喜爱将自己的空间包围起来（俗话说“家丑不可外扬”、“红杏不可出墙”、“春光不可外泄”、“肥水不流外人田”、“各人自扫门前雪”等），封闭的环境造就了封闭的心理。

三是西方城市中各色人种都有,成为世界人种和文化的博物馆。而中国由于长期的封闭性,加入WTO后方与世界接轨,因此城市中人种的复杂性大大降低,满街是清一色的黄皮肤、黑眼睛(北京等少数城市例外)。随着全球化时代的到来和中国进一步融入全球化进程,这一景观正在发生变化。

4. 城市生活方式比较

中国与欧洲城市生活方式经过漫长的独立发展,近现代又发生了交流。作为体现两种城市文明的生活方式的类型,既有相同点,也有明显的相异之处。

首先,无论是古希腊城邦还是中国先秦时代的城市,都是行政和军事中心。希腊城邦的产生出于防御的目的,联合血缘较近的部族,筑城自卫。实力强大的城邦联合较弱的邻近城邦,成为一方的霸主。中国春秋战国时期,城市或者是诸侯国的国都行政中心、军事中心,或者是地方的行政中心。如楚国的郢、齐国的临淄、赵国的邯郸、秦国的咸阳,等等。城市生活富有政治的、军事的色彩。政治上的统治者居住于城市的中心。古希腊政治首脑居住在市中心附近宽阔的林阴道两侧,不同职业者按尊卑等级安排在不同的城市区位上,商人和工匠聚居在他们工作的被称为"市"的地方,城墙之外居住着下等人。中国春秋战国时代的城市,特别是诸侯国的国都,统治者居住的宫殿都位于城市的中心,其他则按照职业分工和城市区位功能分为手工业作坊区、一般居民居住区、商业区和旅馆区等等。

其次,与匮乏的经济相适应,古时城市生活价值观具有一定的禁欲主义色彩。古罗马城市生活方式本来就有奢华的一面,由于日耳曼贵族的入侵,罗马城玉石俱焚。尽管自9世纪城市生活开始复兴,但由于中世纪的主导价值观念被包含禁欲主义的基督教文化所取代,因此欧洲中世纪城市生活方式具有了较强的禁欲主义色彩。中国封建社会中期之后,也出现了“存天理，灭人欲”的带有一定程度禁欲主义倾向的生活价值观，在一定程度上压抑了人旺盛的生活需求。但是，当时中国城市在生活条件、生活质量上要优于欧洲城市，这是由于当时中国的经济、科技、文化处于领先的地位。中世纪后期，落后、黑暗的欧洲城市生活又开始复兴，形成了自己独特的贸易、市民和市政府。由于在这种城市里实行城市居民的自治，市民积极参与公共事务和自由结社，对公共生活领域的关心，促使了市民社会的产生，从而形成了城市民主政治的生活方式。从这一点看，中世纪晚期所形成的城市虽小，但具有新的特质，为形成近代城市生活方式提供了容器。

最后，由于高度发达的封建文明，中国封建社会严重抑制了资本主义与现代化的发展，城市人口增长率低于总人口增长率。公元8世纪的唐朝，城市人口占总人口的10%，到1840年中国城市人口比重反降到5%左右。[1]鸦片战争后，中国被迫对外开放，走上了依附性的现代化道路，城市与城市生活方式呈现典型的二元结构的格局，即表现为富有近现代色彩的欧洲文化登陆沿海一带的口岸城市与基本停滞于传统生活的广大农村的二元结构。“就城镇本身而言，不仅古风淳淳的内地传统型城镇和凉风习习的口岸城市的二元结构；而且，同一口岸城市，也往往形成新老城区、华人社区与洋人租界对比鲜明的二元结构。”[2]

近代欧洲，由于工业革命与工业化的推动，城市化迅速发展。加上这些国家的侵略与扩张，又为其本国的城市化加速发展提供了新的动力。城市生活方式出现一些鲜明的特点：高收入、高消费导致的生活条件优裕，分期付款的超前消费，形成享乐主义的生活方式；中间阶级主要是技术与专业知识分子成为城市的主体，体现出平民化的色彩，在反战、倡导和平和绿色环保行动中成为重要角色。欧洲城市闲暇时间与工作时间发

---

[1] 胡焕庸、张善余编：《中国人口地理》，上海：华东师范大学出版社，1984年，第248、255页。

[2] 张琢：《九死一生：中国现代化的坎坷历程与中长期预测》，北京：中国社会科学出版社，1992年，第138页。

生历史性倒转，闲暇时间大大超过了工作时间，因此欧洲城市生活方式中闲暇生活与闲暇消费成为其重要特色。

四　中西方文明城市的历史价值

中西方城市文明的比较研究，对我们揭示中西方城市文明演进的历史轨迹，对当代中国的文明城市建设，具有重要的历史价值。

1.中西方城市形成与发展的历史轨迹，展示的不仅仅是中西方城市发展的特点、发展的内在规律，而且反映了中西方的城市在原始文明、农业文明、工业文明等不同时期所拥有的文明，所达到的不同文明的水平；中西方城市文明的发展是一个自然历史的过程，对中西方城市文明的认识必须尊重其发展的历史规律。

对中西方城市发展的比较，我们之所以用“城市文明”的概念而不提“文明城市”，正是尊重中西方城市文明演进规律的一种表现。因为“城市文明”与“文明城市”是两个指向不同的概念。“城市文明”指的是城市所达到的文明水平，所体现的城市文明程度——这种文明程度可以是以“物质文明”或“精神文明”为突出象征的城市文明；“文明城市”则是以“文明”为根本标志的城市，是以物质文明、政治文明、精神文明协调发展为标志，整体文明水平较高的城市；以整体文明为标志的城市在古代与近现代中国是不可能出现的，就是在当代中国，明确提出“文明城市”的概念也有一个过程。在1987年10月召开的党的十三大，把“富强、民主、文明”作为建设中国特色社会主义的三位一体的奋斗目标，而且强调：文明主要是指社会主义精神文明；1992年10月党的十四大，强调要把精神文明建设提高到新水平，明确提出了“精神文明重在建设”的方针；1996年10月党的十四届六中全会通过的《中共中央关于加强社会主义精神文明建设若干重要问题的决议》中，明确提出了“开展创建文明城市活动”。显然，提出创建文明城市活动是当代中国城市文明演进的必然要求，是促进当代中国城市物质文明、政治文明、精神文明协调发展、建设社会主义和谐社会的客观需要，是当代中国城市公民对理想人居环境、理想城市的追求。

2.中西方城市文明的特色，集中体现于城市建筑风格上。应当说，中西方各具特色的城市建筑都是依不同的地理环境和人文环境发展起来的，具有不同民族的风格。遗憾的是随着西方建筑文化的东渐，如果说在近现代中国还以传统建筑文化为本，那么到了今天中国的城市建设，千城一面的景象正在成为我们的视觉困惑；在各大城市大搞“与国际接轨”的过程中，各种不中不西、不伦不类的罗马式、哥特式和巴洛克风格的建筑在中国各大城市中崛起；城市的个性、特色和风格正在缺失。缺乏个性和特色的城市能成为当今的文明城市吗？西方后现代主义关于城市建设的“文脉”精神，应成为我们当今推进文明城市建设的重要警示：城市决策者在开展城市规划与建设之前，应了解城市的文化与历史，应尊重你的城市文化！尊重你的城市的风格和城市的人文精神！

3.中西方的城市文明虽有不同的历史发展轨迹，不同的历史时期城市文明的水平是不一样的，但是，城市文明的发端均以商业文明为标志[春秋战国时期的商业城市如陶(今山东定陶)、意大利的威尼斯]，推进城市商业文明的主要因素是城市手工业、交通运输业和科学技术的发展；伴随着商业文明而发展起来的城市文化艺术，则是中西方文化艺术家为人类城市文明而创造的灿烂绚丽的精神文明；城市的精神文明使城市脱俗于一般的商业文明、手工业文明、工业文明，它使城市文明与人的(自身)文明合二而一，使城市文明回归人本身，城市的思想精神、文化艺术印证着人的创造，体现着人对推进城市文明的智慧与力量。

4.中西方不同时期的城市文明成果，凸现的是人的知识、能力、智慧和创造，是人的进化和文明在城市文明上的反映；人一旦意识到人的文明对城市文明的巨大力量，那么，合乎逻辑的推论便是要重视“文明城市”的建设；如果说“城市文明”的概念强调和展示的是“城市文明”演进的自然逻辑(其中蕴含着人在不同时期对城市文明的贡献)，那么“文明城市”概念突出的则是人对城市文明的自觉意识、自觉活动、自觉创造;党的十四届六中全会强调“文明城市”创建,既是对人类城市文明发展经验的科学总结,又是对当代中国“城市文明”的推进已进入到一种自觉意识、自觉创造水平的判断,体现了党和国家以科学发展观为指导,坚持小康社会、和谐社会建设的目标,通过文明城市建设不断提升城市文明程度与市民文明素质,促进中国特色社会主义现代化建设的追求。文明城市建设将人类的城市文明提到了一个新的历史高度,21世纪的文明将迎来新的城市文明的世纪。

第三章

文明城市的本质

城市是一种文明，一部城市发展史就是一部人类的文明史。从19世纪中期到20世纪中期的差不多100年的时间里，城市在全世界得到了前所未有的发展。在20世纪末，伦敦、巴黎、纽约、东京、悉尼已成为世界意义的大都市。20世纪90年代以来，伴随着世界城市的快速发展，中国也进入了城市化、城镇化的高潮；中国各大城市创建文明城市的活动，既反映了人们对生活于“文明城市”之中的期望、追求，也表明了文明城市创建对城市文明乃至人类文明发展的意义。难怪学术界提出了这样一种观点：21世纪是城市文明的世纪，这可能是城市发展史上否定之否定的再现。

断言21世纪是城市文明的世纪，创建文明城市是开创人类城市文明的新纪元，给我国文明城市的创建活动提供了一种价值论与趋势论的判断，这将有助于我们更好地把握城市文明的世纪所蕴含的种种机遇和挑战。但是，如何界定文明城市？如何把握文明城市的本质？学界研究还较少，本书进一步从理论上对其做出回答。

一　文明城市的涵义

对“文明城市”涵义的揭示涉及两个问题：一是“文明城市”与“现代化城市”的关系；二是“文明城市”的空间规定。

1.“文明城市”与“现代化城市”

为了阐明“现代化城市”的概念,不得不先说一下“现代化”的涵义。

“现代化”(Modernization)是个外来词,在英文中是个动名词,意为to make modern,即“使成为现代的”之意。在汉语中找不到和modern一词准确的对应词汇,通常译为“现代”,有时音译为“摩登”。它除了“时新”“新潮”之意外,作为一个时间概念,并不是指我们所生活的时代(我们生活的是当代contemporary,或者present time),按照韦氏词典的解释,它是指从公元1500年以后至今的很长历史时期,过去学界常译为“近世的”“现世的”。

我们认为,“现代化”概念可从两个层面解读:一是绝对意义上的“现代化”,它标示的是“传统”社会向“现代”社会转化的历史过程;二是相对意义上的“现代化”,它指的是落后国家向发达国家转变这一相对关系上的现代化。当然,相对意义上的“现代化”,也内含着落后国家以发达国家的“现代”社会为参照,从“传统”向“现代”社会的转变。但我之所以把它作为相对意义上的“现代化”,因为落后国家是以发达国家一定时间内达到现代化的水平为参照,借鉴发达国家现代化的经验,站在工农业并存的地平线上,以工业化与信息化为双重任务,实现其现代化。可以说,落后国家的现代化是一种缩小与发达国家的差距、并逐渐向发达国家转变的现代化,是一种达到当时发达国家曾达到的现代化水平为标准的现代化。从这个意义上说,落后国家即使达到了发达国家现代化曾达到的水平,但它与发达国家新的现代化(或者说“后现代化”“第二次现代化”)之间仍有一定的张力与距离,只能是一种相对意义上的现代化。

从“传统”向“现代”的转变,不仅是上述两大层面的现代化都要解读的问题,也是西方现代化理论的核心概念。许多早期现代化理论家都曾从不同的学科领域视角研究现代化,探讨“传统”与“现代”的特征与差异。如以塞缪尔·亨廷顿、戴维·伊斯顿(David Easton,1917—2014)

等为代表的现代化研究的政治学方向；以沃尔特·罗斯托（Walt Rostow，1916—　）、西蒙·库兹涅茨（Simon Kuznets，1901—1985）、格申克隆（Alexander Gerschenkron）等为代表的现代化研究的经济学方向；以塔尔科特·帕森斯（Talcott Parsons，1902—1970）、马里昂·列维、丹尼尔·勒纳（Daniel Lerner，1917—1980）等为代表的现代化研究的社会学方向；以阿历克斯·英克尔斯（Alex Inkeles，1920—　）、麦可勒兰德等为代表的现代化研究的人文学方向；以西里尔·布莱克（Cyril Black）和艾森斯塔特（S. N. Eisenstadt）等为代表的现代化研究的制度学方向。早期的现代化理论家都认为，"现代化"是一个逐渐消除"传统"特征，同时获得"现代"特征的过程。现代化作为一个过程，它是一个彻底的转变过程、是一个系统的过程、是一个长期的过程、是一个阶段性的过程、是一个内在的过程，是一个全球化的过程、是一个趋同化的过程、是一个不可逆转的过程、是一个进步的过程。[1]

但是，早期现代化理论有三个明显的缺陷：(1) 理论模式与事实之间的矛盾。即以对西方国家现代化过程和经验的总结来套用非西方发展中国家的现代化，常常难以解释发展中国家的现代化所遇到的种种问题；(2) 对"传统"与"现代"这两个概念及其关系理解过于简单和抽象。"传统"和"现代"并非是对立的两极，"传统"也不等同于"落后"，"现代"也不等同于"先进"；同时，"传统""现代"以及现代化过程又都不是脱离具体时空条件的，不然，就难以避免沿用、套用发达国家现代化的模式而带来的困难和失误；(3) 种种现代化理论都偏重于定性研究，缺乏定量评估与分析。

20世纪八九十年代出现的新现代化理论、"后现代"理论以及20世纪90年代我国学者提出的"第二次现代化理论"，都对早期的现代化理论进行了批判的反思，都对"现代化"研究作出了新的推动。新现代化

---

[1] ［美］塞缪尔·P.亨廷顿：《导致变化的变化：现代化、政治和发展》，载［美］西里尔·E.布莱克编：《比较现代化》，杨豫、陈祖洲译，上海：上海译文出版社，1996年，第45页。

理论[1]虽仍然具有早期现代化理论所具有的一些特征，如仍将“传统”与“现代”作为自己的核心范畴，仍将现代化看作是从“传统”向“现代”的转变过程，但同时又对早期现代化理论作了或多或少的修正，为现代化研究提供了一些新的理论基础，开启了新的研究领域。“后现代”理论则对“现代性”这个一切“现代化”理论的核心概念从根本上加以质疑，否定“现代性”以及作为其基础的“理论”（严格地说应该是“工具理论”）作为人类最高价值的合法性，从而也就是对“现代化”本身的价值，以及对探讨、促进“现代化”过程为己任的一切“现代化”理论的价值提出了质疑。不可否认，“后现代”即使在西方也还是一个含义模糊的概念，“后现代”理论对“现代性”的攻击也有过激之处。但是，“后现代”以对现代西方社会问题的诊断为基础，从一个新的角度揭示了西方社会已有的“现代性”及现代化模式的弊病，这与“新现代化理论”对早期现代化理论的批评有着某种异曲同工之处，这对正处于现代化过程之中的非西方发展中国家来说，有一定的警示意义。

笔者认为，对现代化的本质应从以下三大层面去认识：

第一，现代化是一个“目标集”概念。它是人类对经济、政治、文化等目标的理想追求，在“现代化”概念上的集中体现。因此，人类的现代化不仅仅是经济的现代化，还应包括政治的现代化、文化的现代化、社会的现代化、制度的现代化等等。正因为它是“目标集”的概念，才会有西方学者从政治学、经济学、人文学、制度学等不同视角对“现代化”的探讨。

第二，人类对现代化的追求是一个“全过程”（全面的发动与转变的过程）。当人类把“现代化”作为目标追求时，必然是一个不间断地从“传统”向“现代”转化的过程，是一个“传统”化“现代”的过程。但“传统”与“现代”的关系不像西方“现代化理论”家们理解的那么简单、抽象。“传统”与“现代”既不能简单地以“好”与“坏”来区分，也不能把两

[1]　如美国学者布莱克的《比较现代化》、德国学者茨阿波夫的《现代社会的现代化》等。

者截然隔离。实际上，“传统”与“现代”是一个相互依存、相互补充、相互转化的过程。过去的“现代”便是未来的“传统”，未来的“传统”中又蕴含着过去的“现代”。正因为如此，所以“传统”向“现代”的转化过程才会呈现如亨廷顿分析的：现代化是一个彻底的转变过程，是一个长期的过程、阶段性的过程。

第三，现代化的表征。“现代化”的“目标集”内涵、“全过程”特征，通过其表征使我们能认知和判断“现代化”。现代化的主要表征是：(1)数量表征，一个国家或一个地区(城市)的现代化通过人均国内生产总值、城市化比例、预期寿命、大学普及率等数据来衡量、测度；(2)质量表征，通过一个国家或一个地区(城市)的“经济质量”“生活质量”等，来标示一个国家或一个城市的现代化质量；(3)形态表征，一个国家尤其是一个城市的现代化，其城市建筑、道路交通设施、公共场所和绿地，是一个城市现代化的直观表征。

概括以上三大层面的分析，笔者认为现代化的本质是：一个国家或一个城市以对经济、政治、文化发展的新水平、新境界的追求为目标，不断提高国家(城市)与公民文明程度，不断走向文明社会、文明世界的过程。

“文明城市”包含“现代化城市”的要求。但“文明城市”是一个包括经济、政治、文化、教育、科技、环境的综合概念。它标志着城市的进步、发展已达到了“文明”的高度；它在整体上包括城市的生态文明、物质文明、精神文明、政治文明、制度文明等。

如果说“现代化城市”以对“文明”(文明市民、文明城市、文明社会)的追求为目标，注重于城市“现代化”的过程，反映城市从“传统”向“现代”的转变过程，那么，“文明城市”在按通行的国际“现代化”的标准提升城市物质文明的同时，更注重政治文明、思想道德、社会风尚的精神文明。可以说，“文明城市”是文明小区、文明社区、文明行业等创建工作的积累和综合性提升，是两个文明协调发展、精神文明建设取得显著成效的表现，其整体文明程度相对高于同类城市的城市。

2. 文明城市的空间规定

由上可见，文明城市所表达的是特定的复杂巨系统的概念。对文明城市的研究不仅要弄清“文明城市”与“现代化城市”的关系，还必须确定这个特定复杂巨系统的边界尺度，这是实现文明城市的量化研究、界定文明城市的前提。从行政学与理论地理学的角度出发，我们认为文明城市的空间边界应定义在两个层面上。

第一个层面是：具有一定地域规模、经济规模、人口规模和生态规模的行政区域，如直辖市、省会市/计划单列市、地级市与县级市的行政区域内。

第二个层面是：在具有不同规模的行政区域内的“城市化地区”，重点是城市的建成区（国家统计年鉴对此有明确的界定和数据统计）。

以城市的不同行政区划作为空间边界尺度是比较容易被人接受、理解和正确使用的，但对地理规模边界、人口、生态规模边界的认识，往往有不同的看法。为了使我们研制的《测评体系》具有理论上的清晰性、准确性，实践上的可操作性，很有必要对以上第一层面的边界尺度进行规范和界定。

一是城市地理规模边界确定。任何一种类型的城市均是由城市建成区与处于边缘地位的农村（或称郊区）所组成的二元结构体系；在城市里，城市的建成区与郊区是相互依存、密不可分的，根据城市化的一般规律，城市经济社会的发展呈现梯度发展的基本特征，在城市里处于边缘地位的农村的发展要靠处于中心地位的建成区去带动、去辐射。我们界定文明城市的测评范围时，重点是考核处于中心地位的建成区的“文明度”，同时也关照农村郊区的“文明度”的提高问题。

1999年世界观察研究所发布的《世界状况》指出，国际上一般经验表明，在一个区域内，由处于中心地区的城市带动辐射处于边缘地位的乡村发展具有一定的空间尺度，全球平均水平是：城市的建成区面积应直接带动其周围乡村地区发展的空间尺度是1∶50，例如英国的伦敦的带动比例是1∶58，日本的东京是1∶71，德国的柏林是1∶47，法国的巴黎是1∶50，美国的纽约是1∶80。所以在测评文明城市时，我们测评的对象应是城市的整体——城市建成区与农村。不能在研制文明测评标准时，只考虑建成区，而把建成区直接带动的农村地区排除在外。所以，在《测评体系》中我们专门设置了“以城带乡，联动发展”的指标。只有当文明城市的空间概念得到充分体现时，文明城市的测评才具有合理性和科学性。

二是城市人口规模边界确定。文明城市归根结底是人类群体和个体的文明素质的提高，文明城市要测评的是人口的知识水平、交往水平、生活水平、道德水平。文明城市既不是在一个低于临界值以下的狭小区域内的文明城市，也不是指城市内少数人的文明。文明城市作为一个系统，具有一定人口边界规模。从我国的现状出发，根据行政区划对人口规模的规定，我们对文明城市的测评最低的限定是县级市。

三是城市生态环境边界确定。在可持续发展原则指导下的文明城市空间概念还必须具有生态与环境的约束边界。生态化是一个文明城市的重要特征与标志，只有当一个城市具备较完整的生态系统和无环境公共危害的外部性溢出效应时，才能有资格谈论文明城市建设的整体进程。生态与环境约束边界：(1) 要求在城市之内实现其自然资源的生产价值与在其城市的“生态服务”价值相平衡，使城市内“生态服务”价值达到保值和增值；(2) 要求城市内环境自净能力、环境缓冲能力和环境抗逆能力的总和获得不断提升，或至少保持环境容量为一常量，并使环境质量获得逐步改善和稳步提高；(3) 不能对本城市以外的相邻地区产生生态与环境方面的公共危害，不能把“成本外部化”推向城市外部。一个城市只有在生态环境方面满足上述约束条件之后，实施文明城市的空间概念才具有正确性。

以上讨论文明城市的实施空间是为了说明：所谓的文明城市目标的实现，不能无限制地缩小到一个乡、一个村，甚至到一个家庭。文明城市的进程和文明城市目标的实现，它所要求的地域空间范围应当满足上述的三个基本约束条件，即地理范围约束、人口规模约束和生态环境的外溢性约束。只有达到规定的临界空间以上的地域，讨论文明城市的内涵与目标，研制文明城市的测评标准，才具有实质的意义。

以上分析也表明：我们研究并制定的测评指标体系的对象是“文明城市”而不是“现代化城市”；对“文明城市”的测评不仅包括建成区还包括建成区直接带动的农村地区；以20万人口规模为边界确定测评的城市是“县级市”，也适应“文明城区”；文明城市（城区）都有生态环境的边界约束。根据以上分析，我们可进一步给文明城市（城区）做如下理论界定：文明城市（城区）是指，在全面建设小康社会，推进社会主义现代化建设新的发展阶段，坚持科学发展，经济和社会各项事业全面进步，物质文明、政治文明与精神文明建设协调发展，精神文明建设取得显著成就，市民整体素质和城市文明程度较高的城市（城区）。文明城市（城区）称号是反映城市（城区）整体文明水平的综合性荣誉称号。

二　文明城市的特质

文明城市的理论界定表明，我国创建文明城市（城区）的国内背景是：全面建设小康社会和社会主义现代化建设。因此，文明城市（城区）的创建必须体现小康社会和现代化建设的要求，对此我们将在下面进一步阐述。这里先阐释“文明城市”自身所具有的特质。

文明城市的基本特点有三个：城市的形态文明、功能文明、素质文明。城市的形态文明是文明城市的形象，功能文明和素质文明则是文明城市的内在本质特征，它们既相互区别又相互联系，从不同的侧面展示文明城市的风采。

1. 形态文明

文明城市不能没有文明的形象，文明的形象是文明城市的首要形象。

有人认为，文明城市的形象是城市文明的"形"和"象"在公众心目中的感受与反映；有的人认为，城市的文明形象是"公众对一个城市的整体印象、整体感知和综合评价"；有的人认为，城市的文明形象仅是个人对城市的感受，任何人都不能全部感受城市的形象，因为城市形象具有综合性、复杂性、整体性和流动性；有的人认为，城市的文明形象是一个多棱镜，不同的角度有不同的形象，并非每一形象都是文明的；有的人还认为，城市的文明形象体现在城市的硬件和软件两个部分，硬件包括城市形态、城市布局、城市建筑、城市道路、园林绿化等，软件包括城市人的行为、市民时尚、市民素质和政府形象等。

我们认为，文明城市的形象是公众在感受、体验城市功能与素质的过程中对城市形态文明的一种认知、判断，其认知与判断虽是主观的，但它是对城市形态文明的一种客观反映。例如，凡到过新加坡的人都会赞美新加坡的干净、绿化、礼仪与管理，都公认新加坡是"花园城市"国家。然而新加坡从形成"花园城市"的理念到建成"花园城市国家"，经历了30多年的努力。1965年新加坡建立了独立的共和国——城市国家，花园城市国家的大规模重建也正是从那时开始的。"花园城市"理念在20世纪60年代到90年代得到充分发展。由于新加坡政府较早地认识到城市环境的重要性，园林不仅仅能创造"房地产增值"的经济效益，更是国民综合素质和精神面貌的体现，从而使建设"花园城市"的运动深入人心，与广大民众达成共识，从而使新加坡给世人留下了"花园城市"的美好形象。[1]

2. 功能文明

任何城市都具有经济、政治、文化的功能。本书所说的城市的功能文明，主要体现在城市的服务、管理和创新三个方面。城市应成为最适合人

[1] 参见［英］艾比尼泽·霍华德：《明日的田园城市》，金经元译，北京：商务印书馆2000年。

居的场所，不仅要有合理的空间布局，美好的生态环境，而且要给“人居”提供能满足“人居”需求的种种服务；城市“人居”的需求也具有层次性的和历史性；古代与近现代的城市“人居”不可能有“智能楼宇”的需求，而现代城市居民在满足基本的物质生活需求之后，必然会有高层次的物质和精神生活需求；美食以前只是帝王的，现已进入普通市民家，市民不仅要吃饱、吃好，还要吃得健康；不仅要享受通俗的文化，而且对古典精品、世界精品文化的需求也日益高涨。为了要满足市民不断发展的多元的生活和发展需求，城市必须不断地从不同方面，根据不同对象、不同时期的不同需求，规划与发展城市服务业，不断提高服务质量，体现城市满足“人居”功能的需求。

城市功能还通过城市管理来体现。随着城市规模的扩大，人流、资金流、车流、物流、信息流在城市中的广泛流动，城市管理如何以人为本、满足“人居”需求的矛盾日益突出。拿城市交通管理来说，其管理的文明，不仅与其先天的地理区位相关，而且与其能否在众多繁复的生产要素纵横交错地运行的“流”中形成合理的“节点”“时耗”相关，从而汇聚各种“流”、降低各种“流”运行的成本，满足城市市民出行便捷的需要。为了在纵横交错的城市交通网络中形成合理的“节点”和“时耗”，使各种“流”能在纵横交错的网络中有序流动，国内外的大城市、特大城市都提出了城市交通的网格化管理方案，这正是为了提升城市交通能力，发挥城市文明功能的重要举措。

城市功能文明的内在特质则是创新。任何城市在形成与发展的过程中均会形成其经济、政治、文化、教育、社会等功能；但是一城市与另一城市功能文明的差异，不仅仅在于服务与管理，更具特质的则是创新。创新使一个城市能找到在区域发展中的功能定位（如北京是全国政治、文化中心，上海要建成国际经济、金融、贸易、航运中心），创新会创造出具有个性意义的城市文化符号，创新使城市功能的发展与完善更具活力，更具集聚与扩散的能力。如一些世界著名的国际大都市——伦敦、纽约、巴黎等，它们对本国与世界各国的辐射能力，不仅是这些城市的经济、金融，更重要的是这些城市的教育、科技、文化。门类齐全，功能完善的城市文化设施，提升了城市功能文明，增强了城市对世界的集聚与辐射能力。可以说，伦敦、巴黎以及纽约等国际大都市一流完善的文化设施，既吸引着全世界无数的游客到这些城市参观访问，又为城市的持续创新积蓄思想文化资源与能量。

3. 素质文明

城市素质文明可从城市的自然环境素质（质量）、城市基础设施素质（质量）、城市市民素质、城市发展素质等方面去分析。本书的任务不是研究素质文明，只能举其要义。比如，城市基础设施的素质如何，对于聚集资本、人才、技术、信息等生产要素有着直接的影响；在城市基础设施体系中，大型桥梁、机场和地铁具有很强的代表性。河流–桥梁常常成为城市文明的一种标志。

翻开世界地图，众多城市依河而建，甚至每一个稍大一点的城市内部或其周围都有一条或数条较大的河流经过。一条大江或一条大河蜿蜒数百公里或上千公里，流域内均是肥沃的土地，也连接起一串珍珠般的城市。世界上许多繁华强盛的城市，往往离不开城市旁边那条著名河流的滋润。伦敦的历史就是泰晤士河的历史。上海的城市文明与三条河流有关：长江、黄浦江和苏州河。许多经济学专家都把长江比作一条“龙”，把上海称作“龙头”，逆长江而上都是上海经济的腹地，经长江出海便是广阔的太平洋，因此上海又是中国最大的海港城市。城市的自然环境、基础设施素质是城市素质文明的硬件，市民素质则是城市素质文明的软件。市民文明素质可从市民的思想道德素质、行为素质、心理素质等方面去分析与评估。

三 文明城市与物质文明、精神文明

文明城市特质回答的是文明城市自身的特点与功能问题，文明城市又是物质文明与精神文明建设协调发展、精神文明建设取得显著成就的城市。因此，对文明城市本质的认识还必须研究文明城市与物质文明、精神文明及其关系。

1. 文明城市与物质文明

文明城市首先要有一定的物质基础，达到一定的物质文明；不然该城市就不能进入文明城市的行列。

文明城市的物质文明，标志着该城市在物质生产领域、物质生活领域以及改变城市生存与发展环境过程中的物质成果，它表现为该城市物质生产的进步和物质生活的改善。

值得强调的是：城市的物质生产是文明城市物质文明的重要方面，因此每个城市都要大力发展生产，促进GDP增长，增强城市的竞争力，这在理论和实践上都比较容易理解和接受；但是，对城市物质文明所包含的物质生活的改善或提高却容易忽视。实际上，物质生活的提高也是城市物质文明发展的重要方面。固然，城市的物质资料的生产，特别是人对生产工具的改进和创造是城市物质文明的基本方面和决定意义的标志，但是城市发展物质生产，花大力气去改进生产工具，对城市居民来说并不是目的。城市发展物质生产，不断改进生产工具，其目的是要不断地提高和改善城市居民的物质生活，并在物质生活有了基本保证和提高的同时去扩展自身的精神和文化生活。城市物质生产是城市物质生活的“根”和“源”，城市物质生活是城市物质生产发展的现实的外在表现，没有物质生产的城市发展，当然谈不上城市物质生活的提高；没有城市物质生活的提高，事实上也很难全面说明城市物质生产力的发展。试想一个在物质生产上很发达的城市，可是城市居民的衣、食、住、行等物质生活条件却很成问题，那如何使人相信它的物质生产在发展呢？城市物质生产的发展和社会物质财富的增加，需要通过市民的物质生活的改善表现出来。只有在城市物质生产发展的基础上，市场上的商品充裕，能满足市民不同的消费要求，住房不断改善、交通方便，人们的物质生活有一定的质量，这才是城市的物质文明的发展或进步。

城市在改善市民的物质生活时，还应当高度重视人们的生活环境。生活环境与人的日常生活息息相关。环境是人类生存和生活的基本条件之一，是人类提高生活质量的基本保证。有史以来，人类物质生活的改善和生活质量的提高，都与生活环境的改善紧紧相连。从人类改造洞穴、驯养野生动物、培植野生植物、建造房屋，一直发展到今天的现代化的居室、办公楼、具有文化内涵的工厂厂房以及与人类生活密切相关的人工环境设施、污水处理系统、噪声治理系统等等，都是人们生活改善不可缺少的方面。如果一个城市到处是森林般的水泥结构的高楼，而没有（或很少有）树木和花草；如果人们穿着讲究，但城市却尘土遍地、空中飘浮着有害气体；如果人们住宅宽敞，但整天噪音不断，又如何谈得上城市物质文明的发展或进步呢？

2. 文明城市与精神文明

文明城市的精神文明，更是文明城市题中之意，是文明城市建设的重中之重。

城市的精神文明是指城市社会精神生活的进步开化状态，是城市社会精神现象中的积极因素。《中共中央关于社会主义精神文明建设指导方针的决议》指出："精神文明建设，包括思想道德建设和教育科学文化建设两个方面，渗透在整个物质文明建设之中，体现在经济、政治、文化、社会生活的各个方面。"这也是对城市社会精神文明的内涵和特征的高度概括。

第一，以理想为支柱的市民的精神状态。理想是人的精神支柱，是人的素质的根本所在。它最深刻地反映着一个国家、一个民族、一个城市的思想水平和进取精神，也是一个国家、一个民族、一个城市的凝聚力和前进动力的源泉。

第二，以市民的社会主义道德观念为基础的城市社会风貌。道德是市民的行为规范，市民的行为规范的总和表现为城市社会风貌。以为人民服务为核心，以集体主义为原则，爱祖国、爱人民、爱劳动、爱科学、爱社会主义是社会主义道德规范的基本要求。城市精神文明建设不仅要努力提高每一个市民的精神境界，并且要在城市中建立和发展人与人之间的平等、团结、友爱、互助的社会主义新型关系。

第三，以市民的法制和纪律观念为准绳的社会秩序。社会秩序的好坏是由多种因素决定的，但最根本的因素还是人的素质。从城市社会秩序角度可以窥见城市社会成员素质的高低。法律是维持城市社会正常秩序的必要条件。提高市民的法制观念，也是与城市精神文明建设有关的重要问题。良好的城市社会秩序要由各种纪律作保证。广大市民自觉的纪律观念和守纪行为，是城市顺利进行经济建设、推进城市发展的保证。

第四，以文化为基础的市民的认识和改造客观世界的能力。市民素质的提高和发展的一个突出表现就是市民的实际能力因素，即以文化（包括科学技术知识）为基础的认识客观世界和改造客观世界的能力。所以，在进行社会主义精神文明建设时，在强调学习和宣传马克思主义、毛泽东思想和邓小平理论的同时，必须高度重视市民的文化科学技术知识的普及和提高。尤其在现时代，先进科学技术的教育和宣传是城市精神文明建设的一个重要任务，广大人民群众的文化科学技术知识素质的提高，是检验城市文明与发展程度的一个重要标尺。

在城市的物质文明与精神文明关系中，城市的物质文明为城市的精神文明发展提供强有力的支持，城市物质文明是促进城市精神文明发展的根本推动力，是城市精神文明发展的一个重要标志。城市精神文明对城市物质文明、城市社会变迁都具有先导的作用，作为精神文明重要内容的先进的科学技术对开拓和引导城市的政治体制、经济体制、思想道德等上层建筑和意识形态的变革，都有着十分明显的作用，它是先进思维方式和进步的政治思想的产生和新的城市制度建立的开路先锋；城市精神文明中的教育、科学文化方面，直接和具体地表现为对城市物质文明建设的智力支持作用，城市精神文明的发展，意味着先进的科学文化技术在城市物质生产领域中的广泛应用。

四　文明城市与和谐社会建设

党的十六届四中全会明确提出了建设社会主义和谐社会的目标，这体现了中国人千百年来的理想追求，体现了中华民族的凝聚力与向心力，是中华民族“天人合一”“和而不同”精神的社会表述，与当今我国各大城市开展的文明城市建设具有内在的一致性。

1.“贵和”思想与古代中华民族的文明理念

中华民族在处理人与自然、人与社会、人与人之间以及民族国家关系方面的文明理念，集中体现在“贵和”思想中。

我国古代思想家把“贵和”作为自然法则。早在春秋时期，中国人就有“和实生物，同则不继”(《国语·郑语》)的观点。在这里，“同”指的是无差别的绝对同一，“和”则意味着有差别的统一。这一看法在以后的中国哲学中一再得到确认：从老子的“万物负阴而抱阳，冲气以为和”(《老子·四十二章》)、管子的“和乃生，不和不生”(《管子·内业》)、庄子的阴阳“交通成和而物生焉”(《庄子·田子方》)、荀子的“万物各得其和以生”(《荀子·天论》)，到董仲舒的“和者，天地之所生成也”(《春秋繁露·循天之道》)、张载的“太和所谓道”(《正蒙·太和》)等等，都蕴含着“和实生物”的观点。

同时，把“贵和”当作处理人与自然关系的法则。中国传统道德提倡“君子和而不同，小人同而不和”(《论语·子路》)。在孔子看来，人与人之间可以有矛盾，但能够在一定的道德原则和规范下达到统一与和谐。也就是说，“和而不同”的实质乃是强调矛盾的统一和均衡，强调通过对“度”的把握以获得人际关系的和谐。儒家积极宣扬“礼之用，和为贵”

（《论语·学而》），“均无贫，和无寡”（《论语·季氏》）。“和”不仅是处理人与人之间关系的一个基本准则，而且是调解人们之间利益冲突的一种处世方式和治国之术。

另外，“贵和”是处理民族、国家关系的法则。中国人一直认为“和”是解决国与国之间冲突的原则，主张“协和万邦”。“协和万邦”的说法最早出现于《尚书·尧典》中，随着《尚书》被尊为儒家经典，其所主张的处理邦国、族群关系的准则也就逐步成为封建统治者处理民族、国家关系的法则。“协和万邦”，表现了中华民族爱好和平的优良传统，是中国传统文化中“贵和”思想在民族、国家、文化层面上的重要体现。“协和万邦”，不仅体现着古代先贤的政治文明理念，也是一种民族文化、民族精神，它促进了民族的融合和大一统国家的建立。

2.“两个文明”的协调发展是和谐社会的根本标志

今天我们构建的社会主义和谐社会，是一个人与自身和谐、人与自然和谐、人与人以及人与社会的和谐社会；是在全面建设小康社会中，以经济与社会发展的和谐、不同地区之间发展的和谐、农村与城市之间发展的和谐、国家与国家之间发展的和谐为特征的和谐社会。文明城市的建设，尤其是形成一套科学合理的评估文明城市的指标，将有助于推进社会主义和谐社会的建设。

21世纪初的中国，在贯彻落实党的十六大精神，以科学发展观为指导，全面建设小康社会，推进社会主义和谐社会建设的过程中，人们对文明和谐城市的呼声和期望日益高涨。大家都希望自己生活在文明和谐社区、城区乃至城市之中。但究竟何谓“文明城市”？如何评估文明城市？换言之，文明城市有没有量化的标准？在党的十四届六中全会上，通过了《中共中央关于加强社会主义精神文明建设若干重要问题的决议》（简称《决议》）。《决议》中提出“要以提高市民素质和城市文明程度为目标，开展创建文明城市活动”，“各省、自治区、直辖市要制定规划，到2010年建成一批具有示范性作用的文明城市和文明城区”。而文明城市创建水平的提高，关键在于能否形成一套科学、合理的评估标准，以引导文明城市的创建活动在提高创建质量上下功夫，减少重复的、形式主义的评比考核，减轻各省市、自治区政府职能部门与基层单位的负担，走向全面质量管理。

科学、合理的评估标准对文明和谐城市创建的“引导”作用是：(1) 文明城市的创建将从知性阶段走向理性阶段，对文明城市创建的评估将更准确、更公正；(2) 文明城市的创建必须坚持物质文明与精神文明的协调发展，体现科学发展观的本质，体现和谐社会的要求；(3) 文明城市的创建，在关注“硬件”的同时，更注重“软件”，注重软环境的建设，注重市民素质与城市文明程度的提高；(4) 蕴含了新的城市社会和谐目标取向，将加快城市社会的管理向信息化、民主化和社会化的转变。可以说，中央文明委正式颁发《全国文明城市测评体系（试行）》，完成了一项开创性的、功德无量的系统工程，它既填补了国内同类研究中的空白，又为我国文明城市建设，推进“和谐社会”建设，实现物质文明与精神文明的协调发展，找到了一种科学评估的工具。

3. 建设和谐社会，提升文明城市的品质

当前，我国要着力解决经济和社会发展不协调的矛盾，解决社会管理理念、方法滞后于社会事业发展需求的矛盾，推进社会主义和谐社会建设，提升文明城市的品质。

(1) 解决我国经济与社会转型过程中，由于人民内部利益分化产生的人民内部矛盾，促进人与人之间及人与社会的和谐，提升城市文明程度。

随着我国社会主义市场经济的深入和社会的转型（从传统的封闭社会向开放的现代社会转型），在社会生活中出现了许多从来没有遇到而又绕不开的矛盾和问题，特别是利益矛盾越来越突出，成为人民内部矛盾的主要表现形式。人民内部矛盾多数是由涉及群众切身利益的问题引起的，比如房屋拆迁、土地征用、矿山资源开采、就业再就业、计划生育、社会保障待遇等。不同利益群体、不同社会阶层、不同社会成员的具体利益和局部利益的差别越来越大，利益矛盾越来越突出。这些矛盾纠纷和利益冲突甚至在某些时空范围内可能会大量存在。矛盾纠纷和利益冲突产生了，关键是尽一切努力用合法的手段和途径去化解、去解决，情绪化的发泄不能解决任何问题。

（2）加强社会公平公正的体制与机制建设，保障社会和谐与稳定。

建设社会主义和谐社会的进程，也就是在经济增长的同时不断促进社会公平公正的过程。因此，按照科学发展要求，建立健全我国利益分配的公平公正机制，不断缩小贫富差距，是我国“十三五”时期促进经济与社会协调发展、保持社会稳定的重要内容。

第一，从文明社会、市场经济和依法治国的理念出发，以“社会公正”作为我国各级党政部门和社会团体的重要旗帜，为推进我国的改革发挥社会凝聚功能。

树立“社会公正”旗帜，是全面适应我国社会转型和政治转型的必然要求，具体而言，就是当政者要树立“公平”“分享”“关怀”三大原则。“公平原则”旨在强调公平的经济竞争和公平的政治参与，鼓励大众参与、还政于民；“分享原则”旨在强调不同社会阶层共同享有改革开放的经济成果，主要通过税收、投资等政策创新，让社会大众分享公共资源，满足低收入者的基本生存和发展需求；“关怀原则”则主要表现在照顾社会中的弱势群体，让人人生活在一个公正和人道的社会里。只有在这一旗帜下，才能最广泛地团结上下、左右和体制内外的社会力量，保证改革能够符合绝大多数老百姓的利益要求，分享改革成果，即顺民意、得民心，实现社会的长治久安。

第二，全面深化改革，建立有助于社会公平公正的法律制度体系。

诸如建立有助于竞争起点公正和竞争机会公平的法律制度，按照强调结果公正和补偿的原则，建立财富分享和财产二次分配的法律和制度，加快以户籍制度改革为主的社会制度体系创新，构筑各阶层之间相对自由的流动机制和城乡公平、内外公平机制等等。

(3) 按照市场经济的基本要求，建立健全网格化的社会保障体系，保障城市社会的文明和谐。

建立健全我国网格化的社会保障体系，当前主要应做以下三方面工作：一是以民为本、为民解困；二是建立健全以医疗、养老、失业、工伤、最低生活保障、就业服务体系为核心的、面向所有劳动者的市场经济社会保障网，构建城乡一体化的社会保障体系，着力解决我国“三农”问题，为统筹城乡市场经济的发展奠定基础；三是提高应急能力，加强制度建设，推进新型社会救助体系的建立和完善。

(4) 以切实转变政府职能为抓手，培育参与城市社会治理的多元主体，提高城市社会综合治理水平，促进城市社会的和谐。

社会治理的内涵是指多元化管理主体（政府、企业、社会组织等）之间建立平等交流、协商合作的互动机制，依法协商解决社会矛盾与冲突，提高社会综合治理水平。因此，按照各国政府治理改革的新范式，选择旨在促进相关利益群体协商对话和利益表达的社会综合治理制度及政策安排，是提高我国社会治理水平，创造城市一流人居环境、提升文明城市品质的主要途径。

五　文明城市与全面建设小康社会

当今我国广泛开展的文明城市建设，也是在我国全面建设小康社会的背景下开展的。因此，对文明城市本质的认识，还应阐明文明城市与全面建设小康社会的相关性问题。

1. 小康与“小康社会”

“小康”一词，中国古已有之。“小康”和“小康社会”在改革开放中被广泛运用，并被赋予丰富的内涵，具有鲜明的时代特征。它是中国特有的一个概念。

“小康”一词,源于《诗经》:“民亦劳止,汔可小康”,是指一种生活状态:有劳有逸,虽不富足,但温饱有余,谓之小康。

儒家的所谓“小康”有别于“大同”理想的社会模式。西汉经学家戴圣编纂的《礼记·礼运》中称:“大道之行也,天下为公”是为“大同”社会,“今大道既隐,天下为家。各亲其亲,各子其子,货力为己;大人世及(即贵族世袭)以为礼,城郭沟池以为固,礼仪以为纪,以正君臣,以笃父子,以睦兄弟,以和夫妇,以设制度,以立(设置)田里”等等,是为“小康”。其所指是禹、汤、文、武、成王、周公之治。在这里,“大同”与“小康”是两种不同的社会形态或社会理想。“大同”是“天下为公”,和平、安乐和美好的理想社会形态。“小康”则比“大同”低一个层次,是财产私有,天下为家的世俗的社会形态。生活宽裕、上下有序、家庭和睦、讲究礼仪,指的就是“小康”的社会生活的基本表征。

在近代,“小康”一词,被理解为经济比较宽裕的社会生活状态。这种生活状态,对一般民众而言,是极具诱人的魅力的。因而“小康生活”“小康社会”等词语逐渐成为对于民众来说具有亲近感和诱惑力的生活用语。

邓小平的小康社会的理论,是建设中国特色社会主义的经济发展战略和实施方略。1979年邓小平在一次与外宾的谈话中,借用了人们耳熟能详,具有中国传统文化特色的“小康”一词,描述中国式的现代化,给这个古老的概念增添了鲜明的时代特色和新的时代内涵。1984年以后,他又使用了“小康社会”的概念。自1979年至1992年的13年间,邓小平在他的讲话和报告中反复重申“小康”和“小康社会”的概念,并以此为目标制定了实现中国社会主义现代化的分阶段的具体要求和基本政策,界定了小康社会在经济上的发展指标,形成了关于建设“小康社会”的理论体系。

2. 全面建设小康社会的战略目标

改革开放来,经过全党、全国人民的共同努力,我们国家的面貌发生了巨大的变化，人民的生活水平有了明显的提高。二十世纪末，我们已经胜利实现了小康社会三步走计划前两步的发展目标，人民生活总体上达到了小康水平。这是社会主义制度的伟大胜利，也是中华民族发展史上的一个重要里程碑，它为实现第三步发展目标奠定了基础。

在21世纪之初，中国共产党第十六次代表大会不失时机地确定了下一步的奋斗目标——全面建设小康社会。这是实现中国现代化发展战略第三步发展目标必经的承上启下的发展阶段。党的第十六大提出的全面建设小康社会的奋斗目标，是邓小平20世纪70年代末关于小康社会战略构思的继续和发展。“全面建设小康社会”的概念，实际上也是发展我国现代化的一个概念。在党的十六大报告中之所以没有直接使用“现代化”概念，而是继续沿用邓小平反复使用的“小康”概念，表明了我国发展战略的延续性，表明了“小康社会”与中国式现代化发展道路的内在联系，表明了中国人民所探索的现代化道路，从形式到内容所具有的中国人文特色和民族特征。

党的十六大在继承邓小平关于“小康社会”理论和发展我国现代化建设的战略构思的基础上，具体规划了21世纪上半世纪的具体的社会发展和现代化建设的目标。即在21世纪头20年，也就是建党一百周年时实现全面建设小康社会的目标，然后再经过30年即新中国成立一百周年之际，到二十一世纪中叶，基本实现现代化。

党的十九大再次强调了到2020年实现全面小康社会的目标任务。只有在这个基础上，再继续奋斗几十年，才能在21世纪中叶，基本实现符合时代潮流的现代化，把我国建成富强民主文明的社会主义国家。这里需要强调指出的是，全面“小康”或“更高水平的小康社会”，以及“富强民主文明的社会主义国家”，都体现了我国的全面小康社会是物质文明与精神文明全面协调发展的小康社会，体现了我国社会主义现代化是致力于我国社会全面发展和全面进步的现代化。

3. 文明城市与全面建设小康社会的关系

文明城市与全面建设小康社会的相关性主要表现在以下两个方面:

(1)当今我国广泛开展的文明城市建设,就是要提高我国广大人民群众的物质生活与精神生活的水平,摆脱贫穷,实现“小康”。

改革开放40年多来,在党的领导下,正确应对国内外的复杂形势,坚持改革开放不动摇,集中精力搞建设,使我们的经济建设、社会发展、人民的生活水平都上了一个台阶,基本上实现了“三步走”发展目标的前两步,总体上达到了小康水平。但是我们也清楚地看到,“现在达到的小康还是低水平的,不全面的,发展很不平衡的小康”。这些年来,我们虽实现了经济的快速发展,但社会发展并未跟上,许多社会问题长期得不到妥善解决。由于人口膨胀,自然资源的不合理使用和环保力量的薄弱,生态环境恶化的趋势也未能及时扭转。据第一次全国水利普查成果,我国现有水土流失面积294.91万平方公里[1],二氧化硫和二氧化碳的排放量已居世界第二和第三位,严重的水土流失、土地沙漠化和环境污染与经济社会发展的矛盾日益突出;经济体制和其他方面的管理体制还不完善;社会保障体系也不健全;民主法制建设和思想道德建设等方面还存在一些不容忽视的问题。所有这些都说明了,经济和社会发展存在不协调的状况,可以说是“一条腿长,一条腿短”。文明城市的建设,坚持物质文明、政治文明、精神文明与生态文明的协调发展,实质上就是为了解决我国小康社会建设中“一条腿长、一条腿短”的不平衡、不全面小康现象,以文明城市的建设促进全面小康社会的实现。

(2)全面建设小康社会的目标内涵看城市的物质文明与精神文明的目标与要求。

党的十八大报告首次提出全面建成“小康社会”。2017年10月18日

---

[1] 来源:新华网,2015年10月23日。

党的十九大报告又强调，我们既要全面建成小康社会，实现第一个百年奋斗的目标，又要乘势而上开启全面建设社会主义现代化国家新征程，向第二个百年奋斗目标进军。

党的十六大确定的，21世纪头二十年全面建设小康社会的奋斗目标，主要是四个方面：

——在优化结构和提高效益的基础上，国内生产总值到2020年力争比2000年翻两番，综合国力和国际竞争力明显增强。基本实现工业化，建成完善的社会主义市场经济体制和更具活力、更加开放的经济体系。城镇人口的比重较大幅度提高，工农差别、城乡差别和地区差别扩大的趋势逐步扭转。社会保障体系比较健全，社会就业比较充分，家庭财产普遍增加，人民过上更加富足的生活。

——社会主义民主更加完善，社会主义法制更加完备，依法治国基本方略得到全面落实，人民的政治、经济和文化权益得到切实尊重和保障。基层民主更加健全，社会秩序良好，人民安居乐业。

——全民族的思想道德素质、科学文化素质和健康素质明显提高，形成比较完善的现代国民教育体系、科技和文化创新体系、全民健身和医疗卫生体系。人民享有接受良好教育的机会，基本普及高中阶段教育，消除文盲。形成全民学习、终身学习的学习型社会，促进人的全面发展。

——可持续发展能力不断增强，生态环境得到改善，资源利用效率显著提高，促进人与自然的和谐，推动整个社会走上生产发展、生活富裕、生态良好的文明发展道路。

党的十六大提出的全面建设小康社会的目标，既包括物质文明的内容，也包括政治文明和精神文明的目标与要求，是一个全面发展的目标。习近平在党的十九大报告中强调：要按照党的十六大、十七大、十八大提出的全面建成小康社会各项要求，紧扣我国社会重要矛盾变化，统筹推进经济建设、政治建设、文化建设、社会建设、生态文明建设。

需要指出的是，过去我们经常使用的“小康水平”，主要是着眼于物质文明方面的指标。全面建设小康社会，则包括我国社会生活的各个方面，不仅包括经济发展和物质生活的提高，还包括人们的精神生活、政治民主权利和生活环境等方面。为了实现这一伟大目标，我们应以文明城市的建设为动力，坚持以经济建设为中心、大力发展社会生产力，加强社会主义民主政治的建设，努力发展科学教育事业，加强思想道德建设，促进城市物质文明、政治文明、精神文明协调发展。

第四章
文明城市的精髓

城市是一种历史文化现象，是一个民族赓续绵延的记忆载体。每个时代都在城市建设中留下了自己的痕迹。文化是一个城市的气质、风骨和灵魂，文化塑造城市，提升城市品位，增强城市的综合竞争力。对城市文化的研究，广义上可从物质文化和精神文化两个不同的维度展开，城市的精神文化不仅是城市文化的深层价值意蕴，而且是城市文明的精髓。

一　文明城市的精神文化

城市精神文化相对于城市物质文化而言，它是人类在发展城市的实践中所创造的文化观、文化思想、文化艺术、文化产品，是人类发展城市实践活动的对象化成果，是城市人的精神象征，是城市的精神文化现象。城市的精神文化包括一个城市的知识、信仰、艺术、道德、法律、习俗以及作为一个城市成员的人所拥有的其他一切能力和习惯。在城市的精神文化中，又可以分成两部分：一部分是通过一定的物质载体如印刷媒体、电子媒体以及其他有形物质媒体得以记录、表现、保存、传递的文化；另一部分则以思想观念、心理状态等形式存在于城市市民的大脑中，表现于市民的日常行为习惯之中。市民的生活习俗、理想信念、价值取向和追求，折射出一个城市市民的精神风貌，反映了一个城市文明的气质、风骨和灵魂、一个民族的精神。

城市作为一种历史文化现象,可以说城市的精神文化是历史的又是现实的,是传统的又是现代的,因而对城市精神文化的研究应先从城市的产生与发展的历史逻辑中,从历史与现实、传统与现代的互动中,发现城市精神文化的一般与个别的特质。

1. 城市功能与城市精神文化

从城市功能的历史变迁中,我们可以发现城市精神文化的一般特质。古代中西方的城市,其主要功能是军事防御。在我国古代文献中,“城”和“市”是两个概念。“城”是指有防御性围墙的地方,能扼守交通要冲,防守军事据点和军事要塞。《管子·度地》记载:“内为之城,城外为之郭。”《墨子·七患》记载:“城者,所以自守也。”在古代,“市”是商品交换之所。《周易·系辞下》记载:“日中为市,致天下之民,聚天下之货,交易而退,各得其所。”市有大市、早市、晚市之分。据《周礼·地官·司市》记载:“大市,日昃而市,百族为主;朝市,朝时而市,商贾为主;夕市,夕时而市,贩夫贩妇为主。”从以上可看出古代城市的简单功能:以军事防御为主同时兼有商品交换的功能。

我国史书亦有不少记载,表明三皇五帝或部落首领建都、筑城的主要目的是“卫君”、防御。如在《周礼》《尚书》《左传》《史记》等早期文献中,都有关于三皇五帝建都的片段记载。南宋郑樵《通志·都邑略》对其做了整理,比较系统地记载了三皇五帝之都的地点。其所录三皇之都为:“伏羲都陈(今河南淮阳);神农都鲁(今山东曲阜),或云始都陈;黄帝都有熊(今河南新郑),又迁涿鹿(今属河北)。”五帝之都为:“少昊都穷桑(今山东曲阜);颛(项)帝都高阳(今河南濮阳);帝喾都亳(今河南偃师),亦谓之高辛;尧始封于唐(今河北唐县),后徙晋阳(今山西太原),即帝位都平阳(今山西临汾);舜始封于虞(今河南虞城),即帝位都蒲坂(今山西永济)。”

在西方，最早的城市出现在中东的幼发拉底河和底格里斯河流域、埃及的尼罗河流域。早期城市分布在河流沿岸便于灌溉和向周围征集农产品的地带，以满足帝王和贵族们的消费需求为主，集中居住有商人和手工业者，王权与神权相结合，城市内有大量的宗教建筑，是政治、军事和宗教中心。另外，早期城市多为准军事性城堡，是一种贮存据点，用以存放自有的或战争中掠夺而来的粮食、财富、美女，并防范村民的骚乱和外敌的入侵，防御功能十分突出。城墙、要塞、碉堡、哨塔、壕堑、运河构成了城市的物质结构形态和景观特征。

与早期城市的防御功能相适应，城市的精神文化的形成与发展也深深烙有防御功能的痕迹。中国的万里长城虽是一种物质文化，但长城物质文化中的本质精神则是“防御”意识、“自卫”精神。长城最早是从两千二百多年前的战国时期开始修筑的，当时，各诸侯国之间的兼并战争，达到非常频繁的地步，为了防止来自北方的突厥袭击，各诸侯国在北部修建了长城。后来，各诸侯国之间也筑起了长城，进行自卫。保存到今天的有燕、赵、魏、齐各诸侯国长城的遗迹。如今在法国、德国、英国、意大利等欧洲许多国家看到的城堡遗址，当时也是为了防御。我国火药的发明也与军事目的相关。起初源于人们长期的炼丹制药实践，当时火药主要被引入药类。只是在唐末宋初，人们将火药用在武器上(采用火药箭、制造了火炮)，显示了火药前所未有的威力，才真正引起人们重视。

中世纪时，农业生产技术、交通手段、建筑艺术都较早期有了很大进步。城市农产品的供应渠道由掠夺变为贸易，农业成为城市增长的主要推动力量。随着商品生产的发展和贸易的频繁，“城”的防御功能逐渐淡化，“市”的商业流通功能日趋强化，城市对周围腹地的吸引和辐射功能不断增强。城市的精神文化(如科技发明、文化艺术)也与城市功能的变化相适应。如我国唐宋时期，兴盛的海外贸易诱发了对航海指向仪器的需求，指南针开始应用到航海上，促进了航海技术大发展。史籍中最早记载到指南针用于航海的是在北宋。朱彧在他的《萍洲可谈》一书中记述了中国海船在海上航行的情形。他写道："舟师识地理，夜则观星，昼则观日，阴晦观指南针。"大约在公元12世纪末到13世纪初，我国的指南针由海路传入阿拉伯，然后再由阿拉伯传入欧洲。

16世纪新航路的开通和新大陆的发现，刺激了资本主义经济的发展。18世纪蒸汽机的发明，为工业生产提供了新的动力，促使生产力发生质的飞跃；机器大工业的蓬勃兴起，使城市从此有了自己的产业体系和坚实的经济基础；商品经济的日益发达，以及人口和资本的大量集中，更加快了城市的发展步伐和城市化的进程。在机器大工业和商业贸易的驱动以及铁路、轮船、公路、航空等现代化运输体系支撑下，近现代城市以迅猛之势扩大，城市功能日渐拓展完善，城市开始具有了经济、政治、文化、教育、娱乐等功能，城市的精神文化也伴随着城市功能的拓展，日渐丰富多彩，以满足城市人日益增长的精神文化生活需求。

2. 城市记忆与城市精神文化之根

城市的记忆无疑是一种复杂的组成。地形地貌、森林水力、河流山脉、居住形态、建筑遗址、公共场所、文化气质、民族情调……这些是形成一个国家和民族认同性、构成城市记忆的有力物证。

无数的城市史告诉我们，城市记忆不是历史教科书中枯燥的数字和资料，而是活生生存留于城市空间和时间中的生命的热度、岁月的痕迹、文化的积淀，是城市精神文化之根。譬如，上海城市的精神文化之根，其源头竟在6 000年前。近半个世纪以来，按照年代顺序，马桥遗址、广富林遗址、崧泽遗址和福泉山遗址等先后被发掘，这对于寻觅和解密城市文化血脉具有直接意义。古文化遗址的发掘，古墓葬的清理，古代陶瓷、铜铁器的发现，炊器、盛储器、食器和酒器等先民日常使用的器物的出土，古代建筑遗存的显露，极其恢宏地展示了上海古代精神文化中的社会风情、生活长卷、起居变迁和文化艺术。从距今约6 000年前的马家浜文化、5 000年前的崧泽文化、4 000年前的良渚文化和3 700多年前的马桥文化依序演进，上海新石器时代和夏商周时期的精神文化之血脉清晰可见。这是城市的文明之源、精神文化之根，是绵延6 000多个春秋的城市精神文化的先河和根基。

然而，盲目的建设和更新却往往割断历史的文脉。英国的许多作为产业革命发源地的城市，如谢菲尔德（Sheffield），历史建筑已所剩无几，古城风貌也荡然无存。在德国和奥地利，19世纪末许多具有历史意义的世俗建筑被拆除，很多情况下仅仅是为了满足日益增长的交通道路的要求。在中国，国家历史文化名城襄樊的千年古城墙一夜之间惨遭摧毁；曾是明代抗倭前线、清代鸦片战争的主战场、宁波商帮发祥地的定海古城在“旧城改造”的名义下被夷为平地；作为北京民居灵魂的四合院几近消亡……我们的城市，正在以远离多样性、差异性和历史文化特色的方式失去记忆与精神文化。战争、愚昧和无知，给城市带来的破坏和破坏性的建设以及修复，对城市造成的伤害是同样深重的。今天，只有在经过了无数教训和挫折之后，人们才逐渐认识到作为一个复杂的组成部分，城市的各要素所具有的种种不可替代的价值和功能。它们饱含着从过去时代传递下来的信息，是历史记录的真实载体。文献记载无论多么动人有趣，在客观上都不可能比得上历史遗物的真切实在。承载与存留、拯救与跨越、追溯与见证，城市未来的脉络其实就保存在城市的记忆中。

3. 历史文化遗产与城市精神文化特质

一座城市的历史文化遗产常常是该城市在不同时代的文化精品中——以实物或非实物的形式积淀下来。不同时代积淀下来的历史文化遗产常常以不同的艺术样式（如文物、典籍等）展示该城市的生活、人情、风貌，体现该城市区别于其他城市的精神文化特质。如开封历史上是著名的宋东京城（又称“汴梁”），其文物古迹所呈现的主要是宋朝的精神文化内容和形式。开封的铁色琉璃塔、繁（音婆）塔都是宋代的文物遗产，大相国寺虽是明清时代的建筑，但使人联想到的，仍然是脍炙人口的宋代轶事。安阳城内外留有各个时代的文物古迹，而最重要的，则是我国有史以来最早的都城遗址——殷墟遗址。因此，殷墟王宫遗址、墓葬及与此相关的文物陈列，是展现安阳古都精神文化生活的最主要的历史文化遗产。

北京2 000多年的建城史，积淀了它雄厚而又独具魅力的传统文化。它的精神气质和文化品格包含了很多历史性的审美因素。作为辽、金、元、明、清五朝古都，北京拥有按照传统的"天人之学"设计而成的结构对称、方正典重的宫殿街衢，以及四合院式的规整严实的平民建筑，它的生活节奏给人一种中古社会的从容迂缓，展示出一种东方情调的人生境界。整座城市弥漫着深厚的文化底蕴和浑融的古典气息。从根本上说，北京文化是一种依靠道德维系的、基于人情礼数的文化，它包含着人的尊严、人间的温情以及中国人特有的生活方式，代表着中国人传统的理想和希望，代表着中国传统文化的精神。在这个意义上说，北京的就是中国的。

4. 历史文化遗产与制度、信仰、价值观

更进一步看，历史文化遗产，也是人类过去创造的种种制度、信仰、价值观念和行为方式等构成的表意象征；它使代与代之间、一个历史阶段与另一个历史阶段之间保持了某种连续性和同一性，构成了一个社会自身创造与原创造的文化密码，并且给人类生存带来了秩序和意义。因此，过去和传统往往以历史文化遗产为桥梁而源源不断地涌向现在。现代都市人如果想在当下清醒地行动，有效地创造，就只有从过去、传统、历史文化遗产中，才能获得认识自身以及环境的必要知识，才能认清自己是谁，从哪里来的，现在何处，能够而且应当干什么，以及将走向何方。历史文化遗产不仅能满足现代都市人"求真"的需求，而且也能满足现代都市人"求善""求美"的欲望。正如塔西佗（Tacitus, A.D. 55—A.D. 120）所说，"历史之最高职能在赏善惩恶，不要让任何一项嘉言懿行湮没不彰，而把千秋万世的唾骂，悬为对奸言逆行的一种惩戒”。[1]由于这个缘故，塔西佗的著作被称为“惩罚暴君的鞭子”。如果将塔西佗的观点加以引申，那么可以说，过去的、传统的东西以及历史文化遗产，都是主持人类正义的法官，它们具有赏善惩恶的功用。从希特勒的集中营遗址以及日本人的“万人坑”中，人们可以知道什么是“恶”；从岳飞庙中，人们可以知道什么叫“善”与“恶”，什么叫“忠”与“奸”；从圆明园遗址和三元里抗英遗址中，人们可以知道什么叫侵略之“恶”，什么叫反侵略之“善”。从中国历朝的古都遗址中，人们可以理解“百姓是水，君主是舟，水能载舟，亦能覆舟”的道理，因此就不能像秦始皇那样对待自己的百姓。

二　城市形态与城市的精神文化

城市精神文化有其内在的逻辑结构。有的学者认为，它包括观念文化、知识文化和艺术文化；有的认为，城市精神文化虽不同于物质文化，但它应反映城市物质文化的成果，以及城市的制度安排，它是城市精神文化的另一种表述。本文不想拘泥于城市精神文化应包含哪些方面的讨论，而是吸取其中的积极思想，着重从城市形态、城市风格、城市制度等方面，进一步揭示城市精神文化的内涵与特质。

关于城市形态的精神文化内涵与特质，我们先从城市的空间切入。

1. 城市空间与城市形态

由“城”“市”到“城市”的形成和发展，从城市空间层面上来看，实质上是城市空间（由“镇”“小城市”到大中城市、特大型城市）不断扩展的过程。对城市空间的不同认识、理念和价值观，指导着城市规划设计者对城市空间的布局，伦敦、纽约、华盛顿、悉尼、东京与北京、上海城市形态的差异，既是折射出不同城市的规划、设计师对城市历史建筑和城市形态

---

[1] ［美］杰弗瑞·戈比：《你生命中的休闲》，康筝译，昆明：云南人民出版社，2000年，第246—247页。

布局的理念与价值观,又是不同城市的历史文化、国民的文化观念、文化精神的反映。这里不可能全面阐释城市空间,着重揭示城市开敞空间的社会文化含义。

所谓开敞空间(Open Space),迄今为止还没有十分准确的定义,综合国内外有关的文献大致可以表述为:开敞空间通常是指允许公众进入,具有一定公共设施、一定规模自然生态基础或人文内涵,富有景观特色的地段或地区。当然,这还是一种非常直觉化的景观定义,它在于强调"Open Space"最重要的空间特征:具有人文或自然特质、一定的地域和可进入性。因此,从这个定义上我们可以引申出两点:一是从西方开敞空间的起源和发展来看,更强调与人类活动的关系(即可进入性),所谓特权阶层(如皇家)的私家住宅、花园或者深山雪原中的原始地区,自然不在其列;二是从不同的角度可以将开敞空间分为各种地域类型,比如从内在特质可分为生态型、景观型、人文型,以城市作为参照可分大城市型、郊野型等等。不同类型的开敞空间具有不同角色、作用和相应的规划要求。

多年前,怀着建设新世界理想的美国人面对快速工业化带来的诸多城市病,尤其是城市环境的急剧恶化,在弗雷德里克·劳·奥姆斯特德(F. L. Olmsted, 1859)的率领下首先在纽约建设了第一个现代意义的城市开敞空间"纽约中央公园",改善了城市机能的运行,开创了促进城市中人与自然相融合的新纪元。自纽约中央公园的建成及芝加哥为世博会(1893)进行了城市改善后,欧洲各城市也相应掀起了"城市美化运动",逐步建立与完善了城市开敞空间系统。

1990年以来,欧洲城市面对经济全球化、信息网络化以及全球生态和激烈的城市竞争,解决深层次社会问题已经成为城市规划的重点。个体的人性需求继续得到重视,但更多地转向对不同文化、阶层、种族、年龄等社会群落的关注。21世纪欧洲城市开敞空间的社会与文化价值被提高,它能促进社会各阶层的融合,为不同观点的表达提供场所(最著名的如英国海德公园内的Speak Corner)。所以21世纪对城市开敞空间的要求,除了传统的景观、生态考虑以外(传统开敞空间的考虑是为了保护、提高自然资源和系统质量,或给人们的消遣活动提供场所),更重要的是要求它能够支撑和促进新生活方式、价值观念、民主精神、社会要素等在城市空间中的活动与融合(自然从城市规划建设的角度看,城市开敞空间有时也是被用来进行社会空间分隔的一种有效方式),也就是注重如何使之更具有场所吸引力和促进社会的和谐发展。

2. 城市形态结构的社会文化价值

在群体认知层面,对城市形态结构的认识与评价是人们对城市的个性、地域文化、环境文化整体的认知与评价。但是,城市形态结构并非静态的,随着城市建设的推进,城市形态结构必然发生变化;在城市形态结构的变化中,体现着该城市社会文化价值取向与文化观念的变化。

一是城市形态结构变化对社会公正的影响。

1949年,美国城市改造曾以住房建设和城市更新为重点,试图在市场机制忽略社会公正的情况下,由政府通过财政转移支付的方式提供各种形式的帮助,解决城市破败地区的经济发展问题,并兼顾城市居民的住房福利。但是在操作过程中,由于各大相关利益集团的压力,以及各级官僚机构的低效,致使低收入的城市居民并没有从城市改造中得到多少益处。相反,在城市改造的过程中,少数族裔社区邻里间的传统联系被打破,贫困家庭从一个贫民窟流落到另一个贫民窟,给这些家庭的成员在经济、社会、心理等诸多方面造成了很大压力。城市中心地区的贫困、失业、青少年辍学、犯罪、吸毒、未婚及单亲家庭的增加等经济社会问题,无不反映城市政策的失败,并遗患当代。联邦政府最终于20世纪70年代之后放弃了城市更新计划和积极的公共住房政策,但其对社会所带来的消极影响,所导致的中心城市的衰落,所反映的市场机制的缺陷以及地方政府的结构性问题,足以给城市化进程中的其他国家提供警示和借鉴。

二是对城市形态结构有目的的改造，在一定意义上说是城市社会秩序的重建。

城市是社会政治秩序的载体，城市的形式也就不可避免地带有社会政治色彩，无论是在西方资本主义国家还是社会主义国家都如此。因此，一个世纪以来城市设计领域涌现出的一些重要的城市设计构想，都往往不仅是技术层面的构思，而是建立在社会理想的基础上，试图寻找一种人类社会的理想城市蓝图，是社会变革理想在物质环境上的表达。这样的城市设计往往与社会改革相关，它们更多关注大规模的城市形态，与传统的城市规划具有相当密切的关系；它们往往立足于大的社会背景，希望通过技术的手段促进社会的全面发展，或者为城市解决某些深层的社会问题。

19世纪末，严重的城市问题引起全社会的关注。1902年，英国的埃比尼泽·霍华德（Ebenezer Howard，1850—1928）出版的《明日的田园城市》（*Garden Cities of To-morrow*），设计了一整套城市和社会改革方案，包括社会、经济地理和城市建设三个基本方面的概念。田园城市理论产生了深远的意义。它首先把理想的城市模式变成可以操作的现实，在解决工业化带来的城市问题方面迈出第一步，为以后的新城建设、卫星城镇、有机分散等理论的酝酿打下基础，是现代城市规划与设计的重要财富。这一理论还直接影响了世界各国的城市开发实践，自1904年以来，法国、德国、荷兰、意大利、比利时、波兰、西班牙、俄国和美国等先后成立田园城市协会，开展了大量实践活动。霍华德的著作在指导现代城市规划实践方面所产生的影响是其他任何一本书都望尘莫及的。

3. 城市形态与城市精神文化

城市都有其外在形象，从民居、建筑、街道到城市文化景观，都是城市的一张名片，是城市给人的第一印象。国内外的一些历史文化名城，之所以成为世界各国人民旅游、观光的首选，在于其特色鲜明、令人难忘的城市文化形象。

西班牙巴塞罗那是一座拥有颇多哥特式建筑的老城。巴塞罗那的老城非常壮观和协调，是欧洲最著名的具有中世纪风格的城市中心之一。街巷道路的布局呈十字棋盘格局分布。老城区哥特式街区的那些历史性的建筑物大多都是13—15世纪建造起来的。哥特广场是由大教堂和古代皇宫组成，这里曾是哥伦布在1492年发现新大陆后航海归来，受到国王费尔南多和王后伊莎贝尔接见的地方。其周边为14世纪的建筑群，包括毕加索博物馆。建筑物上有许多尖塔，还有很多雕塑和彩绘，每一个雕塑和彩画都向人们讲述一个宗教故事，从中可以想见当年街区的豪华和辉煌。

在我国的城市文化形象中，且不说千年古都西安、北京，就银川、杭州、哈尔滨、武汉、长沙来说，就各具独特的城市文化风采。银川在历史上最重要的一页，是公元11—13世纪曾经作为“夏国”即我们今天称为“西夏王国”的国都。银川市作为“历史文化名城”就由此而来。杭州这个城市里里外外到处是水，有钱塘江的江水、大运河的河水、西湖的湖水，有山上流下来的泉水，有天上落下的雨水，还有地下冒出来的井水，甚至还有钱塘江潮带上来的海水。水是平滑、柔顺的。丰沛的水不仅滋润了杭州的青山、绿树，还塑造了它的城市性格。杭州是个柔情似水的城市。如果说武汉是一颗珍珠，长江便是那根串珠之绳，从武汉穿心而过。武汉的文化带有强烈的本乡本土的味道，和弥漫在市井中的商业俗气混杂在一起，格外给人以一种土俗的感觉。幸亏有长江，是长江使这座城市充满了一股天然的雄浑大气，这股大气，或多或少冲淡了武汉的土俗，甚至使得生长于此的武汉人说话也充满阳刚，他们豪放而直爽，说话高声武气，颇有北方人的气韵。长沙的景观可以用四个字来概括：山、水、洲、城。“山水洲城”里的“山”，当然指的是岳麓山，它是方圆800里的南岳七十二峰之最末一峰。湖南省的一些重点大学和科研单位多汇聚于此。山上的文物真是太多了，从西汉以来，历朝历代几乎都有遗迹可寻。其中以爱晚亭、岳麓书院、麓山寺、望湘亭、唐李邕麓山寺碑、宋刻禹王碑最为有名。而近代史上的革命志士黄兴、蔡锷、陈天华、焦达峰、刘道一、禹之谟、陈作新、蒋翊武、黄爱等均安葬于此。草木青青，虫声唧唧，你只要一弯身，仿佛就可以随手握一把浸透着墨迹或血迹的历史。

显然，在上述城市各具风采的文化形态中，渗透着浓浓的人文文化和人文精神。城市人文精神是城市文化的灵魂，是城市精神文化的本质。城市的人文精神渗透于城市文化的“硬件”与“软件”之中。人文精神又体现在城市文化的各个层面：在城市观念文化层面，如文化精神；心理层面，如市民自我超越意识；在制度文化层面，如城市民主精神；日常生活层面，如城市风俗人情中折射的民族精神；物质层面，如城市人文理念和历史文物中的精神文化积淀；技术层面，如技术文化、技术人文精神等等。城市文化建设的步伐虽然把一些陈规陋习、陈词滥调抛到了历史车轮的后面，经济与社会的发展也使一些城市更注重经济实力，但优秀历史文化与科学人文精神，永远是城市的灵魂。这几年，一些城市是发展了，但城市自家的文化何在呢？一些城市的文化看起来很热闹，有数不清的这个节、那个节，但这仅仅是城市生活表面的一层油彩而已，其内心是苍白的。有的城市要成为全中国、全世界异域文化展览的码头，但自家的文化在哪呢？自家的文化精神是什么？各大城市在发展高科技促进经济发展的同时，也更应关注人的生存环境、生活质量、人文素养，在追求科学文化与人文文化的实践中，不断提升城市文化品位，展示大城市、国际大都市的精神文化。

三 城市风格与城市精神文化

城市风格是城市的内涵、城市的魅力，城市魅力则在于城市内在的精神气质和外在的精神风貌。城市精神气质与精神风貌的和谐、统一，是城市最具风格魅力的状态，是对城市精神文化品质的最好展示。城市风格所体现的城市精神文化，集中透过城市的建筑，城市景观和城市的人性化空间显现出来。

1. 城市建筑的人文内涵

城市风格的第一印象是建筑。富有风格内涵的、保留着历史文脉的建筑，是城市风格的外在表现和依托载体。当我们漫步在一座城市的大街小巷，目睹一栋栋建筑，像浏览一页页翻过的书页，我们就是在体验品味这座城市的风格，在和这座城市的精神文化对话。在这种对话中，我们不仅追溯了它过去苍老的往事，也可以触摸到它未来的心跳。

可以说，城市的建筑不仅是凝固的音乐、立体的绘画、实用的雕塑，是技术与艺术的完美结合、实用性与观赏性的统一，而且还具有鲜明的民族的、地域的、时代的丰富的人文内涵，是形成不同文化氛围和社会情调的重要因素。北京的四合院与上海的里弄，就是不同风格的民居；纽约的摩天大楼与上海的摩天大楼，虽然都是现代化建筑，但也具有不同的文化韵味；北京的紫禁城与巴黎的凡尔赛宫，虽然都曾经是宫殿，但却具有东西方的不同气派、不同的人文历史内涵。

不仅城市中的那些有形的物质实体，鲜明地显示了城市的精神风貌，而且一个城市的布局、城市的空间结构也形象地反映了一个城市的精神文化特征。比如，古希腊的城市广场，是希腊人聚集在一起议政、交往的社会活动中心。这个开放的场所既显著地体现了古希腊民主的城市精神文化，又给古希腊民主精神的进一步拓展开辟了广阔的空间。中国传统社会的城市广场形态，反映的是与西方城市明显有别的传统精神文化。比如，清代紫禁城太和殿前的场院虽然十分宽阔，却是普通人绝难进入的，不具备广场的开放的公共性。因此，中国古代城市的广场空间形态是与等级森严的封建伦理文化相对应的，体现了封建皇权对社会空间的严密监控。显然，不同城市的建筑、广场以及布局体现着不同城市的文化韵味，并在城市的演进中日益积淀为城市历史文化的一部分。

2. 城市景观与文化品位

城市景观是城市的亮点,从整体上展示城市风格。城市的景观美包括大区域的整体景观美和某些重点建筑物的个体景观美。在人们日益重视城市景观、城市景观也越来越多的情况下,如何搞好城市景观建设?如何评价城市景观?则成了城市景观品位高低、能否展示城市风格——与城市风格和谐还是相悖的关键。当然,由于人们的视角、知识结构、情趣等的差异,对城市景观的品位会有不同的认识。这里,我们提出衡量城市景观美的三大审美准则,为提升城市精神文化品质提供参照标准。

一是互补协调准则。所谓互补协调就是指不同性质、特征、风格、情调的东西以一定的形式、方法和谐组合,融汇成互相补充、相互协调的风格和特征。互补协调作为衡量城市景观的审美准则,它囊括了城市景观中许多具体的内容,如实体(建筑物)与虚空(周边空地)、开敞与闭合、含蓄与暴露、收与放、曲与直、动与静、明与暗、浓与淡、主与次、轻与重等等。城市景观如何将这些对立着的东西协调组织在一个统一体中,无不显示了城市决策者、设计者、建设者的文化观念和思维方法,进而显示了城市精神文化的品位。

二是层次序列准则。所谓层次序列准则就是考察城市各部分、各方面、各层次的景观及其文化内涵,看该城市建设是否整体有序,是否有明确的主题、清晰的层次,从审美的角度衡量城市建设文化品位的高低。成功的高品位的城市建设就是要把握好规划、设计、具体的建筑、管理等环节,使城市重要的区域、街道、中心场馆、建筑物等,除了能充分地发挥其使用功能外,还与城市的历史渊源、山水地貌、气候环境、城市建设发展的重心和走势、城市经济和社会发展的规模等联系起来,并巧妙地将它们凸显出来。一幢重要的建筑物其造型、位置、风格、尺寸、色彩都应该考虑到上述各种因素和联系。一片建筑群所考虑的因素就更复杂了。除了上述因素和联系外,还要考虑楼与楼之间、楼宇与广场绿地之间的照应顾盼等。如何使新旧建筑物层次分明又衔接自然，布列有序又浑然一体？这都显示了城市规划者、设计者、建设者的文化理念、文化素质和城市的文化品质。

三是情景交融准则。所谓情景交融准则就是考察城市建设的区域、街道、重要场馆、活动中心等景物，能否通过其形状、态势、材料、色调、日照、灯光、林木、花卉、水榭、亭台楼阁、山石等，引起观察者的联想、顿悟、遐思，产生与上述景物的主题思想、意境共鸣的情感。从审美心理的角度看，城市建设的景物是能给人以心灵感应的，并能诱发兴奋、愉悦、激动、依恋、悲痛、敬仰等特殊的复杂的情感。如正方形有质朴、端庄的感应，自由曲线有奔放、随意的感应；绿色有自然、健康的感应，黑色有沉闷的感应，白色有纯洁的感应；小桥流水有雅致、清幽的感应，亭、廊有亲切、安逸的感应；开敞空间有舒畅、轻松的感应，封闭空间有压抑、紧张的感应；松柏有气节、高尚的感应，水莲有清洁、刚直的感应，翠竹有进取的感应等等。如果观察者踏足景物现场就产生此类情感，就可以认为达到情景交融的审美准则了。这是较高层次上的城市景观追求，它不仅在情景交融的深切内涵中展示城市风格，而且在城市人的情感、情怀、情操与城市景的“交融”中实现了城市精神文化的价值。

3. 城市风格与人性化空间

城市风格，不仅要在现代高技术社会条件下为人们身体的栖息提供场所，更要为灵魂的栖居建设一个人性化的空间。所以，在城市化过程中，任何违背人性的想法、做法，都是与城市风格追求的终极目的相违背的。遗憾的是，20世纪90年代以来，快速的城市现代化迅速改变了历史城市的空间结构。在大多数情况下，城市成为郊区的对立面。汽车化一方面使城市不断向四周无序蔓延，另一方面也冲击着传统的城市街道空间，正在摧毁历史城市的结构。汽车成为城市空间的主导，行人要战战兢兢、气喘吁吁地小跑着走过马路。以人为本变成以车为本。长此以往，我们的城市还将是美好的吗？这样的城市化真是我们的理想吗？

我们向往和憧憬一个城市，很大程度上是为这座城市的独特风格所吸引。在巴黎，我们时时为其拉丁区高雅浪漫的风格所陶醉。在罗马，黄昏目睹静静流淌的台伯河和即将为暮霭所吞没的古罗马废墟，我们为其载满历史苍茫感的风格而感动。在威尼斯，你处处可以呼吸到贡朵拉小舟挟着亚德里亚腥湿海风扑面而来的热情。在维也纳，一草一木都洋溢着贝多芬、莫扎特的音乐风格。在伦敦，我们可以感受到一种源于英国文化传统的绅士风格，那满街的出租汽车，虽有着现代的发动机，却保持着19世纪的老式模样。我们怎么能想象，打乱了北京中轴线城市布局，没有了故宫和四合院，这些概括了京城从庙堂到民间极具风格化的居所，北京城还会有吸引中外游人的风格魅力？

四 城市制度与城市精神文化

如果说城市形态和城市风格较直观地映照着城市的精神风貌和精神气质，那么，城市制度则在深层次上影响着城市精神风貌和精神气质的特点、品质、价值和发展趋势，在深层次上影响着城市精神文化的生产和精神文化生活。因此，对城市精神文化的研究必须进一步阐释城市制度、城市制度文化。

城市制度本身就是“人文”的、“人化”的，即城市制度离不开人，它是靠城市人设计、执行、遵守的，离开了城市人，也就无所谓城市制度。城市制度的两端：它的确立（起点），它的执行（落脚点）都离不开人。城市制度折射着城市人的内在素质，城市人的文化理念、文化素质高低决定着城市制度设计水平的高低。城市制度文化是城市制度的观念内核，是设计、执行、监督、变革城市制度的人们的理性原则、价值取向、理念追求、道德标准、利益调整等的观念体系，反映出城市制度设计的主体追求什么、捍卫什么、贬斥什么、接受什么的理性思索和道德底线，是主体化、内在化的关于城市制度的观念系统。因此，可以这样讲，有什么样的城市主体，就有什么样的城市制度，有什么样的城市精神文化就有什么样的城市制度文化。在这个意义上说，城市的制度文化是城市精神文化的产品，城市制度文化内涵于城市的精神文化中。

不同的制度文化反映着不同的精神文化特质、不同的民族精神。体现中国精神文化本质的儒家关于“人之初，性本善”的伦理观，一直是中国制度设计中的理论基础、文化渊源。这一传统告诉人们，人人都有良知天性，人人都懂得“仁爱”，懂得“己所不欲勿施于人”，懂得自律，懂得“吾日三省吾身”等等；只要有了这种道德，就能够做到“以己推人”，能用善良、仁爱之心，高尚、有德之为去对待他人；人人皆舜尧，人人都是正人君子，任何人都可以通过道德的修炼成为谦谦君子。道德的获得外靠舆论，内靠良心，因而身外的制度是多余的、不必的，那是为“小人”设置的，“君子国”中的人是不需要的。统治者控制住舆论，个人把持住良心就可以了。于是，社会充满了仁爱、礼仪之风。可残酷的事实是，中国城市制度设计的现实却走了一条与此不相吻合的路径。在中国的城市制度设计中，人文关怀、人文精神是很少的。中国的城市制度（城市管理制度）常常定位于管人、约束人，缺乏体现对人的真切关怀与平等的城市精神文化。也就是说，制定城市制度的文化中，平等、人道、人性的因素少，而等级的、歧视的“文化无意识”则较多。

西方社会对人性的预设是“性恶论”，认为人都是“无赖”“魔鬼”，不能依靠“圣贤道德”归顺人性、治理国家。于是，不断地制定制度、法律来限制恶的人性，限制人的恶念、恶行，以达到治理城市、治理社会的目的。怎样才可以使带有“恶”的人接受、服从制定出来的法律和制度呢？那就必须让他们承认：制度和法律代表的是“公意”，在制度、法律的设计中包含了对社会公民，自然也包含了自己在内的人的权利与利益的最大、最根本的关照，体现着对他的不伤害，也不伤害别人的公正、平等、正义的成分。所以，城市的发展，一方面是城市法治化的程度越来越高；一方面是对城市社会公正、平等、自由的探索、落实也越来越多，看似相对立的两极是统一的。所以，城市法治必然更人道、更人性，更体现出对人的终极关怀。

西方社会从“性恶论”出发，提出了保证人与人交往的契约论。“契约”是以平等、自由、权利为前提的，而不能以强制性为前提。这是一般契约与法律的不同之处。但契约也具有法律的意味，任何一方的毁约不仅是不道德的，也可能意味着是对法律的触犯。契约意识的形成、普及确立的是制度、法律的权威，严格的守法意识与成熟的契约意识是“孪生兄弟”。契约意识与法治精神是相伴而生、相互促进、共同发展的。所以，形成对城市制度内心认可的城市制度文化，与民众广泛地形成契约意识是分不开的。

当今我国城市制度的建设，从根本上说就是通过对城市制度文化的培育，促进城市精神文化建设。没有民族文化、民族精神的积淀，没有城市精神文化的引导，没有以民众内心的价值判断、认知标准、行为选择等作为外在城市制度文化的支持，城市制度是不能长久地发挥作用的。不是吗？“非典”冲击了城市公共卫生的体制，冲击了行政管理体制，也引发了人们对生活陋习的思考。人们开始讲究公共卫生道德，开始注意个人卫生。在2003年春SARS病毒肆虐期间，随地吐痰的少了，外出聚餐的少了，食用野生动物的少了，饭前洗手的多了，节制饮食的多了，锻炼身体的多了。但一进入当年的6月份，在“非典”疫情刚一得到控制后，这些暂时改正的陋习又死灰复燃。这告诉我们，讲究公共卫生，养成良好的卫生习惯和社会公德意识远没有成为人们自觉的行为。所以，没有文化支持的行为可能是偶发的、被迫的；有文化支撑的行为才能是长久的、奏效的。城市制度的真正作用依赖于制度文化的形成，依赖于精神文化的指导，依赖于民族文化、民族精神的积淀。

21世纪初我国北京、上海、南京、杭州、成都、青岛、无锡等各大城市开展的城市精神建设，既是不同城市精神文化的提升与拓展，又是中华民族的民族文化、民族精神在城市建设和发展中的体现。无论是上海的“海纳百川而服务全国，在艰苦奋斗中追求卓越”，还是“和谐包容、智慧诚信、务实创新”的成都城市精神，或“诚信、和谐、博大、卓越”的青岛城市精神等等，都植根于不同城市的历史，基于现实，并紧跟时代，引领发展，都以不同的城市精神的表达提升城市精神文化品质，展现中华民族精神。

第五章
文明城市的秩序意蕴

伴随城市化进程的深入，城市逐渐成为我国大多数人生存、生活和发展的共同体。在某种意义上，这一共同体是以对城市文明的追求建构其发展秩序的，从而城市文明日益彰显出其引领城市发展走向文明、和谐、有序的秩序价值及功能。在我国深入践行科学发展观、构建社会主义和谐社会的伟大实践中，尤其是2005年中央文明委在全国开展"文明城市"评选表彰活动以来，各大中小城市掀起了创建文明城市的热潮。但是，由于人们对"城市文明"的认识不足和实践偏差，导致出现现实中的"文明困境"。因此，在理论上深入思考现代城市文明的秩序内涵、秩序建构及其实现路径，对提升文明城市建设与管理的自觉性、推动我国城市发展转型，具有十分重要的现实意义。

一　文明城市的内在秩序

自"文明"的概念诞生以来，人们对"文明"的理解具有多义性，有的将文明与物质生产联系起来，有的将文明与社会制度联系起来，有的将文明与文化冲突联系起来，有的将文明与农业、工业和生态等社会形态联系起来，本文是在人化的物理环境、人的素质水平和社会运行所需要的制度规范意义上使用这一术语的。"秩序"与混乱、无序相对，指自然和社会现象及其发展变化中的规则性、条理性。从静态看，秩序是指人或物处于一定的位置，有条理、有规则、不紊乱，从而表现出结构的恒定性和一致性，形成一个统一的整体；从动态看，秩序是指事物在发展变化的过程中表现出来的连续性、反复性和可预测性。那么，城市文明的秩序，其内涵上是指在城市空间区域里，由“物”的文明、“人”的文明和“制度”的文明三大构成要素之间形成的相对稳定的关系模式和结构化状态。

1.“物”的文明

文明是指人类脱离野蛮的过程、状态，而人类脱离野蛮的起点则表现为人类对自然世界的改造。当原始人凭借自己的智慧打造出第一个用于加工自然物的石器工具时，人猿便揖手相别，人类由此开始了自己的文明历程。我们不难断言，原始人制造的石器工具既是人猿相别的见证物，也是文明的象征物。由此，人造物品是劳动创造的结果，凝结着人类的智慧，是人类本质的对象化，它表达着人类改造自然界实践活动的目的合理性与社会正当性[1]，表征社会的发展与进步。因此，任何文明都必须有自己的物质形态，任何文明都必须由那个时代所创造的物质性产品表现出来。用物质形态或物质性产品承载文明、表现文明，这就是我们所说的“物”的文明。通过对“物”的评价判断，我们可以看出文明的水平层次。

城市从无到有、从简单到复杂、从低级到高级的发展过程表明，城市完全是人类创造的产物，城市本身即文明。正如著名学者芒福德所言，城市文明是创造和控制的奇妙综合，是扬与抑、张与弛的奇妙综合——城市从其起源开始便是一种特殊的构造，这种构造致密而紧凑，用最小的空间容纳最多的设施，同时又能扩大自身的结构，以适应不断变化的需求和社会发展更加繁复的形式[2]。在此意义上，城市文明是“物”的文明，是一种

[1] 曹孟勤：《生态文明的四个向度》，《南京林业大学学报》（人文社会科学版），2008年第2期。

[2] 参见［美］刘易斯·芒福德：《城市发展史》，倪文彦，宋俊岭译，北京：中国建筑工业出版社，1989年。

人化的物理空间。在这一空间里，建（构）筑物、道路、绿化及城市公共设施等多种物质性元素合理配置，以满足城市居民生活、生态、安全、审美及文化等多方面的欲望和需求，从而为城市人居功能的实现提供了必要的物质依托。在本质上，这种“物”的文明展示的是城市的形态，凸现的是人类的知识、智慧和创造力，与城市居民的日常生活及生活质量息息相关，如畅通的道路网络、便捷的公共交通、完备的公共设施、整洁的市容环境、秩序井然的公共场所、文明祥和的居住小区、古朴典雅的庭院楼阁、不断拓展的绿化空间、开放式的交流空间等。由此可见，“物”的文明是城市文明的基础性物质条件。

2.“人”的文明

城市文明是生活于城市中的人所创造的，城市居民是城市文明的主体，他们的文明需求、文明实践及文明素质决定着城市文明的秩序水平，是城市文明秩序形成的内在动力因素。

居民的文明素质是居民在长期的学习、工作和生活实践中逐渐形成的，包括思想道德、知识、文化、心理、交往与发展等方面潜在的能力，它是一种内在的素养，一般通过自身的形象和行为在现实中展示出来。一般来说，“自觉”的文明秩序对人的文明素养提出很高的要求，文明秩序正是基于城市居民内在素养的“文明”本质、“文明”程度即文明素质才得以建立；居民的文明素质水平不仅表现为思想道德、知识文化等方面所具备的良好修养，而且还表现为“文明”的思维模式、生活方式和行为习惯。

对一个城市而言，城市文明秩序最终体现的是城市居民集体的心态，展示的是城市居民集体的文明素养和“文明”的价值取向，包含共同的价值观、社会心理和思维结构及其主导的行为方式[1]，而这一切主要是在社

---

[1] 蒋旭峰：《文明营销：社会治理模式的转换》，《南京社会科学》，2009年第12期。

会交往实践中产生的。由此，我们既要注重居民个体文明素质的自我提升，更要关注社会群体在公共空间里的行为以及社会交往实践中慢慢培育起来的共同的“文明”价值观念、道德追求、公共秩序意识和公共精神等公共文明素养状况。对城市社会来说，公共文明素养的形成和发展永远是一个过程，这个过程正是居民个体的文明实践过程。离开了这种实践过程，对居民素质的“文明”性就很难有共同的评判标准，也无法引导、凝聚城市社会朝着“文明”的方向发展。因此，当居民在接受“市民教育”时，值得重视的是引导他们参与、体验和享受公共的文明生活。这种“公共化”过程实质上是一种“文明化”的过程，它是建立在对居民文明素质形成的群体性、实践性和社会性等规律的认知之上的，我们今天常说的“个体有素质而集体无素质”现象也正是居民在过度“理性化”的情况下缺乏公共文明生活训练的结果和表现。总之，城市居民是城市文明秩序的建构者、参与者、维护者和享用者，在建构、参与、维护和享用城市文明秩序的过程中也不断地建构着自身文明的自主性和自觉性。

3.“制度”的文明

按照马克思主义观点，人的本质并不是单个人所固有的抽象物，在其现实性上是一切社会关系的总和，调节这些社会关系靠的就是制度。也就是说，正是有了制度，人与人、人与物、人与自然、人与社会才会按照某种方式联结起来，形成一切现实的社会关系。因此，制度是人们处理社会关系实践的产物，社会关系是制度的内容。人们的社会关系和社会交往活动只有依托于一定的制度时，才能摆脱随意性和不可预期性。由此，制度的功能就是秩序供给，从而对人类社会的有序化及社会健康发展起着基础性、根本性的作用；也可以说，制度对社会健康发展的适应程度就是制度文明的现实表现。

对城市而言，制度是与城市的产生相伴而生的客观现象，制度文明是以城市活动最大限度地满足城市人的生活需要、满足城市发展的需要为旨归的。城市社会本质上就是一个由制度构建的复杂系统，纷繁复杂的城市生活、城市发展是由法律、宗教、伦理道德、习俗乃至组织、行业、规章、信任与合作等一系列制度规范来调节和维系的。这些制度规范不仅调节和维系人与人、人与社会之间的利益关系，而且还调节和维系人与物、人与自然、当代与后代、现实与未来之间的利益关系，制度规范的文明程度归根到底取决于这些利益关系之间的和谐相融程度。只有这些利益关系和谐与进步了，城市社会才能谈得上文明、和谐、有序发展，城市文明秩序才有牢固的社会根基。也就是说，在本质上，"制度"的文明是一种"关系"的文明，它让城市社会"和谐"地联结起来，从而显示出文明的统领性、整体性和发展性。通过对制度"文明"的检验，我们可以看出城市社会的文明进步程度。因此，"制度"的文明在文明秩序形成中始终处于核心地位，成为城市文明系统有序运行的"枢纽"。

在上述意义上，"物"的文明、"人"的文明和"制度"的文明既相对独立又结构化关联，其中，"物"的文明是物质条件，"人"的文明是创造的主体和内在的动因，"制度"的文明是保障乃至各种"文明"联结的"枢纽"。只有这三个"文明"有机联结、均衡发展，城市社会才是健康的，才会显示出较高的文明秩序水平。当且仅当此时，整个城市社会便形成了一个强大的"制度"系统，蕴含并无时不在发挥着一种建构文明秩序的力量。

二　文明城市秩序的现实起点

鉴于此，文明城市在本质上应体现为一种秩序，这种秩序形成并建基于城市发展的现实过程。当前，在面对我国城市迅猛发展带来种种困境时，我们要善于从发展的内在结构上来审视，以"三大转型"作为建构文明城市秩序的现实起点。

1. 从"发展崇拜"向"发展文明"转型

当前，发展已成为现代社会的核心主题。尽管对发展内涵的理论认识在不断深化,但发展实践往往仍以"物质"和"效率"为追求目标,俨然只要快速发展就能解决贫困等诸多社会问题,满足人们提高生活质量的诉求,由此,发展主义意识形态在人们的心目中确立了中心地位,从此开启了以现代性和世俗化为特征的发展过程。然而,从现实情况来看,这种发展崇拜并没有给人类普遍带来幸福。一方面,发展给人们追求世俗生活提供了重要的物质基础和合理性,另一方面,发展对知识、信仰、自然等神圣性的全面消解和祛魅却给人们带来深刻的精神危机、信仰危机乃至社会的文化危机[1]。这样,人们得到的仅仅是"物"欲的满足,而他们的社会需求、生态需求和精神需求等都被严重忽略了,从而导致人们的幸福感不升反降,出现了一种"人的异化"或者更确切地说是"反发展"现象。

中国作为发展中国家,自1978年中共十一届三中全会上"以经济建设为中心"取代"以阶级斗争为纲"开始,发展的中心地位、优先地位不断得到强化和巩固,相继出现"发展才是硬道理""发展是党执政兴国的第一要务""科学发展观"等发展理念。当下,在现代化和民族复兴的双重变奏下,以发展、现代性、世俗化为轴心建构起来的意识形态、知识系统和价值体系正悄然形成,致使中国社会正遭遇类似西方社会所出现的"反发展"现象,这是不可否认、难以回避的社会现实。因此,如何在发展目标、发展路径、发展伦理、发展价值观等深层次上建设性地批判和反思现代发展模式的危机,并树立起符合城市文明要求的新的发展模式——"物"的发展、"人"的发展与"制度"的发展三者并举、整体推进,这是以"文明"为机制,切实推动中国在"十二五"期间成功实现发展转型的制度性基础。

2. 从"城市化"向"城市文明化"转型

城市化是一个以人为中心的系统转化过程[2],内含着从传统社会向现

[1] 陈忠:《发展伦理:能否超越发展中心主义》,《社会科学辑刊》,2009年第6期。
[2] 吴勇,王珏:《城市化及其在中国的百年进程》,《西南民族大学学报》,2004年第10期。

代社会全面转型，这就要求在城市化过程中经济基础建设、社会制度建设和人的素质建设三大系统统一协调均衡推进。在本质上，城市化至少有三层含义：一是城市化水平与社会生产力发展保持一致，即随着城市人口比重的增加，城市的物质基础、产业结构及科技水平相应提升；二是城市化水平与城市的公共服务、文化娱乐服务等保持一致；三是城市化意味着人的城市化，即实现人类由传统落后的乡村文明向现代工业文明、后工业文明转变，实现人的社会意识、价值观念、文化素质、生活方式和人际关系等向现代文明转变。由此，城市化是城市系统动态的变迁过程，表征着城市文明的形成与发展。

毫无疑问，中国当前的发展是以城市化、现代化为显著特征的，无论是在规模上还是在速度上，中国正经历着史无前例的城市化运动。在1978年至2008年的三十年间，中国城市人口从占总人口的18%剧增到46%，这种趋势还在继续，现在每年新增城市人口约2 000万。据联合国预测，中国城乡人口到2015年将各占一半，到2050年城市人口将达10亿[1]。因此，我们必须遵循城市化的内在本质，将对“发展文明”的自觉追求与我国如火如荼的城市化实践紧密地联系起来，以城市文明来引领现代城市的快速扩张和发展。在这个意义上，我国的城市化应该是城市文明化的过程，它不仅体现为城市元素的聚集，更体现在现代城市的内在质性上——通过城市化实现良好的经济建设、社会制度建设和人文目标，从而赋予城市化的“发展文明”本质，使城市化具有深刻的文明内涵和文明品质，从而更好地实现城市文明和谐和“城市让生活更美好”的期待，以从容地迎接“城市时代”的到来。否则，城市化就似乎像“大跃进”，有“超常规运动式发展”之疑，从而失去它应有的积极意义。

[1] 胡六祖：《新型城市化战略要力避“城市病”》，《国土资源导刊》，2009年第12期。

3. 从“创制”的文明秩序向“自觉”的文明秩序转型

由于中国的体制特点，目前各城市主要凭借文明创建的体制和机制来试图建立城市文明秩序的，如近年来全国各地都在组织开展“文明社区”“文明城区”“文明城市”等文明创建活动。这种创建活动对城市文明秩序的形成功不可没，体现了中国特色，也进一步丰富了“中国经验”“中国模式”的内涵。但是，这样的文明秩序往往是表面化的，需要付出高昂的管理成本，表现出很强的行政依赖症和财政依附症。显然，它在很大程度上依然是一种外致的创制秩序，而不是内生的自觉秩序。

从文明秩序的生成机制来看，自觉秩序与创制秩序有着质的不同。创制秩序主要是出于社会控制的目的和愿望而“被创制”出来的，这种秩序是以低度复杂性和低度不确定性的社会结构为基础的，在等级化的“中心–边缘”结构型的组织社会里是有效的，而且往往是高效率的[1]。但在面对开放、流动、“去中心化”的高度复杂性社会时，这种创制秩序就显得无比僵化，甚至失灵，难以满足城市文明的内在秩序要求。与创制秩序相比，自觉秩序表明文明秩序是发生和存在于具备文明素养的平等、自由的行为主体的内心之中，而不再是一种外在于行为主体的力量。虽然这种秩序也是创制的，但它不是由政府或少数社会精英所创制的，而是由一切参与社会活动的人乃至文明社会所共同创制的。在这种秩序下，人的“文明”自主性、创造性不再受到压抑，并有了实现的空间和机会，生活会变得更加自由、快乐和文明。这样一来，不仅建构文明秩序的过程是自觉的，而且这一文明秩序本身就是存在于人的自觉性之中[2]。因此，以“自觉”文明秩序逐渐替代“创制”文明秩序，是社会结构性变化和人的自由全面发展所提出的要求，是符合城市文明发展内在规律的。

---

[1] 张康之、张乾友：《论复杂社会的秩序》，《学海》，2010年第1期。
[2] 同上。

三 文明城市秩序的三维路径

由于城市文明的统领性、整体性和发展性特征,城市文明秩序关乎社会的价值观、生活方式乃至发展方式的深刻变革,它的实现是以全社会的文化认同为前提的,以文明实践为推动力的,以对充满矛盾和张力的现代发展型社会实施有效治理为条件的。

1. 社会认同

社会认同是“我”对“社会”的观念及态度,意味着社会成员拥有共同的价值观念、文化信仰和行动取向,强调社会成员的集体意识以及对“社会”的归属感和自豪感,从而成为增强凝聚力、建设社会共同体的必要条件。在建构主义看来,社会认同是行动者意义的来源,能够外化为强大甚至神奇的力量并建构出社会实在来[1]。因此,社会认同是以文明为目标的城市建设和发展中不可或缺的文化结构性力量,解释了城市文明秩序何以可能实现的内在制度性原因。当下,在很多城市我们经常看到,一面是高楼林立,现代化景象充盈,一面便是随地吐痰、乱扔垃圾、闯红灯等现象,或者是公共服务缺位、低位现象,或者是人文精神缺失、灵魂被物质吞噬现象,出现了人们所担忧的“文明困境”。这种“文明困境”是在现代性境遇下,人们对眼下轰轰烈烈的城市文明创建缺乏认同的现实表现。由此,建构社会认同、构筑文明共同体是实现城市文明秩序面临的首要课题。

鉴于城市社会的复杂性,在城市建构社会认同更具挑战性,这里以上海为例作些分析。首先,社会认同是以共同的文化价值为基础的,这就要求上海在全社会建立起“文明”的发展观念,以及“文明”的价值观念、伦理道德、心理结构、生活方式和行为习惯。在“单位人”转变为“社区

[1] 参见李友梅:《社会认同:一种结构视野的分析》,上海:上海人民出版社,2007年。

人”的背景下，我们要注重对社区公共生活空间的构建，充分利用社区机制，丰富居民共同的文明生活、集体生活，让普通居民在日常生活中经历文明、感受文明、享受文明，从而让文明成为人们的自觉意识、日常行为乃至文化特征；其次，社会认同要有科学公正的社会制度基础。人是城市文明的主体和城市文明发展的原因，人的发展构成了城市文明秩序形成的内在机制。因此，对所有在上海这座城市生活的人而言，不管是本市户籍人口还是外来人口，对他们的生活和发展必须给予公正平等的制度条件，包括教育、医疗、住房、就业、养老、公共服务等各项社会制度和公共政策，这是共建、共享城市文明秩序的社会制度基础。但实际上上海目前至少还有28.2%的外来人口（不包括流动的农民工）[1]受到程度不同的制度歧视，如何让这部分人融入上海这座城市、融入社会将对城市文明秩序的实现有着不可忽视的影响；再次，社会认同离不开丰富的文化内核——共同的精神追求。有了对“文明”的精神追求，才会有全社会自觉的“文明”实践，“文明”之火才会生生不息。上海是一座年轻的城市，历史与现实、外来与本土的文化在上海沉淀融合，形成独具一格的上海地域文化，孕育了上海独有的城市精神文化。在城市文明化的浪潮中，我们要善于提炼上海的城市文明精神，来为城市文明共同体构建共同的意义世界，为城市文明秩序的实现提供不竭的精神动力。

因此，社会认同是文明共同体的内在文化品质，是城市文明秩序的逻辑基点。若对城市文明缺乏认同或认同弱化，城市文明建设与管理就会变成政府部门的“独角戏”，往往劳民伤财而“文明困境”依旧。

2. 文明实践

文明是社会的整体存在和进步过程，是人类实践活动的产物。没有“物”的文明、“人”的文明和“制度”的文明三者有机结合这一范型统领

---

[1]　数据来源于《2009年上海市国民经济和社会发展统计公报》。

下的文明实践，就不可能形成相应的客观的文明秩序，也就根本谈不上现实的文明形态。由之，文明实践是城市文明生成、存在和发展的途径，是城市文明秩序形成的最终推动力量。

显然，这里的文明实践应该是一种高度自觉的实践，有它独特的实践模式。首先，文明实践具有一定的内涵和结构。城市文明秩序喻示着城市发展实践的全面性、协调性和整体性，既有“物”领域的建设，也有“人”领域的建设，更有“制度”领域的建设，三个方面相互依存、相互作用、相互促进、相互制约。当它们协调推进时，城市社会就呈现出健康状态；否则，就难免遭遇城市文明的危机或者说现代性的危机，像当下出现的“物质崇拜”“单向度的人”“人类中心主义”“工具理性主义”等现象。因此，在“文明”价值观的直接引领下，通过文明实践，为一般的社会实践建构了特定的内涵和结构，从而赋予社会实践以“文明”的指向性和进步性。凭借这些实践活动，城市文明的三大构成要素有机地结合起来、协调起来，最终形成文明社会。鉴此，在当下的现代化实践中，我们既要注重“物”的现代化，更要注重“人”的现代化和“制度”的现代化，这样的现代化才是我们目标中的现代化，这也是现代化的文明本质所提出的内在要求。其次，文明实践具有内在的发生机制。文明实践是人类本质力量的对象化，它总是在分析和处理文明发展中的一系列矛盾中进行和实现的，如如何认识和面对文明的“物本性”与“人本性”、“物质性”与“精神性”、“人本性”与“自然性”、“工具理性”与“价值理性”之间的矛盾关系等。值得一提的是，在应对上述矛盾时，我们迫切需要放弃“主客体二元论”“机械还原论”“价值单一性”等传统的极化思维，顺应文明发展的趋势及规律，建立新的思维模式，在实践中自觉利用文明内在的矛盾、张力和潜力，积极推动社会实践的文明转型。毫无疑问，这是一种整体结构性转型。

3. 网络式治理

建构城市文明秩序是以社会健康发展、城市居民安康幸福为目的的，是以社会有序运行为内在条件的。然而，现代发展型社会的复杂性、流动性及不确定性与日俱增，导致社会流动、社会分化的变动性成为常态，这就要求建立与之相适应的动态的治理网络。

网络式治理是基于现代社会流动、社会分化的常态性而形成的一种管理网络，这种管理网络是建立在集体共识和身份认同基础上的。网络中的多元主体是自主的，更是自觉的，他们围绕共同的目标，多种机制并用，创造性地实施多维度立体式的管理。这样一来，多元化的主体、机制和资源被整合成一个整体来发挥管理的功效。这时，影响管理绩效的主要因素是这个网络的能力，即网络成员之间所形成的信任、协作、合作与互动的良性关系，而不再是孤立的、单个的主体——组织或部门。政府作为公共权力的代表，在此网络中作为主导性的主体而存在，主要负责经营、管理和拓展这种管理网络，即在政府与政府之间、政府部门之间以及政府与民间组织、企业之间不断地结网[1]，形成和改变着纷繁复杂的关系和网络。

鉴于现代社会的流动、社会分化的加快，城市文明管理远非政府分管部门（文明办）及行政机制的能力所及。伴随着社会发育和社会结构变化的深入，传统的从上而下的线性控制思维和“政府垄断管理”的单一行政模式正面临挑战。因此，网络式治理是适应城市新的社会结构特征和城市文明秩序的系统性要求的。

从上海的经验可以看出，网络式治理模式正在城市文明管理的实践中孕育生长：一是注重以法律、法规和规章对居民的公共行为加以规范和引导，如上海先后制定了《上海市市容环境卫生管理条例》《上海市绿化条例》《上海市道路交通管理条例》《上海市公共场所控制吸烟条例》等法律法规，这是以政府为主体、对法制机制的运用；二是注重发挥民间组织的作用，如1998年由基层普通居民自发成立“上海精神文明建设市

[1] 马亮：《公共网络绩效研究综述》，《甘肃行政学院学报》，2009年第6期。

民巡访团”,现有成员3万余人。他们代表城市居民走访大街小巷,查找各种城市管理缺失和居民文明陋习,并及时向政府部门及公共新闻媒体反映城市文明中存在的问题。然后,媒体将严重的问题予以曝光,政府相关部门督促整改。这是以民间组织为主体、对社会监督机制的运用;三是注重发挥社区精英的作用,如社区志愿者、社区义工等,围绕婚姻、家庭、情感及邻里纠纷等问题,通过情感交流、道德感化及心理疏导方式展开咨询和调解工作,达到了化解社区矛盾、改善人际关系的目的,这是以社区精英为主体、对道德关怀机制的运用,这种机制与充满工具理性的司法机制有着质的区别;四是大力发展志愿者组织,广泛开展志愿服务活动,如上海世博会期间共组织发动文明志愿者220万名,在世博园区和上海人流集中的区域开展世博宣传、信息咨询、文明行路、文明游园、清洁城市、窗口行业服务、社区志愿服务等一系列文明宣传和服务活动,这是以城市居民为主体、对社会志愿服务机制的运用。

以上情况表明,在网络式治理模式下,城市文明是所有行为主体参与文明管理的共同价值和利益基础,多元主体和机制的运用也是以城市文明建设为目标导向的。在这个认知和行动框架下,体制内和体制外、正式的和非正式的、定型的和非定型的组织或部门开展合作,共同构筑了一个城市文明管理的网络。这个管理网络是动态的、开放的,是建立在快速回应社会矛盾变化、满足社会对文明的需求增长的基础之上,是对单向度行政控制模式的超越,是管理体制和机制的创新,它让管理系统自身在内在品质上增强了不断开发应对社会变化、供给社会秩序的潜能。

第六章
以“文明发展”解构“增长主义”

经济发展离不开增长，没有增长也没有经济发展。但是“增长不等于发展”，增长更不能包容一切、解决一切问题。为了“增长”而“增长”，唯GDP总量及其速度的增长，是一种以“高增长”为特征，不计“高增长”给生态与社会带来风险与危害的“增长主义”。前些年在我国不少地区热衷追求的“唯GDP”，在一些经济学家和地方政府那里有了新的解读，认为中国今后二三十年，只有“超常增长”[1]才能解决发展中的各种问题，才能回应西方关于“中国经济崩溃论”。“超常增长”观点看似积极合理，对中国未来愿景的描绘也令人鼓舞，但实际上仍是一种以“高增长”为战略目标和方式的“增长主义”，是难以引导中国实现伟大民族复兴的“中国梦”的。

一 “增长主义”的“增长”逻辑

党的十八大报告中，明确提出要走“生产发展、生活富裕、生态良好

[1] 超常增长是经济学教授史正富在其著作《超常增长：1979—2049的中国经济》中提出的核心观点，史正富认为中国特色社会主义市场经济体制已经创造了中国经济超常增长的奇迹，在未来的几十年内它还将继续实现中国经济的超常增长。史正富认为在未来的三十余年里，可以通过设立综合性的国家发展战略基金为常规市场注入超常购买力，以此达到建设并永续运营国家战略性基础资产的目的，进而预期一种回报较好的长期投资。遵循这样的路径，史正富认为到2049年，中国的GDP总量和人均GDP均能成为世界领先国家。

的文明发展道路”，没有“超常增长”道路或实现“超常发展”的提法。习近平同志在2013年亚太经合组织上的演讲再次强调，“我们不再简单以国内生产总值增长率论英雄，而是强调以提高经济增长质量和效益为立足点”。[1]但是，一些经济学研究者虽然也说“超常增长”的概念，主要不是讲增长速度，而是增长的质量和效益，能力和水平。但是，要能使中国经济在今后二十年、三十年周期持续地高速增长，增长的速度和规模要超常，又怎能保证增长的质量和效益“超常增长”？这与“高增长”主张增长的速度和总量不知有多少区别？从这个意义上说，“超常增长”是“增长主义”的另一种表现。

解构“增长主义”，是为了让“增长”回归合理、可持续的增长速度，保证“增长”的质量和效益。为此，我们从分析“超常增长”的逻辑依据入手，进而实现解构的目的。认为中国经济未来二三十年能“超常增长”的主要理由如下：

——小平同志说过，“贫穷不是社会主义”，“速度太慢也不是社会主义”。因此，中国经济发展速度一定要快。中国如果能在加速工业化的同时，大力推动农业现代化，这将大大推动今后十年GDP的高速增长。[2]要注意：小平同志是在30多年前讲“速度太慢也不是社会主义”。经过改革开放30多年发展，中国的经济总量已位居世界第二；前后30多年中国发展的语境发生了很大变化，中国今天的综合实力今非昔比，面临的主要矛盾也不是“贫穷”，而是不平衡、不协调、不可持续，如再简单地以改革开放之初小平同志的思想来要求今天中国“加速”，明显脱离了当今中国的国情。

——美国在一两百年里每年平均保持3%、4%的增长率；东亚四小龙20世纪五十到六十年代，增长率都是9%。中国人均GDP现在只有美国

---

[1] 参见国家主席习近平2013年10月7日在印度尼西亚巴厘岛出席亚太经合组织工商领导人峰会并发表题为《深化改革开放　共创美好亚太》的主旨演讲。

[2] 参见“未来10年的中国与世界”，《上海思想界》，2013年第6期，第11、13页。

的20%，因此增长的潜力和空间很大。[1]问题在于：美国平均保持3%、4%的增长率，是一种健康增长，健康增长必然是“长寿”的、可持续的；而中国的“赶超型”的高速增长，不仅资源、能源、社会和生态难以支撑，而且由于“赶超”过程中的风险因素太多，全球日益增多的突发性灾难天气，如北京的暴雨和雾霾、上海的死猪和超常高温等等，都给“赶超”构成挑战。同时，与美国相比，中国虽然有很大的增长空间，但不一定也不可能在短时期内“超常”地予以填补，因为美国也在发展。

——超常增长的“一个潜力就是生态环境的治理。生态环境的治理可以形成超常的购买力，不仅从供给力方面，还有需求方面”。[2]实际上，在我国GDP增长的统计中，一个重要缺陷是无法统计无效的GDP，诸如消耗生态资源、对生态环境造成破坏的无质量的GDP；现在回过来再治理生态环境，从2013—2017年我国将再投入近五万亿元治理空气、土壤[3]，再治理产生的GDP，是没水分的、有质量的GDP增长吗？这种增长是有“发展”的增长吗？

——按照“收敛假说”，一个经济体的超常增长速度实际上取决于它的人均收入跟前沿国家人均收入的差距。差距越大，赶超的潜力越大。目前，中国的人均收入接近日本和东亚四小龙在20世纪五六十年代与美国的差距。在这个意义上，“中国应该还有20—25年的较快增长阶段”。[4]我们从不否认中国经济将持续增长。但是，我们必须辩证地看待这种差距。一是简单地从“人均收入”相当于日本或东亚四小龙20世纪五六十年代与美国的差距，判断高增长的空间，其中忽略了经过五六十年发展之后国际关系的新格局、中国社会的贫富分化，生态难以承受的增长压力；

[1] 参见“中国继续超常增长的动力何在”一文中张军的发言，《社会科学报》，2013年6月27日，第2版。

[2] 参见“中国继续超常增长的动力何在”一文中周振华的发言，《社会科学报》，2013年6月27日，第2版。

[3] 参见《2012中国环境状况公报》中华人民共和国环境保护部。

[4] 参见张军“未来30年，中国式超常增长仍将继续”一文，《社会观察》，2013年第7期，第91—92页。

二是据中国改革研究基金会国民经济研究所研究员王小鲁的研究,“目前中国顶层家庭的收入是底层家庭的20倍,资本市场将穷人口袋里的钱转移到富人的口袋”。[1]同时,绝大多数人由于认为社会缺乏安全体系,对未来信心不足,所以,将钱用于教育、医疗和住房的储蓄,不可能更多地用于消费;没有消费的大幅增长,中国巨大的固定资产投资就很难形成旺盛的内需市场,很难调整经济结构,也就难以保证“高增长”。

——如果没有8%以上的经济增幅,地方财政收入就会受影响,地方政府就无法做建设,无法解决民生问题。因此,一些地方政府热衷于总量扩张,以扩大投资规模为主要途径,以土地批租和发展重化工项目为主。据专家测算,“2012年固定资产投资增建与地区生产总值增速的相关系数达到了60%。贵州、甘肃与新疆固定资产投资增加率分别达到了53%,44%和35%,居于全国前3名”。[2]实际上,2013年第二季度经济规模曾下滑到7.6%,也没有引起大规模失业。这就要求我们思考,30多年来一直靠政府驱动经济的模式,是否已到了必须改变的关键时刻?让地方政府逐渐回归自己的职能,做公共财政分内的事,做好公共服务。

分析“增长主义”的“增长”逻辑,要强调的是:未来中国仍需持续增长,但不要“超常增长”,更不要以“高增长”为特征的“增长主义”;以“高增长”为特征的增长主义将陷入种种难以摆脱的“增长”的困境。

二 “增长主义”的“增长”困境

实际上,主张“超常增长”的学者也承认,中国未来的“超常增长”难以摆脱当今中国面临的资源、生态环境和社会的“硬约束”,这种“硬约束”也可以说是“增长主义”的现实困境。不仅如此,“增长主义”一直面临各种理论的质疑、修正和挑战。

[1] 参见“收入的真相”一文,《财新新世纪》,2013年9月23日,第37期。
[2] 参见张学良“中国区域经济增长的大趋势”,《中国社会科学报》,2013年3月6日。

1. 对罗马俱乐部挑战“增长主义”的新思考

第二次世界大战以后的20多年，各国经济迅速增长，世界呈现出一派欣欣向荣的景象，人们普遍陶醉在经济增长的成就之中。但是罗马俱乐部敏锐地觉察到了繁荣背后隐藏着的危机，以意大利工业家奥雷利奥·佩西（Aurelio Peccei）为代表的罗马俱乐部，发表了《增长的极限》在全球引起强烈的反响；同时，也受到质疑和挑战，后来，罗马俱乐部的梅萨罗维克又提出了有机增长概念，来修正完善。

今天再看罗马俱乐部关于增长极限的观点，仍有其重要价值：一是对以资本积累引导的无限“增长”和“增长主义”，第一次作了非常彻底的批判。近年来西方马克思主义对全球生态危机的深刻反思，也印证了“增长极限”观点的特有价值；二是“增长的极限”思想在不同程度上影响着增长理论。20世纪70年代，阿德尔曼、巴查和泰勒等一批发展经济学家，否定将经济增长作为发展目标的思路。联合国《1996年人类发展报告》提出了五种有增长而无人类发展的情况。[1]2006年亚洲开发银行和世界银行提出了包容性增长理念；[2]2011年达沃斯论坛的主题是关注增长质量和平衡增长。与上述增长到包容性增长的研究路径不同，以布莱克为代表的学者针对传统发展理论的缺陷，提出用比较和跨学科的方法开展发展研究，[3]亨廷顿、伊斯顿和阿尔蒙德，提出了政治现代化的发展观；亨廷顿提出“发展”应该包括五大目标：增长、公平、民主、稳定、自主。[4]

---

[1] 联合国《1996年人类发展报告》，提出的五种有增长无发展的情况是：一是无工作的增长；二是无声的增长；三是无情的增长；四是无根的增长；五是无未来的增长。不顾自然资源耗竭和人类居住环境恶化而换来的增长是不可取的。

[2] 参见世界银行：《世界发展报告2006：公平与发展》，北京：清华大学出版社，2006年。

[3] ［美］西里尔·E.布莱克编：《比较现代化》，杨豫译，上海：上海译文出版社，1996年，第45页。

[4] ［美］塞缪尔·P.亨廷顿：《现代化：理性与历史经验的再探讨》，张景明译，上海：上海译文出版社，1993年，第333页。

近年来，后现代思想家对“经济学就是幸福学”的质疑，实质上也是对种种增长与“增长主义”理论的反思。就增长的理想目标及其价值取向看，为什么常常与现实相悖？如在物质生产不发达、社会财富不充裕的“短缺资本主义”时代，人们认为快乐和幸福主要依赖物质财富是很自然的事情。然而，到了20世纪60年代，当人们梦寐以求的“丰裕社会”正在变为现实时，“生存所需的收入稳定了，要让人更幸福就不太容易了”[1]。美国著名经济史学家伊斯特林教授对1946—1970年间美国资料的跨时分析而得出的“伊斯特林悖论”（Easterlin Paradox），又改变了人们对“经济学就是幸福学”的看法。实际上，无论是从个体的心理和生理因素，或通过发展经济、增加物质财富来提高大多数人的幸福感，或运用各种手段与方法提高测量幸福感，由于背离了“文明发展”的理念、价值取向和方式，都未能真正诠释影响大多数人幸福感的根本原因。几百年来资本主义的发展实践也证明：以“资本”为核心和本质取向的资本主义制度安排，是以掠夺自然与社会资源的“不文明”发展，这种“不文明”的增长速度越快，贫富差距越大，大多数人越不幸福。

2.“增长主义”的生态极限

我国早在20世纪50年代就提出“多快好省”的“赶超英美”战略，结果成为“令人可笑”的“理想主义”，并以令人痛惜的损失而告终，造成虚假的繁荣、无“发展”的增长，乃至天灾人祸。当时，“非自然死亡人数是2 158万人”。[2]改革开放30多年后的今天，仍有不少学者和地方政府乐于选择“赶超型战略”，乐于“快速增长”“高增长”，留下“高增长”的痕迹。但是生态和社会则是一道难以跨越的坎。

改革开放30多年来，中国已为“高增长”付出了沉重的代价。喜马

---

[1] ［英］理查德·莱亚德：《不幸福的经济学》，陈佳伶译，北京：中国青年出版社，2009年，第10页。

[2] 参见《百度百科》“大跃进”中的“后果”那一段。

拉雅山的冰川在融化。PM2.5的污染已成为北京、天津、上海等大城市的一个日常问题，水和土壤的污染，更让人们担忧，乃至不知所措。近年来因雾霾、空气污染生病的人口比例不断上升，2013年持续大规模的雾霾污染范围涉及了17个省区市四分之一的国土面积，影响人口约6亿。[1]世卫组织最新报告指出，空气污染可致癌。2013年，全球22.3万人因大气污染而致癌。[2]据悉，我国每年新发癌症病例200万人，因癌症死亡人数为140万；在全国不少大城市，恶性肿瘤已经超越心脑血管疾病，成为第一死亡原因。近些年以来，中国癌症村的数量大概超过247个，涵盖中国大陆的27个省份。[3]多年来，我国污染防治投资几乎全部投到工业和城市，而全国农村还有3亿多人喝不上干净的水，其中超过60%是由于非自然因素导致的饮用水水质不达标；1.5亿亩耕地遭到污染，每年1.2亿吨的农村垃圾露天堆放，农村的环保设施几乎为零。农村的环境污染问题已成为中国新农村建设的重要制约因素之一。[4]

美国著名的生态马克思主义者约翰·贝拉米·福斯特（John Bellamy Foster）强调：“近来的迹象表明，如果我们想避免地球灾难，就要将气温增长控制在2℃以内。2℃越来越成为地球临界点的象征。”[5]因此，我们应立即开始以每年24%的速度减少碳排放，这样，30年后可减少一万亿吨的排放，也就可避免全球平均气温增加2℃，可避免“生态悬崖”的出现。

3.“增长主义”的社会代价

以“高增长”为特征的“增长主义”，给社会带来的破坏和损失，导致社会生态的失衡、失序，突出表现为“四个高”。

---

[1] 我国将建雾霾健康监测网，《北京青年报》，2013年10月8日。

[2] 世卫组织认定大气污染可致癌，http://news.163.com/13/1018/10/9BFCB89D00014AEE.html。

[3] 中国癌症村地图解密，http://env.people.com.cn/n/2013/0221/c1010-20556848.html。

[4] 参见贺军：农村污染动摇社会根基，《社会科学报》，2013年7月11日，第二版。

[5] ［美］约翰·贝拉米·福斯特、布来特·克拉克：《星球危机》，张红永译，《国外理论动态》2013年第五期，第58页。

一是"高债务"。2013年上半年，全国土地出让金收入呈爆发式增长态势。1—6月全国306个城市土地出让金高达1.13万亿元，与去年同期相比大幅增长60%；[1]地方政府卖地出现"井喷"。一个无法绕过的原因是，随着经济增速减缓，其财政收入出现下降，如今又开始面对还债压力。财政收入增速下降，还债高峰来临，卖地收入成为各地政府最现实、最快捷的财源。2012年，有9个省会城市本级政府负有偿还责任的债务率超过100%，最高的达188.95%，再加上政府负有担保责任的债务，债务率最高的达219.57%。[2] 2015年以后，国家不断规范政府债务管理，截至2018年末，我国地方债务余额18.39万亿元，如果以债务率（债务余额/综合财力）衡量地方债务水平，2018年地方政府债务率为76.6%，低于国际通行的100%—120%的警戒标准。[3]

二是"高分化"。为什么改革开放前30年，我国的经济总量在不断提高，在世界上排在第二位，但近年来中国劳动者报酬占GDP的比重偏低，且呈现出下降趋势，劳动者报酬占GDP的比重由2004年的50.7%下降到2011年的44.9%。[4]为什么经济发展了，蛋糕做大了，但大部分发展成果却为少部分人享有，贫富差距在扩大？实际上，只要把握"分化"是随着"高增长"、快速城市化而出现的一种现象，那就不难理解我们的结论："高增长"，是造成当今中国城市"贫富分化"的根本原因。"不协调"的"高增长"，使一部分市民百姓被甩出"高增长"的"经济跑道"或者说"经济圈"，被"不和谐"的经济与社会发展"边缘化"或"贫困化"，而被"边缘化"或"贫困化"的市民百姓，在"高增长"和快速城市化进程中，已无能力、亦无机会再融入快速发展的经济与社会发展进程，亦难以摆脱"贫困"的命运。随着2015年11月27日中央扶贫工作会议召开，开始打响全

[1] 周俊生："改革土地财政制度已刻不容缓"，《每日经济新闻》，2013年7月12日。
[2] 国家审计署2013年第24号公告：36个地方政府本级政府性债务审计结果。
[3] 参见财政部召开2018年财政收支发布会，《中国证券报》，2019年1月23日。
[4] 参见社科院报告称劳动者报酬占GDP比重偏低影响消费，《北京晨报》，http://news.163.com/12/1219/02/8J292LAT0 001124J. html。

国脱贫攻坚战。截至2018年末，全国连续3年完成千万减贫任务。

三是“高冲突”。在“高增长”进程中，由于改革前和改革中形成的新旧的矛盾集中爆发，社会生态趋于紧张，加上部分媒体责任缺失，挑战社会情绪，导致矛盾冲突多发。有的人无视公序良俗，自我利益至上，稍有不满就大打出手或恶语相向，破坏公共秩序和威胁他人安全的事情层出不穷，甚至蔓延海外。在海外国际航班上，有乘客因座椅靠背的调节大打出手，以致飞机返航；在香港和台湾，有游客殴打机场工作人员，谩骂导游。有的人为泄愤报复社会，制造社会紧张气氛。

四是“高腐败”。主要特点是：权钱交易，权力寻租，前腐后继。1997年至2002年，局级干部职务犯罪2 422人，省部级是98人，较1992至1996年分别增长44.8%和25.6%。这充分表明“高增长”10年而带来的“高腐败”。相反，2008年以来，各地落实科学发展观，走“文明发展”道路，腐败率在下降。2008至2012年，全国各级检察机关共立案侦查各类职务犯罪案件165 787件，涉及218 639人，其中县处级以上国家工作人员13 173人（含厅局级950人、省部级以上30人）；2003至2007年，涉嫌犯罪的县处级以上国家工作人员13 929人（其中厅局级930人、省部级以上35人）；2008至2012年较2003至2007年总的腐败率下降了5.43%。[1]随着反腐败的深入，党的十九大以来有5 000余名党员干部主动投案。[2]

更令人痛惜的是：“高增长”是一个令企业家跌落的巨大陷阱。一个一个看似成功的企业家，最终都难逃遭受羞辱，甚至成为罪犯的宿命。远的不说，在20世纪90年代涌现的一批国企强人，比如健力宝的李经纬、三九的赵新先、长虹的倪润峰、中航油的张久霖，到这个世纪之初纷纷因为经济问题落马。国有银行的高管们也曾经一个接一个入狱；民间曾经出现过一批资本运营高手，张海、顾雏军、德隆的唐氏兄弟等曾经风云一时，后来也陆续成了阶下囚。相反，过去十几年，国际商学两界公认，印度

[1]　以上数据参见2003、2008、2013年最高人民检察院工作报告。

[2]　参见《新湖南》，2019年5月22日。

已涌现出了二三十家世界级大企业,从软件业、制药业到钢铁业。但持续了10年的中国经济高增长,孕育出了哪一家世界级伟大企业?

三 "去增长"能解构"增长主义"吗

20世纪70年代以来,"增长主义"在受到各种质疑和抵制的同时,又面临生态与社会的困境,如何破解?美国前总统奥巴马认为可通过技术来平衡化石燃料导致气温上升而对地球构成的生态危机。但是,研究者认为,光靠技术就可以解决环境问题的梦想正在迅速破灭。"因为技术解决方案不仅要受到物理定律即热力学第二定律的制约,而且还要受到资本主义制度自身规律的制约。"[1]

那么如何解决"资本"无限增长而将给环境和社会带来的灾难呢?能否说服"资本积累",限制"资本"无限制增长?这如同要一个人停止呼吸一样困难。20世纪70年代罗马俱乐部提出的"增长极限"以及"零增长"的观点,在当今世界又有了新的发展。如第一届"致力于生态可持续和社会公平的经济去增长国际会议"(Conference on Economic Degrowth for Ecological Sustainability and Social Equity),于2008年在法国巴黎召开。2010年,第二届会议在西班牙巴塞罗那召开,并发表了《巴塞罗那去增长宣言》。第三届会议于2012年9月在意大利的威尼斯召开,且声势越来越大。前后三届国际会议,基本上反映了近六年来国际社会以"去增长"(或"零增长")运动破解"增长主义"、保护生态和社会公平的努力。

1."去增长"对"增长主义"的解构

近六年来,"去增长"的主要工作和观点是:

(1)发动大规模的"去增长"思想运动。2009年,马乌罗·博纳尤蒂

[1] [美]约翰·贝拉米·福斯特、布来特·克拉克:《星球危机》,张红永译,《国外理论动态》,2013年第5期,第59页。

(Mauro Bonaiuti)以名为“去增长”(degrowth)的一场大规模思想运动为基础，举办此次“去增长”专题论坛(《“致力于生态可持续和社会公平的经济去增长国际会议”论文集》)，尤其是对生态女性主义、马克思主义与“去增长”之间的关系研究做出了重要贡献。欧盟国家兴起了对“去增长”理念的宣传和呼吁，剑锋直指在资本主义社会中占据主导地位并破坏了社会和环境的意识形态(增长从本质上来讲是有益的)与社会实践(通过调整价格机制解决问题)。[1]

(2)马乌罗·博纳尤蒂在“去增长：解决多重危机的复杂分析工具”(“Degrowth: Tools for a Complex Analysis of the Multidimensional Crisis”, by Mauro Bonaiuti)一文中指出，“去增长”理念的提出一方面是由于生产、积累、创新和资源开发所导致的生态危机对经济增长的制约，另一方面是社会发展的不平等所导致的各种社会不稳定和冲突对经济增长的制约。“去增长”不仅仅是一个口号，它也是“现成的政治解决方案”。

(3)法国巴黎第十一大学经济学教授塞奇·拉图什(Serge Latouche)在“左翼能摆脱经济主义吗?”(“Can the Left Escape Economism?”, By Serge Latouche)一文中认为，“去增长”必须改变经济学在社会科学中的主要地位，否则自发增长的技术系统必然会脱离控制，把人类带入绝境。

(4)肯尼亚的社会活动家特里萨·特纳、利·布朗希尔和瓦胡·卡拉(Wahu Kaara)在“去增长?“消除异化”又会如何?”(“Degrowth? How About Some ‘De–alienation’?”, by Leigh Brownhill, Terisa E. Turner and Wahu Kaara)一文中强调：生态社会主义、生态女性主义的运动是人民在生产、消费、社会再生产以及自然界中“消除异化”(即消除“资本异化”)的力量。

(5)美国霍华德大学生物学系教授大卫·施瓦茨曼在“对去增长及其政治的批判”(“A Critique of Degrowth and its Politics”, by David

[1]［美］赛德:“‘经济’与‘增长’、生态可持续和社会公平”，王维平、张娜娜编译，《国外理论动态》，2013年第6期，第96、98页。

Schwartzman)一文中指出:"去增长"的支持者博纳尤蒂和拉图什虽然批判了资本主义生产方式,但对如何取代它却没有明确的见解。施瓦茨曼认为,我们必须寻找替代方案,这种替代方案就是生态社会主义。[1]

2."去增长"对"增长主义"解构了什么?

"去增长"对"增长主义"解构有三:一是解构的目标明确,针对资本的无限增长需求,剑锋直指资本主义的意识形态与社会实践;二是指出了资本主义的经济增长所导致的生态危机以及各种社会不稳定和冲突,要求民众必须关注"去增长","去增长"不仅是口号,也是"政治解决方案";三是从生态社会主义、生态女性主义到"去增长国际会议"和欧盟国家对"去增长"的宣传及其思想运动,是对资本主义生产方式的批判。

但是,"去增长"运动对"增长主义"的解构是不彻底的,原因有二:一是西方学者的"去增长"思想理论本身很完整,也较透彻,但是,这些理论包括政策建议大多停留于"思想"或"理论",并未进入"去资本无限增长"的制度设计或安排;二是生态社会主义、女性生态主义及其种种运动,虽然剑锋直指资本主义制度,并认为要推翻资本主义,破解"资本无限增长"的难题,实际上也是目前在资本主义能包容的范围内开展对资本增长的机制及其思想运动,也只是孙悟空在如来佛手掌中"翻跟头"而已。

四 "文明发展"对"增长主义"的解构

社会主义的经济增长也离不开"货币资本"的积累,社会主义在引入"资本积累"促进经济增长的市场机制后,中国的社会主义经济获得了长足的发展。但是,必须看到以"高增长"为特征的"增长主义"内蕴的资本逻辑,已在给中国经济与社会发展带来的灾难性后果。因此,要发挥为

---

[1] [美]赛德:"'经济'与'增长'、生态可持续和社会公平",王维平、张娜娜编译,《国外理论动态》,2013年第6期,第99、100、101页。

大多数人谋利益的中国特色社会主义制度优势，在促进经济增长过程中以“文明发展”解构“增长主义”。

1.“文明发展”对“增长主义”逻辑的解构

如前所述，以高增长为核心的“增长主义”实质上是以资本主义的“资本无限积累”为基础的。难怪美国著名历史学家、社会学家“世界体系”论者沃勒斯坦认为，至今为止，主导全球的仍然是资本主义的生产方式。但是，沃勒斯坦并不真正了解中国特色社会主义，所以也不清楚中国特色社会主义自身的制度优势，中国特色社会主义的制度优势在于能在改革与发展实践中，不断完善发展道路，发展模式。

改革开放之初，邓小平同志讲过，“贫穷不是社会主义”。但他在“南方谈话”中更深刻地揭示了社会主义的本质，明确提出：“社会主义的本质，是解放生产力，发展生产力，消灭剥削，消除两极分化，最终达到共同富裕”。[1]“南方谈话”发表20多年来，中国特色社会主义事业取得了历史性的成就，有三点值得关注：一是社会主义的本质正在逐步展现。当前，我国的GDP总量已经跃居世界第二，中国已经成为世界第二大经济体。人民生活水平普遍有了很大提高。二是中国特色社会主义道路已形成。所以，党的十八大报告强调中国特色社会主义道路是符合中国国情、创造人民美好生活的必由之路，必须坚定不移沿着这条道路前进。三是中国特色社会主义制度在完善。中国特色社会主义制度符合我国国情，集中体现了中国特色社会主义的特点和优势，是中国发展进步的根本制度保障。

然而，社会主义要富裕、要增长、要发展生产力，但并不是富裕了、生产力发展了就是社会主义。社会主义与资本主义的最大差异是将建设公平、公正、文明幸福的社会作为最根本意义上的价值取向，从空想社会主

[1]《邓小平文选》(第3卷)，北京：人民出版社，1993年，第373页。

义到科学社会主义，再到中国特色社会主义实践，在这一点上都是一致的，它们都要建立人人公平、人人幸福的和谐社会。这是社会主义的社会理想，也是社会主义的价值目标，离开这一基本理念去谈“增长”，要求“高增长”，去谈富裕，谈生产力发展，那必然会丢弃社会主义的本质，背离社会主义的初衷。需要特别指出的是，尽管在人类社会发展史上，包括资本主义国家在内的绝大部分国家都号称要追求建设公平、幸福的社会，但只有社会主义国家能够将之付诸实践，能够通过制度安排真正实现这一目标，文明发展的提出，正是基于这样的考虑。

文明发展蕴含着丰富的内涵，昭示着中国政府对未来发展的宏观思索和实践把握，它不仅仅是一种发展理念，更是一种制度安排，还是一种发展路径的选择。文明发展是一种综合性的、包容性的发展，它所指向的是生产、生活与生态的和谐发展，是一种系统、协调、可持续的发展，其中，生产发展是基础，生活富裕是目的，生态协调是保障，三者相辅相成、互为条件，缺一不可。事实上，也唯有走生产协调、生活富裕、生态平衡的文明发展道路，才能够真正建立起公正、和谐、幸福、文明的社会主义社会。

如果说“发展生产力”，实现共同富裕，回答了什么是社会主义，社会主义和谐社会建设回答了怎样建设社会主义，那么，“文明发展”则回答了如何可持续增长，可持续推进中国特色社会主义事业本质的问题。也正是在这个意义上说，“文明发展”不仅在可持续发展的意义上夯实了社会主义的基础，而且回应了“增长方式”离不开资本主义的断言，解构了增长主义唯“资本”为大，唯“资本”才能解决一切问题的逻辑基础。

2.“文明发展”对“见物不见人”价值取向的解构

唯GDP的增长主义，其价值取向是“货币资本”的增长，“物质财富”的增长，即“见物不见人”的增长，结果导致增长质量、增长效益的缺失，导致发展中价值理性的缺场和失语，由此产生了种种增长悖论，增长困境。正如美国学者威利斯·哈曼博士所说:“我们在解决‘如何’一类的问题方面相当成功，但与此同时，我们对‘为什么’这种具有价值含义的问题，变得越来越糊涂起来，越来越多的人意识到谁也不明白什么是值得做的。我们的发展速度越来越快，但我们却迷失了方向。”

“文明发展”不仅要做到生产、生活、生态三个方面的协调，而且始终要明确“为谁发展”？“为何发展”？将“以人为本”作为“文明发展”的根本宗旨和价值取向，要求引导和规范“资本增长”，保障社会公正和人民幸福。孙中山先生曾经说过：“发展文明，非仅关于财富一方面，并负谋人民之幸福与安全。”[1]孙中山先生强调的“发展文明”应为人民谋幸福，不仅将是否“为人民谋幸福”作为检验发展文明与不文明的标准，而且将“为人民谋幸福”作为一种价值取向，与当前中国政府提出的文明发展一脉相承，所指向的正是“以人为本”“以民为本”的“文明发展”，以“人的幸福”为本的“文明发展”。这就使得发展实现了为了人、朝向人的合理回归，解构了“增长主义”中盛行的“见物不见人”的不合理价值取向。

3.“文明发展”对“增长主义”评价尺度的解构

唯GDP论是增长主义的主要特征，习近平同志强调，今后不以GDP论英雄。那么，随之而来的问题是：我们该如何评价“增长”和“发展”的绩效？GDP要彻底退出中国的历史舞台吗？答案当然是否定的。文明发展并不是要完全否定经济增长、否定GDP的基础性作用，而是要打破GDP迷信，不再将GDP作为唯一的、独断的评价尺度。

文明发展的评价尺度是价值判断与事实判断的有机统一，贯穿于文明发展的目的、过程和结果之中。它与不文明、不科学、不持续、不公平、非理性、野蛮发展（包含一部分人依靠剥削另一部分人的发展）相对立。只有当“以人为本”的“文明发展”，在发展目的、发展过程、发展结果中都能得到充分体现，才可以说一个地区、一个国家的发展是文明的，才能

[1] 参见1922年孙中山《对外宣言》，《孙中山全集》（第3卷），北京：中华书局，2006年，第19页。

真正为该地区、该国家人民的幸福奠定基石。因此“文明发展”作为一种评价尺度，它强调发展目的、发展过程、发展结果“三位一体”的文明，它是对“增长主义”以经济上的“高增长”为最高目的和评价尺度的解构。

一是发展目的的文明。以全体人民和整个人类的福祉为本的发展，才是真正的发展。所以强调发展目的的文明就是必须以全体人民乃至整个人类的发展为最终追求，而不是以牺牲部分人的发展为代价而获得另一部分人的发展为目的。

二是发展过程的文明。发展过程的文明，不仅仅是发展起点的文明，也不是发展的某一阶段、某一部分或方面的文明，它突出的是发展的“全过程”“全方位”的文明。

三是发展结果的文明。发展结果的文明主要体现在发展成果如何分享。发展成果不仅要在当代人之间进行分配，同时要在继承前人财富的基础上，在当代与后代人之间进行合理分配与享用。如果由于部分人的发展造成了另一部分人发展权益的丧失和发展阻碍，如果一味追求经济增长速度，轻视增长质量和效益，无视生态环境，采取竭泽而渔的发展方式，必然导致不文明发展，必然扭曲发展的价值取向，必然会产生发展不文明不幸福的感受与评价。

当然，文明发展作为一种评价尺度，自然不能停留于对“增长主义”的理论解构，而且要努力通过构建“幸福指数”“文明发展指数”等新型评价体系，综合主客观双方面的因素，“集约式”地反映一个地区、一个城市推进社会主义现代化建设水平、深化社会主义本质的认识，“集约式”地反映一个地区、一个城市坚定不移地走中国特色社会主义道路的绩效。

当前，世界上很多国家和地区在这一方面已经做了很多有益的探索。不丹国王率先提出了由政府善治、经济增长、文化发展和环境保护四级组成的“国民幸福总值”（GNH）指标。美国著名经济学家P. 萨缪尔森（Paul Samuelson，1915—2009）提出了一个幸福方程式：效用/欲望=幸福指数。经济合作与发展组织于2011年5月24日在巴黎发布“幸福指数”的测试系统，该幸福指数涉及的12个因素依次为：收入、就业、住房、教育、环境、卫生、健康、社区生活、机构管理、安全、工作与家庭关系以及对生活条件的整体满意度。2012年，联合国发布了首份《全球幸福指数报告》。在中国，有很多地方政府提出了幸福指数、文明指数、文明进步指数等评价指标并付诸实践，国家统计局等政府部门也正在致力于在前人研究和实践的基础上推出更加科学、完备的幸福指数、和谐指数、文明发展指数等等，这也正是对社会主义本质的实践和深化，对中国特色社会主义制度建设的探索。

第七章
“文明发展”奠定人民幸福基石

党的十八大报告在强调贯彻落实科学发展观，全面落实“五位一体”总体布局的过程中提出，要“不断开拓生产发展、生活富裕、生态良好的文明发展道路”。这既延续了党的十六大报告以来关于“文明发展道路”的精神，又将不断开拓“文明发展道路”作为中国未来实现科学发展、促进社会和谐、增进人民福祉的根本。基于上述认识，本文提出“文明发展”奠定人民幸福基石的思想观点，并从以下“三大选择”来论证。

一　“文明发展”：奠定人民幸福基石的实践选择

如何使大多数人民群众对幸福的诉求能转变为现实？如何永葆大多数人民群众的幸福？这就必须找到一条能让大多数人民群众可持续地享受幸福的道路，该道路将成为永葆大多数人民群众幸福的基石。党的十八大报告再次强调“文明发展道路”，既是对上述问题的理论思考，更是对中国发展实践经验的总结、提炼，是当代乃至未来中国发展的实践选择。

1.“文明发展”：永葆人民幸福之本

国际上从心理学、经济学、生活质量、社会或文化等视角研究“幸福”“幸福指数”，取得的共识是：幸福感是主观的，但它有客观基础，是主客观的统一；GDP与幸福指数有相关性，当人均GDP达到3 000—5 000美元时，相关性减弱；失业对幸福的影响程度超过其他任何因素；收入分配越不公平，个人自我幸福感越低。但相关性变弱的根本原因是什么呢？

20世纪70年代，亚洲国家不丹最先提出以“国民幸福总值”衡量社会发展；2012年5月，联合国首次发布156个国家和地区的“全球幸福指数”报告。这表明，人们都已认识到“发展”“发展方式”对幸福、幸福指数的影响。所以，都试图改变单纯以GDP为发展价值取向使国民幸福而付出的代价。但是，国内外学术界缺乏从发展的价值取向及其道路层面作深入分析研究，进而揭示大多数人民群众幸福的根本原因。党的十八大再次强调“走文明发展道路”，根本目的就是要改变“不文明发展”，让人民群众享受文明发展的成果，让文明发展为人民幸福奠定基石。

2.“文明发展”是对“不文明发展”代价的实践反思

中国的发展从“摸着石头过河”，到提出生产、生活、生态“三位一体”的文明发展道路，是对近10多年来种种“不文明发展”而付出沉重代价之后的实践反思、实践选择。当今中国的“不文明发展”，集中表现为以下“五个无”。

（1）无“主体”的发展

20世纪50年代，以学者刘易斯（William Arthur Lewis，1915—1991）为代表的“发展经济学”，把“发展”看作是物、产品、经济增长；20世纪70年代，美国学者托达罗（Michael P. Todaro）总结了70年代以前把“发展”视为一种经济现象的缺陷，强调发展应包括消灭贫困、缩小不平等、关注社会结构等社会方面的变化。以后西方学者不仅区分“增长”和“发展”是两个不同的范畴，而且强调“发展”的五个目标：“增长、公平、民主、稳定、自主”[1]。改革开放以来，中国在邓小平同志“发展是硬道理”思想指引下，经济与社会发展取得了突出成就。但是随着市场经济的不断深入，很多地区和城市把“增长”当作“发展”，认为GDP“增长”是硬道理；结果“发展”成了“见物”“不见人”的发展，成了“无主体”“无宗旨”的发展。从党的十六大提出“文明发展”道路到贯彻落实“科学发展观”，才解决了为什么“发展”？“发展”为了谁？依靠谁“发展”的问题。不过，“发展”主体缺失现象，在我国不少地区还不同程度地存在。

（2）无“人道”的发展

如果说早期资本主义的“发展”（原始积累），充满了血腥、暴力、掠夺等“不人道”的行为，那么，今天我国发展中的无“人道”则表现为不讲良心、不讲道德、不讲人性的假冒伪劣、坑蒙拐骗，从奶粉中的三聚氰胺、地沟油、毒馒头到西瓜膨大剂、白酒中的塑胶剂等等，以至人人谈到“吃”“吃什么”，会感到惶恐不安，10多年之前的“诚信”危机一度又进一步演变成社会的“公信力”危机。

（3）无“公正”发展

当今中国政府高度重视发展中的公平正义，上海把“公正”作为城市精神之一。但是，我国提出“公正”、走向“公正”的发展，已为此付出了代价：一是垄断行业的高门槛，使中小企业无法进入，无法打破“垄断”；二是分配不公的现象仍较突出，全国收入分配的基尼系数曾由20世纪80年代初期的0.31左右上升到2007年的0.48左右，最高10%人群平均收入是最低10%人群平均收入的23倍；三是经济越发展，给弱势群体带来的“尊严”缺失越多，弱势群体常常为“五斗米”弯腰；农民工及其子女在就业、就学、就医方面的不公正待遇仍然较广泛存在；四是以“土地财政”为核心的“资本化”驱动，导致城市核心地区的“公共空间”，成为少数人的专利；五是发展的代际公正缺失现象突出，大多数地区透支后代人土

[1]［美］塞缪尔·P.亨廷顿等：《现代化：理论与历史经验的再探讨》，张景明译，上海：上海译文出版社，1993年，第333页。

地资源的“寅吃卯粮”式发展，透支后代人资源的竭泽而渔式发展，是缺失公平正义的发展。

（4）无“均衡”的发展

党的十八大报告强调，中国最大的国情、最大的实际是处于社会主义初级阶段。正因为处于社会主义初级阶段，所以我国发展的不平衡、不均衡现象突出，不仅“经济一条腿长、社会一条腿短”现象没解决，而且“社会短腿”问题越来越严重；城乡二元结构矛盾仍然普遍存在，所以党的十八大明确提出“工业化、信息化、城镇化、农业现代化”“新四化”，这对破解城乡二元结构具有重要意义。

（5）无“幸福”的发展

世界范围“幸福指数”的调查结果显示，发达国家“幸福指数”反而不高，收入财富增长了，幸福感受不一定因此上升。2006年，英国“新经济基金”组织了一次涉及178个国家和地区的“幸福指数”大排名。结果，名列榜首的是太平洋岛国瓦努阿图，一批发达国家反而排名靠后，八国集团无一进入前50名，英国和美国分别名列第108位和第150位。[1]这说明，“发达”不“发达”并非提升“幸福指数”的决定因素。为了“GDP的增长而发展”，为了追赶或跻身发达国家的“发展”，或者“不文明”的发展，对大多数人民群众而言是“无幸福”的发展，所以国民幸福指数不高。

加拿大著名幸福经济学家马克·安尼尔斯基（Mark Anielski）针对这种无“幸福”的发展，在新的幸福经济学中，把财富和资本定义为实现幸福的条件，提出了真实财富有五方面资本构成：社会资本（Social capital）、人造资本（Built capital）、自然资本（Natural capital）、人力资本（Human capital）、金融资本（Financial capital），并用这“五位一体”的资本构成模式，核算财富，核算发展（实际上是一种“绿色发展核算系统”），

[1] 英国“新经济基金”组织与“地球之友”组织：《幸福星球指数》，2006年7月12日。

倡导幸福发展。他认为,美国从1950年到2010年的60年间,GDP一直在增长,但如用“绿色发展”来核算,美国没有“真实财富”的增长,“增长”都只能用来还债。他还认为,如果中国在“绿色GDP核算”和限制经济增长上的努力取得成功,一旦小康的目标得以实现,它将成为世界上第一个真正实现可持续发展的国家。[1]

以上五个“无”,大致概括了“不文明发展”给人民幸福追求带来的种种负面影响。正是在这个意义上说,“不文明发展”是影响当代人乃至下一代人幸福的根本原因。要让大多数人民群众能享受“发展”的成果,必须走“文明发展道路”。

二 “文明发展”:奠定人民幸福基石的道路选择

“文明发展”作为人民走向幸福的道路,也是我党在借鉴人类文明发展思想成果,总结和提炼物质文明与精神文明建设的理论与实践基础上形成的一种共识。

1. 形成“文明发展道路”共识

(1)国际社会对“文明发展”的探索

英国哲学家罗素曾指出:“不同文明之间的交流过去已经多次证明是人类文明发展的里程碑。”[2]不同文明优秀部分的融合是形成一种有利于全人类进步的先进文明的基础,是世界文明的前途所在。但近代以来一直占据世界文化舞台主导地位的西方文明及其价值理念却愈益显示出其与时代要求的极不适应,甚至是对立,从而使人类文明发展的前景蒙上了阴影。

如何为人类文明的发展开拓一种新思路?我国倡导的“和谐世界理念”,既是对“文明冲突论”“文化霸权论”“历史终结论”的回应,又反映

---

[1] 参见马克·安尼尔斯基在上海师范大学的演讲,2012年12月3日。
[2] 参见王素莉:《马克思主义中国化的文化意义》,《学习时报》,2006年6月16日。

了各国人民的共同心愿，是人类文明发展共同的理想诉求；和谐世界的理念倡导“文明多样性”是人类社会的基本特征，也是人类文明进步的重要动力。在人类历史上，各种文明都以自己的方式为人类文明进步作出积极贡献。和谐世界理念所倡导的多边合作，为人类文明的未来发展提供了理想的发展模式。

国际社会还通过“人文发展指数”（Human Development Index或简称“HDI”）来评价与反映世界上不同国家“文明发展”的水平，促进人类文明的发展。联合国开发计划署1990年发表第一份《人类发展报告》。该报告开宗明义地指出：“人是一个国家的真正财富。发展的基本目标就是要创造一种环境，使人民在这种环境中能安乐长寿、健康和创造性地生活。”[1]人文发展指数反映了人类生活质量，是衡量人文发展三方面平均成就的综合性指标：健康长寿的生命，用出生时期望寿命来表示；知识，用成人识字率及大中小学综合入学率来表示；体面的生活水平，用按购买力平价法计算的人均GDP来表示。在此基础上采用加权平均法分别计算出三方面的复合指数，再将三方面指数简单平均，得到人文发展指数，作为衡量人类的综合尺度。这个指数在0—1之间变化，指数越接近1，说明这个国家或地区经济和社会发展程度越高。此后，人文发展指标体系得到不断丰富完善。从最初反映人文发展平均成就的人文发展指数，后来经过基尼系数指标和性别指标校正，先后将人文贫困指数、性别发展指数、政治权利以及文化自由纳入人文发展指数的范畴。人文发展不仅是一个概念，更是一种发展思想和发展观。

（2）形成“文明发展”道路共识的过程

1982年党的十二大报告提出：“我们在建设高度物质文明的同时，一定要努力建设高度的社会主义精神文明。”[2]此时，“文明发展”将物质文

[1] 联合国开发计划署：《2000年人类发展报告》，北京：中国财政经济出版社，2001年，第15页。

[2] 胡耀邦同志1982年9月1日在中国共产党第十二次全国代表大会上的报告《全面开创社会主义现代化建设的新局面》单行本，北京：人民出版社，1982年。

明与精神文明并重，以精神文明保证物质文明的发展质量。党的十六大报告提出："发展社会主义民主政治，建设社会主义政治文明。"[1]要求政治文明与物质文明、精神文明要协调发展，并成为我国社会主义建设的指导方针。党的十六大报告还明确提出了"文明发展"应包含着物质文明、政治文明、精神文明、生态文明四大文明协调发展的内涵，并强调，全面建设小康社会的目标之一是："可持续发展能力不断增强，生态环境得到改善，资源利用效率显著提高，促进人与自然的和谐，推动整个社会走上生产发展、生活富裕和生态良好的文明发展道路。"[2]显然，党和国家对"文明发展"的认识不断深化。

文明发展道路的主要标志和内涵是：生产发展、生活富裕和生态良好。生产、生活和生态三者之间是相互影响、相互制约、辩证统一的关系。生产发展是生活富裕的物质基础和前提保证，也为保护生态环境提供一定的资金和技术支持；生活富裕是发展生产和保护生态的目标和归宿，同时能够提高人们的身体、文化等素质，调动其积极性、创造性，反过来促进生产发展和生态保护；良好的生态为生产提供物质基础条件，也能使人们在优美的生态环境中生产和生活，即生态良好是生产发展和生活富裕的先决条件。

2."文明发展"奠定人民幸福的理念、价值取向

（1）"文明发展"的理念

"文明发展"本意是对"发展"要"文明"，"文明"是"发展"的理念与取向；但若进一步探究："文明发展"的理念是什么？"文明发展"要以什么为指导？从2002年党的十六大提出"文明发展道路"，到2003年10月党的十六届三中全会提出"坚持以人为本、树立全面、协调、可持续的

[1] 江泽民同志2002年11月8日在中国共产党第十六次全国代表大会上的报告《全面建设小康社会，开创中国特色社会主义事业新局面》单行本，北京：人民出版社，2002年。
[2] 同上。

发展观”，既是对“文明发展道路”认识的深化，又在“文明发展”中融入了“全面、协调、可持续”的理念，即将“科学发展观”作为“文明发展”的理念与指导思想。

我们党提出的科学发展观，在总结国内外发展问题上的经验教训，吸收人类文明进步的新成果，站在历史和时代的高度，进一步明确了新世纪新阶段我国要发展、为什么发展和怎样发展的重大问题。只有遵循全面、协调、可持续的发展观，才能真正使整个社会走上一条生产发展、生活富裕、生态良好的文明发展道路。因而，正确理解和全面贯彻科学发展观是走上“文明发展”道路，奠定人民幸福基石的关键。

(2)“文明发展”的价值取向

发展的传统价值取向是“物本主义”，人的价值最终被归结为物的价值，即前面所说的“见物”“不见人”的发展，结果导致发展的价值理性缺失及发展目的与手段倒置，产生了许多发展价值困境。

科学发展观的提出，以及在全国开展和贯彻落实科学发展观教育活动，进一步明确了“文明发展”的价值取向。即“文明发展”不仅要做到生产、生活、生态三个方面要协调，而且始终要明确“为谁发展?”“为何发展?”“以人为本”的科学发展观作为“文明发展”的指导思想，要求“文明发展”始终把不断改善和提高人民的生活水平，保障社会公正和人民幸福作为“文明发展”的根本价值取向。“以人为本”的“文明发展”价值取向，必然要求我们关注人的幸福、关注人民群众的幸福。

3.“文明发展”的尺度

文明发展不仅是价值判断，更是事实判断。作为事实判断，“文明发展”是与不文明、不科学、不持续、不公平、非理性、野蛮发展(包含一部分人依靠剥削另一部分人的发展)相对立的。只有当“以人为本”的“文明发展”，在发展目的、发展过程、发展结果中都能得到了充分体现，这才可以说一个地区、一个国家的发展是文明的，才能真正为该地区、该国家人民的幸福奠定基石。因此“文明发展”作为一种评价尺度，它强调发展目的的文明、发展过程的文明、发展结果的文明。

4.“文明发展”与“发展文明”的统一

孙中山先生说过：“发展文明，非仅关于财富一方面，并负谋人民之幸福与安全。”孙中山先生强调的“发展文明”应为人民谋幸福，不仅将是否“为人民谋幸福”作为检验发展文明与不文明的标准，而且将“为人民谋幸福”作为一种价值取向；也就是前面所说的“以人为本”“以民为本”的“文明发展”，以“人的文明幸福”为本的“文明发展”。

如果说“文明发展”是对“发展”目的、“发展”过程应该是“文明”的“应然逻辑”的强调，那么，“发展文明”则是对“发展”结果必须要“文明”的“必然逻辑”的强调，“文明发展”的“应然逻辑”与“发展文明”的“必然逻辑”的统一，这种统一体现着以“人民幸福为本”的价值取向，又内蕴着发展目的、发展过程、发展结果“三位一体”文明，从而真正夯实人民幸福的基石。

三　“文明发展”：奠定人民幸福基石的制度选择

制度是调节人与人、人与社会、人与自然之间关系的规则，是“文明发展”实践得以发生的内在机制。要使“文明发展”成为一个地区、一个国家为人民谋取幸福的自觉行动，就必须将“文明发展”的理念、价值取向及其评价尺度转化为规范“文明发展”道路的制度和制度安排。

1. 坚持以“人民幸福”为本的“文明发展”

新制度经济学家曾说过，发展中国家的问题主要是基本制度缺失、制度结构不合理或制度变迁中的路径依赖等。一般来说，制度是内在制度和外显制度的统一，既包括由于文化、历史与传统而形成的文化习俗、价值观念、道德伦理等内在制度，又包括政治经济与社会体制、法律制度和社会政策等外显制度。所以，“文明发展”既要通过宣传教育，成为人们的价值取向、思想道德和行为习惯，更要重视如何使“文明发展”的理念、价值取向渗透到经济社会发展的体制机制中，转化为社会政策和法律制度。

文明发展的制度构建，往往要经过从思想到实践、由习俗到规则的反复博弈，正是在这种反复博弈过程中才形成了文明发展制度的生命力、适应力和调控力，进而转变为规范文明发展的实践。因此，重视文明发展的制度构建，就要重视内在制度与外显制度的统一，内在制度和外显制度良好的契合构成文明发展的制度基础。

2. 评价“文明发展”绩效的制度安排

制度问题是带有根本性、全局性、稳定性和长期性的问题。制度安排是一个不断学习、不断实践、不断创新、不断修正的复杂的过程，制度的安排既要体现价值理性、科学理性和实践理性，又要体现工具理性。

从工具理性层面看，编制文明发展综合指数，通过文明发展指标体系的系统构建，将内在制度与外在制度统一起来，使以“人民幸福”为本的“文明发展”理念价值的取向，能通过“集约化”的指数来实现。如果说贯彻落实科学发展观是“共性”的要求，那么，不同地区、不同城市的文明发展综合指数则是一种反映时代需求、中国特色的实践科学发展观的有效制度安排。

近年来全国各地为实践科学发展观提供了很好的经验。“幸福温州”“幸福江阴”“幸福广东”等，都是对实践科学发展观的新探索。但是，实践科学发展观不仅要有体制与机制保障，及其相应的政策、措施，而且要有对体制机制运行绩效的评价。国内各地区“幸福指数”是对实践科学发展观绩效的探索，然而“幸福指数”侧重于“发展”的取向、后果，难以体现“发展过程”，而以“文明发展”为前提的幸福观，则是对实践科学发展观的目的、过程、结果的绩效评价：它不仅有文明发展的目标追求，而且能将目标要求落到基层，它既有“形而上”又有“形而下”的制度设计、制度安排，既有全面客观的反映实践科学发展观的水平，又有实践科学发展观的绩效考评。

3.“文明发展”是对中国特色社会主义制度的新实践

1992年初，邓小平在“南方谈话”中提出：“社会主义的本质，是解放生产力，发展生产力，消灭剥削，消除两极分化，最终达到共同富裕。”邓小平的“南方谈话”，至今已经20多年了。“南方谈话”内容丰富，其要点之一，就是深刻地揭示了社会主义的本质，号召我们要“坚持社会主义”，“在建设有中国特色的社会主义道路上继续前进”。“南方谈话”的这一精神指引和鼓舞我们党带领全国人民不断把中国特色社会主义事业推向前进。

“南方谈话”发表20多年来，中国特色社会主义事业取得了历史性的成就，有三点值得关注：一是社会主义的本质正在逐步展现。当前，我国的GDP总量已经跃居世界第二，中国已经成为世界第二大经济体。人民生活水平普遍有了很大提高。二是中国特色社会主义道路已形成。所以，党的十八大报告强调中国特色社会主义道路是符合中国国情、创造人民美好生活的必由之路，必须坚定不移沿着这条道路前进。三是中国特色社会主义制度在完善。中国特色社会主义制度符合我国国情，集中体现了中国特色社会主义的特点和优势，是中国发展进步的根本制度保障。

然而，社会主义虽然要富裕，要发展生产力，但并不是富了、生产力发展了就是社会主义。社会主义有它的价值目标，这一目标就是公平、公正、文明幸福的社会；从空想社会主义到科学社会主义，到社会主义实践，在这一点上都是一致的，它们都要建立人人公平、人人幸福的社会。这是社会主义的社会理想，也是社会主义的价值目标。离开这一基本理念去谈生产力发展、去谈富裕，那必然会丢弃社会主义的本质。

中国特色社会主义新的实践和新的发展客观上要求拓深和完善对社

会主义本质的认识，把社会和谐确立为全面建设小康社会的重要任务和目标。通过和谐社会的建设来为社会主义物质文明、政治文明、精神文明、生态文明建设创造有利的社会条件。胡锦涛同志第一次把“社会主义”与“和谐社会”结合起来，提出了构建社会主义和谐社会的重大战略思想，进一步回答了什么是社会主义、怎样建设社会主义的问题，具有十分重大的理论创新意义。

如果说“发展生产力”，实现共同富裕，回答了什么是社会主义，社会主义和谐社会建设回答了怎样建设社会主义，贯彻落实科学发展观则回答了如何可持续发展社会主义的问题。上述三个方面对社会主义的探索成为中国特色社会主义的有机组成部分。

中国特色社会主义理论的发展与完善，既要有全球的视野、宏观层面的探索，如回应国内外种种“左”或“右”的对中国特色社会主义的责难、修正，还要有微观的实践，奠定中国特色社会主义的基石。以“文明发展”为前提的谋取大多数人民幸福的幸福观，以文明发展（包括文明发展指数）的方式，“集约式”地放映一个地区、一个城市推进社会主义现代化建设水平、深化社会主义本质的认识，“集约式”地反映一个地区、一个城市坚定不移地走中国特色社会主义道路的绩效，反映对社会主义本质的实践和深化，对中国特色社会主义制度建设的探索。

第八章
社会现代化的文明追求

在中国特色社会主义新时代，不仅要以“文明城市”为载体，破解“不可持续城市化”的难题，而且要以生产、生活与生态协调发展的“文明发展观”，引领城市、区域和国家的可持续社会现代化。可持续社会现代化是当代中国面临的突出问题，也是当代中国的文明追求。

一　从“现代化”到“社会现代化”

这里，我们必须首先澄清一个基本的概念，即现代化尽管为西方所首创，但是其所反映出来的现代性观念，并非专属于西方，而应该成为全人类共享的一种文明成果。也就是说，现代化实践确实首先发轫于西方，现代化理论在20世纪60年代以前也都局限于西方，只不过在20世纪60年代后，随着日本腾飞、亚洲四小龙的发展，才转向东方。但是，人类现代所选择的“现代化之路”，并非趋向于“西方化之路”，而应该是一条人类趋向于美好幸福生活的必由之路，其中既内含对西方现代化之路的批判和借鉴，也包含着不同国家、不同民族、不同地区基于自身特殊性的选择性、包容性。

1.“现代化”与“工业化”分析

在许多被视为“现代化”经典的语词中，“现代化”与“工业化”往往被视为一回事，或者关系更近的一对术语。我们尽管可以批判这种说法的狭隘性、片面性，但是，该说法是基于"工业化"之于西方现代文明客观历史进程所起的重要作用而言的，是标示西方现代化的一个关键性内容。也就是说，在走向现代化的过程中，"工业化"在其中所起的作用，无论怎样夸大都不过分。与此相适应，在诸多现代化经典论述中，传统社会和现代社会的"二分法"，[1]被视为探析现代化理论和实践的基本视角和方法论。1958年，美国经济学家罗斯托（Walt Whitman Rostow，1916—2003）在《经济增长的阶段：非共产党宣言》[2]中，将"传统社会"视为现代化起飞的初始阶段，将资本和技术的投入视为现代化的准备阶段。而真正的起飞阶段，不是一般意义的来料加工、转口贸易之类的生产，而是工业革命。其后，经过不断的积累促使劳动技能、经济管理得到巨大的提升，进入到一个类似于西方的高消费阶段，最后进入高质量生活阶段。显然，这里的分析虽然重点是基于经济学，但又超越了纯粹的经济逻辑。尤其是在"起飞"阶段，论证了人的观念的变化。在"成熟推进"阶段，论述了从"海盗作用"的产业转变为基于高度分工效率至上的专业经理人的"职业化管理"，涉及社会现代化的诸多内容。显然，西方经济学在论述"现代化"的"起飞"和"成熟推进"的不同阶段时，已内含了"社会现代化"的要素。

2. "现代化"的多重含义

也就是说，尽管"现代化"的核心内容依然是经济现代化，但是，几

[1] 这种"二分法"把现代化视为"进步和善"的结合，代表着一种普遍性；而"传统社会"则被视为现代化的障碍，代表着一种地方狭隘性。这种"自满自得"的评论完全是站在欧美等"现代化"的立场上，映射出鲜明的欧美中心主义、种族中心主义偏见。这意味着许多真实存在的社会本身并不能简单套用"传统和现代"二元化的术语加以区隔，许多社会既存在着"传统"，也存在着"现代"，完全地去除传统，无论在经验上还是实践上都是不可能的。参阅美国学者狄普斯：《现代化理论与社会比较研究批判》，载布莱克编《比较现代化》，杨豫译，上海：上海译文出版社，1996年，第114—116页。

[2] 该书强调"非共产主义"对于诸多发展中国家的意义，既与其正处于冷战时期的大环境有关，也与诸多经济学家本身所具有的"经济意识形态"有关。

乎任何有远见的学者都意识到现代化本身多重含义。1958年，美国学者勒纳（Daniel Lerner）在《传统社会的消失》就倾向于从政治、经济和社会文化等多个方面来解释现代化。1966年，美国学者布莱克（C. E. Black）在《现代化的动力》中，其“现代化”的含义，不仅包括经济，更包括科技、文化和人际关系的深刻变革。1966年以色列学者艾森斯塔德（S. N. Eisenstadt）在《现代化：抗拒与变迁》中，从体制（社会动员、社会结构）、政治（权力合法性、权力集团）、经济（部门、行业的工业化，服务业比重）、生态（都市化）、文化（文化分工、娱乐和个性文化）等论述现代化的综合变革特征。1968年，美国学者亨廷顿在《变化社会中政治秩序》中，专门从政治参与、权力结构及政治权威变化的角度，论证现代化的政治反应及后果。1974年，美国学者英格尔斯（Alex Inkeles，1920—　）在《迈向现代化：六个发展中国家的个人变化》中，对现代化个人的家庭观、金钱观、宗教观、生育观、消费观及其行动模式进行分析，认为现代化的核心应该是个人的现代化。1980年，美国学者贝迪阿·纳思·瓦尔马（B. N. Varma）则将现代化标准细分为个人主义、合理性、世俗性、科学技术等。1982年，美国学者吉尔伯特·罗兹曼（Gilbert Rozman）在《中国的现代化》中，将现代化过程描述为国家分工体系、非农生产比重、人口质量、收入分配、组织变革、科层制和大众文化等多个变量。与此相并列的一个反思系列，则是以贝尔、马克鲁普、波斯特、德鲁克、托夫勒、纳斯比特、卡尔逊、吉登斯等为代表的一些对现代化反思者，他们提出后工业社会、知识社会、后现代社会、信息社会、可持续发展、反思性社会等新观念，在视野上丰富着现代化的理论和实践内容。

3.“社会现代化”是一场深刻的社会革命

20世纪90年代以后，对“现代化”的多重释义，又进入到一个新的阶段。笔者认为，21世纪开始进入到一个以“社会现代化”引领人类“现代化”的阶段。因为就现代化本身存在着的诸多模式而言，仅以大家耳熟能详的西方现代化发展模式而论，则明显存在着英国模式、法国模式、德国模式、美国模式、日本模式的诸多差异。即使是“东南亚”腾飞的现代化机制，也具有显著的不同。探问这些不同现代化模式的深刻根源，就绝非经济领域的因素所能涵盖，而是与整个社会运行的状态息息相关。所以，对“现代化”探究的历史与现实逻辑，要求我们必须进一步研究“社会现代化”。

“社会现代化”又是对传统“现代化缺陷”的一种创新与纠正，它囊括了经济、政治、文化、科技、教育、环境治理等诸多方面，是一项更强调社会工程、社会综合创新、社会全面发展的一种新型现代化思想。但是，如果仅限于理论，那么也就表明该理论的不成熟性。一个真正好的理论，就在其趋于实践性，能够被广大的民众所掌握。一些学者已经从西方现代化过程中意识到诸多问题和弊端。但是，在应用到自身的现代化的实际过程中，人们往往缺乏现代化的“控制力”，人们往往从最直接、最低限度的领域开始现代化，首先从经济领域发端，然后才更广地波及社会、政治、文化诸领域。一而再、再而三地重复西方资本社会早期所出现的“片面现代化”特征，引发环境污染、生态危机、能源危机、人的异化、社会病、城市病以及社会阶层、社会结构不公平诸现象。

正是基于上述分析，我认为，“社会的现代化过程是一个社会最剧烈、影响最深远的社会变革，是打破传统社会的各种秩序、建立现代秩序的变革”。[1]它不仅涉及物，更涉及人，以及人与物、人与人相互之间的社会关系。

4.“社会现代化”预示人类文明发展

就发展过程而言，“社会现代化”也存在一个与社会需求的发育、发展相适应的过程。如果与社会需求相脱节，也会引发社会的诸多问题，

[1] 鲍宗豪：《全球化与社会发展》，上海：上海三联书店，2002年，第11页。

阻碍社会的发展。总结20世纪80年代以来苏东剧变、拉美模式、“阿拉伯之春”的经验教训可以看出，现代化毫无疑问是强调自由、开放与多元的。但是如果在现代化发育的初级阶段，进行全方位的自由与放开，推行西方发达国家所“示范”的“自由政策”，那么所谓现代化的“主体性”就会受到极大的挤压，最终丧失现代化的主动权，导致民族工业的畸形，最终损害现代化的“内生能力”。这里，必须要从社会哲学和政治哲学的角度，分析所谓的“转型期的民意诉求”这个客观现象。通过诸多发展国家的转型事实可以看出，转型期的所谓“民意诉求”具有极其复杂的结构特点，在“民意池”中，众声喧哗、乱想杂陈，在契合和利用广大的民众改变现实的强烈诉求的同时，也具有“挟持”民意达到不可告人的特定目的，这是必须警示的。

与“社会现代化”直接相关的一个重要问题就是提升社会福利水平，包括教育、医疗、就业和住房的各种社会保障。显然，就基本内容而言，社会福利水平是社会主义共同富裕的应有之义，也是“社会现代化”的应有之义，更是广大民众的社会需求，是体现“社会现代化”的重要内容。改革开放40年来的实践证明，现阶段我们不能像西方发达国家那样实现“过度福利”，因为这会减弱社会竞争的动力机制，还挤占社会积累，从而削弱社会现代化的综合动力。而且，即使中国迈入发达阶段，也不可能走“美国式”的高消费生活模式，而应该倡导一种适度福利观。可见，寻找适合国情及其发展阶段的社会现代化模式，是真正实现社会现代化发展战略的必要前提。

因此，从内涵及其方向上，“社会现代化”并非是一个现代概念，而是一开始就与“现代化”紧密相连，并深刻嵌入现代化的各种实践反思和理论批判论题之中。它不是“逆现代化”和“反现代化”，而是在“反思现代化”的经验基础上，将“现代化”全面嵌入社会运行机理及其运行全过程，注重社会阶层和社会结构的和谐，强调人与自然、人与人之间应该具有的和谐关系，代表着人类文明发展的方向。

二 发展新常态凸显社会现代化的难题

在反思“现代化”与“社会现代化”的内涵及其本质的基础上，进一步研究当代中国在进入发展“新常态”之后，社会现代化面临的难题。

2014年5月，习近平总书记在河南考察时首次提出了“新常态”。2014年11月，他在亚太经合组织（APEC）工商领导人峰会上又系统阐述了“新常态”。经济发展“新常态”在对社会行为、社会结构、社会交往产生影响的同时，也受社会结构、社会交往的制约。因为一个国家的经济活动是嵌入到社会结构、社会交往之中的。所以，社会现代化伴随着经济发展新常态，不仅出现了发展的新特点，而且面临许多新的问题、新的难题。

1. 中高速增长（或可能是中速增长）对城市就业率的影响

2011年到2013年，中国的失业率基本上保持在4.1%的水平，这是世界低水平的失业率。但是，2014年下半年以来，随着经济下行压力加大，中国2015年上半年城镇调查失业率在5.1%左右[1]。到了2018年，1—12月全国城镇调查失业率保持在4.8%—5.1%之间，实现了低于5.5%的预期目标[2]。2018年末全国城镇调查失业率为4.9%，比上年末下降0.1个百分点[3]。显然，城镇调查失业率从2011年的4.1%，到2018年末的4.9%，七年间调查失业率上升了0.8个百分点。这反映了中国经济进入发展新常态之后失业率增加将是当今中国面临的一大难题。

2. 空间扩张的城镇化与人的城镇化难题

2015年9月9日，李克强总理在大连国际会议中心会见来华出席2015年夏季达沃斯论坛的世界经济论坛主席克劳斯·施瓦布（Klaus

[1] “国家统计局透露：2015年一季度调查失业率5.1%”，来源：中国经济网，2015年4月15日。
[2] 国家统计局网站，2019年1月21日。
[3] 国家统计局：《中华人民共和国2018年国民经济和社会发展统计公报》，来源：新浪财经，2019年2月28日。

Schwab，1938—　）及与会各国知名人士说，中国的城镇化率已达到55%。2018年，中国的城镇化率达到59.58%[1]。短短三年，中国的城镇化率提高了4.58个百分点。可以说，城镇化是中国经济常态条件下增长的引擎。

新型城镇化的本质是人的城镇化。人的城镇化与城镇的社会建设现代化密切相关。然而，在近年来快速的城镇化进程中，以土地的城镇化为推手片面追求城市规模扩大、空间扩张，以及"半城镇化"等，使大量农村转移人口游离于城市之外，难以融入"市民化"进程，中国的城镇化不可持续问题凸显。所以，到2018年末，中国户籍人口的城镇化率在43.37%，比上年末提高1.02个百分点[2]。这样，按照《国家新型城镇化规划2014—2020年》，到2020年我国的户籍人口城镇化率要达到45%左右的目标，其中城镇化不可持续问题的本质是：如何破解城镇化的空间扩张与人的城镇化难题。

3. 持续的经济增长与实现减排目标的难题

1997年12月，在日本京都由联合国气候变化框架公约参加国（149个国家）第三次缔约方会议制定的《京都议定书》（Kyoto Protocol）确定：工业化国家将其平均温室气体排放水平与1990年相比降低5.2%[3]。对于最大排放国而言，将需要在2050年前实现80%至95%的减排。中国于1998年5月签署并于2002年8月核准了该议定书。美国曾于1998年签署了《京都议定书》，但2001年3月布什政府以"减少温室气体排放将会影响美国经济发展"和"发展中国家也应该承担减排和限排温室气体的义务"

[1] 参见《第一财经》，2019年4月8日。

[2] 国家统计局：《中华人民共和国2018年国民经济和社会发展统计公报》，来源：新浪财经，2019年2月28日。

[3] 张玲："限制发达国家温室气体排放的《京都议定书》"，来源：国际在线，2005年11月28日。

为借口，宣布拒绝批准《京都议定书》[1]。美国人口仅占全球人口的3%至4%，而排放的二氧化碳却占全球排放量的25%以上。各发达国家从2008年到2012年必须完成的削减目标是：与1990年相比，欧盟削减8%、美国削减7%、日本削减6%、加拿大削减6%、东欧各国削减5%至8%。新西兰、俄罗斯和乌克兰可将排放量稳定在1990年水平上。

然而，一项研究表明，从1990年到2008年间，以短短18年内排放增长25%的美国为首，发达国家平均排放增长了7%。与此同时，中国的排放在过去10年间翻了一倍，中国当前已是世界主要的温室气体排放国，这在很大程度上是由于其为欧美国家生产那些它们过去由自己生产的产品，但却执行着低于欧美国家的环境标准[2]。

显然，一切照旧！全球排放依然在飙升。普华永道公司、英国政府首席科学家以及越来越多的学者和研究人员都倾向于认为，未来将会升温4—6℃[3]，这将给地球带来灾难性后果。中国作为一个负责任的大国，近些年多次向世界承诺减排应对气候变化，然而美国作为一个排放不降反增的大国，即使政府有此意愿，企业能做到吗？排名500强的前10家企业中有7家石油公司和汽车制造商，如果这些公司必须减产90%，哪怕是50%，这都将意味着它们会立刻破产，经济将会出现大萧条和大量失业，这显然是不现实、不可能的。企业不可能不生产，企业也不可能放弃"资本"的增值、放弃市场扩张而去减排。可以说，增长与减排是当今世界面临的最大难题。中国作为当今全球最大温室气体排放国家，面对美国推出巴黎气候协定等挑战，不仅通过大规模植树造林，利用树木的固碳作用，减少温室气体排放，而且还是下定决心减排，引领全球电动汽车的未来。

---

[1] 潘治："欧盟批准《京都议定书》对美国退出表示遗憾"，来源：新华网，2002年3月5日。

[2] 刘石磊："报告称若不减排本世纪末地球将至少升温4摄氏度"，来源：新华网，2004年1月1日。

[3] ［美］理查德·史密斯：《超越增长，还是超越资本主义》，闵斐编译，《国外理论动态》，2015年第4期，第97页。

以上三大难题表明，在经济增长领域，或者说以全球“经济现代化”为主导的“现代化”进程中，是不可能破解以上三大难题的。正因为如此，我们需要通过社会建设，更确切地说，需要通过对中国乃至全球社会现代化建设的倡导与研究，来破解上述三大难题，应对人类面临的气候变暖的危机，让人类拥有美好的未来。

三　中国特色社会现代化的价值

2017年，中国经济在从“高速增长”走向“高质量发展”之后，要实现三个转型：从数量追赶转向质量追赶，从规模扩张转向结构升级，从要素驱动转向创新驱动。不过，这三大转型都是“经济现代化”领域内的转型。在中国以及全球努力推进的“经济现代化”的进程中，仍然很难破解以上三大难题，尤其破解不了增长与减排的难题。

1. 西方社会破解增长与减排难题的观点及其价值

当今西方社会主流（资本主义）生态经济学家主要试图通过两种方法来破解难题：一种是反增长稳态经济学派主张通过零增长（就像人类在青春期停止体格的增长，但可以继续发展自己的能力、智力和技能等），来实现减排目标；另一种是支持增长的“绿色资本主义”学派，主张通过征收碳税，通过打造“绿色工业革命”使增长和污染“相分离”，以及通过消费需求给工业使用绿色产品施加压力，来实现绿色发展。

西方学者的努力是有价值的。因为不限制疯狂的增长，不打造“绿色工业革命”，未来将难以避免全球气候变暖的灾害。2010年，英国广播公司（BBC）曾在《经济增长无法持续》的文章中总结了英国新经济学基金会（NEF）的一份报告声称，“如果国家要解决气候变化问题，持续的经济增长将是不可能的”，要保持上升温度低于2℃，将需要“史无前例的、可能完全无法实现的”碳减排。这是一个两难选择！如果任凭全球气温上升2℃，生物群的变化开始加剧，格陵兰冰河会逐渐消失，大片冰层融化，危及北极熊的生存；太平洋岛国图瓦卢将被上涨的海水淹没掉，伦敦、曼谷、纽约等大城市也将被上涨的海水淹没掉。更可怕的是，全球变暖后，有毒化学品的污染很可能是人类面临的最大环境威胁。近几十年来，由于杀虫剂、塑料、纤维、制药、清洁剂、化妆品中各种新合成的化学物质被滥用，并最终进入了我们的食物、饮用水和空气中。当今，美国“大约有8万种化学物质在使用，其中，仅有200种的毒性被明确检测，仅有一小部分实际上被禁止”。其中“许多已知是导致人类和动物生育、繁殖出现缺陷、癌症等问题或与此有关的有毒物质，并且这些物质含量在我们的世界中还在不断上升”。[1]

不过，西方学者两种有关破解增长和减排难题的战略思考和理想追求，在“资本主义”的制度安排下都是不现实的。因为导致生态毁灭式的增长是内嵌在资本主义的本质及其制度安排之中的。资本主义经济发展的铁的原则和规律是：生产者依赖市场，只为市场生产商品；竞争是经济发展的动力，竞争者要赢得市场就必须将大量利润投入到能够提高产品的技术和生产工艺中去；市场生存法则是“要么增长，要么死亡”。现代企业的所有权形式进一步增加了所有者（股东）对企业增长所施加的无法抗拒的无情的压力。所以，在现实世界，很少有企业能够抵御得住残酷的压力，而不在数量上实现增长；那种不去“扩大规模”“扩大企业”“扩大市场份额”的企业是不存在的。

2. 中国特色社会现代化：破解难题的价值选择

那么，如何破解增长和减排等难题呢？西方学者认为在资本主义经济体系下要破解难题，犹如是“笼子里乱窜的老鼠”。所以，他们要“超越资本主义”，要构建“一个完全不同的经济体系，一个不是基于利润，而是基于人类需求、环境需求和一个完全不同的价值体系的非资本主义体

---

[1]［美］理查德·史密斯：《超越增长，还是超越资本主义》，闵斐编译，《国外理论动态》，2015年第4期，第104页。

系”[1]。但是，在资本主义的社会制度下，不可能重构新的“经济体系”。中国特色社会现代化内含关注人类共同命运、谋求人民共同富裕的“社会经济”，即它是以“社会”为价值取向和制度安排的社会主义市场经济；社会现代化超越了一般“经济现代化”，是一种能将人类引向美好明天的真正的“现代化”。

如前所述，社会现代化是一个社会最剧烈、影响最深远的社会变革。以大家耳熟能详的西方现代化发展模式而论，笔者在2015年出版的《社会现代化模式比较》一书中，把它区分为“盎格鲁撒克逊”模式、德法的“莱茵模式”“四小龙”的东亚模式、拉美模式以及民族复兴的中国模式等等。这些不同的模式绝非经济领域的因素所能涵盖，而是与不同国家的历史文化、地理环境资源、社会运行的状态息息相关。正是基于此，我们认为，“社会的现代化过程是一个社会最剧烈、影响最深远的社会变革，是打破传统社会的各种秩序、建立现代社会秩序的变革”。它不仅涉及物，更涉及人，以及人与物、人与人相互关系的社会变革。

如前所述，“社会现代化”是对“传统现代化”的一种创新，它囊括了经济、政治、文化、科技、教育、环境治理等诸多方面，是更强调社会系统工程、社会综合创新、社会全面发展的一种新型现代化思想。但是，如果仅限于理论，那么也就表明该理论的不成熟性。一个真正好的“现代化”理论，就在其趋于实践性，在于能成为广大民众的社会现代化实践。值得研究的问题是：即使进入高质量发展时期的“经济现代化”，为什么也难以走向“社会现代化”？“社会现代化”为什么会常常被“边缘化”？原因很多，但从“资本”作为驱动“现代化”和“经济现代化”的动力机制看，它天然地就趋向“增值”，趋向以“经济的现代化”实现资本的增值。所以，“资本”只要不受“约束”，只要“资本”不拒斥资本“非文明化”的各种弊端，那么，“社会现代化”必然是被搁置或“边缘化”的。

[1] ［美］理查德·史密斯：《超越增长，还是超越资本主义》，闵斐编译，《国外理论动态》，2015年第4期，第106页。

在上述意义上说，“社会现代化”要不被搁置或边缘化，它也必须以“资本”为动力机制。但是，社会现代化要以资本的“文明化”为动力机制，就要将经济“现代化”全面嵌入社会运行机理及其运行全过程，注重社会阶层和社会结构的和谐，强调人与自然、人与人、人与社会之间应该具有的和谐关系，驱动人类文明健康发展。

3. 资本“文明化”：中国特色社会现代化的动力

以“资本”的“文明化”为动力的社会现代化，就不能仅仅限于对“资本逻辑”的诸多批判，而忽视“资本”对社会现代化所具有的动力机制作用，尤其不能忽视在面对诸多社会挑战和压力的条件下，资本逐渐走向“文明化”的事实。对此视而不见，并不是马克思主义实事求是的态度，更不是对待“资本”的马克思主义辩证法的态度。正是基于这种“唯物辩证法”思路，我认为，在当下不可能“取消资本”的事实前提下，积极促进资本的“文明化”机制建构是现代社会走向文明的一个重要而现实的动力机制。在这个意义上，资本“文明化”必然积极扬弃资本“不文明”的诸多弊端，在推动中国特色“社会现代化”的过程中起着积极的作用。

（1）资本从“野蛮化”到“文明化”。从西方近代以来发展历史看，其走向现代化的一个最重要动力，就在于对于财富追求和占有的合法化、普遍化。而且，财富获取、占有的公平，实际上成为社会“公平正义”的最直接、最重要内容。“财富”在任何意义上都不是一个“抽象概念”，而是一个与每一个人生活体验紧密相关的一个“经验性概念”，在其框架下，涵盖着土地、矿藏、黄金、货币、劳动等诸要素。而能把这些要素聚合在一起，并发生“价值运动”的一个关键要素就是“资本”。

马克思对资本主义巨大的生产力和对整个社会关系的改造作用给予高度的评价，充分肯定“资本”对于整个人类文明发展所起的重要推动作用。除了《共产党宣言》中耳熟能详的话语外，马克思在《资本论》第3

卷论证信用资本、金融资本的重要作用时,指出以股份制、金融资本为代表的资本新形式,是对资本主义生产方式的一种扬弃,并把其称之为“没有私有财产的私人生产”。这充分显示出“资本主义”在行进过程中,迫于各种压力不得不自我扬弃的客观必然性。

但是,“资本”在任何时候都不是一个纯粹的经济概念、经济逻辑,而是与整个社会的政治、文化、意识形态、社会风尚等有着直接的关联。正如马克思所言,尽管在实际生产中,“资本已经转化为资本的生产资料”,但是,“资本不是物,而是一定的、社会的、属于一定历史社会形态的生产关系”。中世纪的欧洲资产阶级要获得经济的独立,首先必须获得“独立人格”,必须从“宗教控制”“皇权控制”中走出来,突出“个体主义”而不是教会、教皇信奉上帝的新观念,这也就是加尔文基督新教改革本身所具有的资产阶级精神。这种“宗教人格”的独立和自由,就是马克斯·韦伯(Max Weber,1864—1920)倡导“资本主义精神”的重要内容。也就是说,从人类文明发展史的角度看,“资本”来到世间一方面滴着“血和肮脏的东西”,另一方面,“资本”又是以一种扬弃中世纪文明遗产的客观产物,推动着“欧洲文明”的更新和飞跃。而且,从意识形态革命的角度看,无论英国的“光荣革命”,还是法国的“大革命”,抑或美国“独立战争”,整个资产阶级所宣扬的“革命理念”都是致力于一种自由、民主、平等的现代社会,而不是一个单纯的“资本国家”,比之于前资本主义社会显然是一种伟大的历史进步。

问题在于:致力于自由、民主、平等的人类文明社会在资本主义初始阶段,尤其是资本原始积累阶段,资本的“野蛮化”却成为“资本”驱动社会发展的典型形式。这里,我们不重复马克思转引的托马斯·莫尔(Thomas More,1478—1535)对“羊吃人”的话语,也不转引马克思对于贩卖黑奴、掠夺殖民地金银的强烈愤慨,仅就生产过程而言,马克思认为,追求剩余价值的贪婪欲望已经与整个资本主义生产制度融为一体,延长工作时间,增加劳动强度,无限制地压榨劳动者。这种情况任何有良心的人都不能不站出来表示谴责。用一位资产阶级学者的话说，这种剥削“比西班牙人对美洲红种人的暴虐有过之无不及”。伦敦《每日电讯》中对资本的“野蛮化”进行了详细的报道：儿童为了生活不得不从早晨一直干到深夜十一二点，“他们四肢瘦弱，身躯萎缩，神态呆滞，麻木得像个石头人一样，使人看一眼都感到不寒而栗”。正是在资本极度“野蛮化”的压榨下，工人身体退化，生命极度压缩。然而，当时虽然存在着对资本“不文明”的种种道德的谴责，但缺乏法律的限制，整个社会处于资本“野蛮化”的控制之下。

资本的“野蛮性”不仅存在于生产过程中，而且突出表现为“资本战争”。这里既包括资本家们的相互竞争，导致整个社会生产无政府状态，造成社会生产资源的巨大浪费，又表现为国家垄断资本之间为了争夺资本利润而发生的“国家战争”。当时爆发第一次世界大战的实质就是“资本战争”，显示出资本本身所具有的巨大“野蛮性”。而且，正是由于这一“野蛮性”引发人们对资本主义的普遍的不满，引发整个世界的社会主义运动，从而产生了第一个社会主义国家。

（2）资本的“文明化”融入社会现代化的可能。人类社会进入21世纪之后，虽然我们依然能够看到资本“野蛮化”的诸多迹象，但是不可否认的事实是，资本的“文明化”程度越来越高：今天的资本已经远非19世纪、20世纪的资本面貌，资本权力受到政治、法律、道德、舆论的诸多监督；全球企业社会责任运动已经从“企业公关”范畴，转换为“企业价值”增长的一个内在环节；而“在商场上，这意味要平衡顾客、雇员、供应商、环境和社区、社团的需要”。

2015年6月7日笔者参加第10届国际怀特海大会暨第9届生态文明国际论坛，亲身感受许多西方学者对“限制”资本、抵制资本“非文明”化环保运动的场景。上万名环保主义者、学者为了保护地球、保护人类生存的家园，抵制石油和各种燃料的开采，还纷纷卖掉石油公司的股票，以限制资本的“不文明”。从越来越多的西方学者对于“资本”的各种反省、批判与革新努力看，在“拒斥资本”不可能的现实条件下，善于运用各种外在约束机制，并通过将生态环境成本、人力资源成本、社会福利成本等，内化为企业成本预算的机制，正在促使资本进一步走向“文明化”。

当然，尽管资本“文明化”体现出人类文明发展、进步的大趋势，但是如何处理“资本驱动”的内在动力和资源、环境、人文外部约束之间的关系，始终是资本进一步走向“文明化”的一个重要课题。在资本主义制度框架内，资本“文明化”始终受到资本“绝对力量”的统治，“资本之外”的责任、义务和道德在许多情况下显得苍白无力，所以美国仍然是世界上能源消耗最多、污染排放也最多的国家。美国人类学家、企业环境学家认为现状和未来很危险，但企业为了有便宜的能源以提高竞争力，就希望降低环保要求。布什政府曾迎合企业“资本”增值的需求，降低节能减排标准，拒签《京都议定书》。这表明：在资本主义条件下，资本的“文明化”存在着诸多自身无法超越的限制。只有在中国特色社会主义条件下，资本的“文明化”机制建构才有可能，才能使中国特色社会现代化和资本“文明化”相融合并形成强大的内聚力，才可能真正规范“资本”，使“资本”在“文明化”的过程中推动中国特色社会现代化。

党的十九大以来，通过培育和建设凝聚社会共识的社会主义核心价值观，不断完善高质量发展时期文明和谐社会秩序的构建，促进以社会规则、社会信用为基本元素的社会治理体系构建，彰显中国特色社会主义现代化的价值。

第九章
社会现代化视域下的都市生活方式

对中国特色社会现代化根本价值的研究，不仅要揭示中国特色的社会制度以及核心价值观和社会信用体系的构建对规范、约束“资本”、引导“资本文明化”的作用，而且要善于从都市现代文明生活方式的变迁中，把握推进中国特色社会现代化的本质精神。

一 研究当代都市生活方式的新视角

对生活方式的研究，可从文化人类学的视角切入，把文化看作社会全部生活方式的总和；或从社会结构的视角研究，纵向考察世代交替中生活经历的社会烙印；或把生活方式当作阶级辨别指标来研究；或把生活方式当作消费方式来研究。各种研究视角、研究路径与方式，都有其合理性。但是，种种研究只是就“生活方式”谈生活方式，并不能揭示生活方式变化的新特点及其变化的动因。实际上，社会生活方式是社会现代化的一个重要方面。只有将其置于社会现代化的视域，才能把握当代都市生活方式新变化的本质。

1. 全球社会现代化影响人类生活方式

研究社会现代化当代都市生活方式视角的现实基础是：全球化、全球社会现代化引起了社会生活方式的新变化。

全球化并不是一种新现象，可以追溯到15世纪美洲新大陆的发现。1492年哥伦布远航美洲，把东半球和西半球联在一起，使人类第一次知道彼此之间确实同住在一个不可分割的地球，这便揭开了人类社会全球化进程的序幕。然而，在20世纪90年代，即500多年以后，随着信息网络时代资本的全球化，随着跨国公司的全球投资、全球跨国资本集团的形成，全球政治、经济、文化、科技才呈现出了相互依存、共同发展的局面，其作用范围之广，影响强度之深都是任何一个时代所无法比拟的。

到了21世纪，全球化的发展日益凸显了全球社会现代化的取向，全球化与全球社会现代化的目标、内涵、路径与方式也有所交叉、重复。全球化与全球社会现代化的一致、重合，促进了全球社会转型，促进了全球的社会现代化。社会现代化作为一个全球化的进程，又涉及人类生活所有方面的深刻变化。这样，我们就可从全球社会现代化的视角研究当代都市生活方式的变化。

2. 社会现代化是重构当代都市人生活方式的革命

全球社会现代化本质上也是一场非常深刻的重构当代都市人生活方式的革命。当代世界发达国家在20世纪90年代已开始了由现代性社会向后现代社会的转型。伴随着“后现代社会”“后现代化时代”的到来，以获取物质财富为主要动机的“生产本位论”正为“生命本位论”“生活本位论”所取代。在“后现代化时代”，全球都市公民都更关注、更重视生命、生存和生活的质量。如何解决个体和集体的生存与生活需求？如何最大限度地提高都市公民的生活质量？如何不断提高都市公民生活的幸福感？已成为全球都市公民的普遍追求与期待。

但是当今全球社会的现实是：发展的不平衡、不平等与不公正矛盾相当突出。2001年，世界上大约16%的人（9.6亿）生活在高收入国家，84%的人（52亿）生活在发展中国家，45%的人（约27亿）每天生活费不到2国际美元(按购买力平价计算),18%的人(约11亿)每天生活费不足1国际美元(WB 2005);而且不平衡、不平等、不公正的矛盾仍在扩大。[1]在2006年,世界上大约有3.5亿土著居民,他们生活在70多个国家,讲着5 000种语言(UNESCO 2004);其中大约520万人仍然(或曾经)以狩猎和采集为生(Schweitzer 2000),约占世界人口的0.08%。

随着全球化的深入,到了2015年,西方国家的贫富差距进一步拉大。2015年,经济合作与发展组织(经合组织,OECD)发布的报告显示,目前经合组织成员国收入分配不公程度已达近30年来之最。经合组织秘书长安赫尔·古里亚说:"我们已经达到一个临界点,经合组织成员的贫富悬殊创下了有记录以来的最高水平。"贫富差距加大不仅阻碍了西方发达国家走出经济低迷,也为高失业率、盗窃、抢劫等一系列社会问题的集中爆发埋下"定时炸弹"。根据经合组织的这份报告,目前在经合组织地区,最富有的10%人群收入已是最贫困的10%人群收入的9.6倍,而2000年这一比例是9.1倍,20世纪80年代则为7.1倍,贫富差距还在拉大。报告显示,意大利最富有10%人口的平均收入,比最贫穷10%人口高出11倍左右;占整体人口比例20%的最富裕人群占据着61.6%的社会财富,而最贫穷的20%人口仅享有0.4%的社会财富。社会财富分配不均愈发严重[2]。2017年全球资管规模最大的对冲基金桥水(Bridgewater associates)创始人达里奥(Ray Dalio)曾在一份观察报告中,提供了美国贫富分化加剧的证据:最富有的40%群体的平均财富是最贫穷的60%群体的10倍,这一比例在20世纪80年代还是6倍[3]。2019年世界财富报告称,全球经济同步下滑,但是高净值人群在2018年的财富却缩水了3%,减少了2万亿美元[4]。

---

[1] 中国现代化战略研究课题组、中国科学院中国现代化研究中心:《中国现代化报告——社会现代化研究》,北京:北京大学出版社,2006年,第1页。

[2] "西方国家贫富差距进一步扩大",《人民日报》,2015年5月26日21版。

[3] "贫富差距拉大已成为全球一种趋势",来源:搜狐网,2017年11月3日。

[4] "2019年世界财富报告:富人在近8年里首次变'穷'了",来源:期货日报网,2019年7月15日。

根据瑞信研究院发布的2018年度《全球财富报告》，自21世纪初以来，中国亿万富翁人数猛增长，由2000年的仅4.1万人增至目前的350万人，增幅逾80倍。[1]根据国家统计局的统计，1988年我国贫富差距的基尼系数是0.382，1994年是0.434，1997年是0.457 7，到2004年达到0.465，此后十年不再公布，2013年再次公布时，基尼系数呈现回落态势。在刚刚过去的2017年，公布的基尼系数为0.467 0，较2016年上涨0.002个百分点，较最近触底的2015年上涨了0.005个百分点，中国贫富差距再次扩大。

上述各种数据可见，全球社会现代化，它是一把“双刃剑”，它既可使富人更富，又可使富人变穷人，或使穷人成为富人。因为社会现代化是以“资本”的全球化为动因的、重构当代都市人生活方式的革命。为了约束重构当代都市人生活方式中“资本”的负面因素，就要以中国特色的社会现代化引导“资本”的“文明化”。

二　当代中国都市生活方式的新变化

要重构当代都市人的生活方式，前提是要把握全球化、全球社会现代化对都市生活方式的影响。探讨当代中国都市生活方式的新变化，不仅有助于我们把握中国特色社会现代化价值的“世俗化”“社会化”，而且有助于我们更好地确定中国特色社会现代化的价值取向，以更好地引导“资本”的“文明化”。当代中国都市生活方式，可以精神生活、交往生活、消费生活、休闲娱乐四个方面揭示当代中国都市生活的新变化。

1. 都市精神生活的新追求

中国古代哲学家特别注重提高精神生活。《管子》云：“仓廪实则知礼节，衣食足则知荣辱。”仓廪实，衣食足，是物质生活的内容；知礼节，知荣辱，是精神生活的内容。不同程度的精神生活可以说具有不同的精神境

---

[1]“全球经济研究报告”，来源：瑞信研究院，2018年12月29日。

界。孔子自述云:"吾十有五而志于学,三十而立,四十而不惑,五十而知天命,六十而耳顺,七十而从心所欲不逾矩。"(《论语·为政》)从心所欲不逾矩即情感与道德原则完全符合毫无勉强。这是孔子所达到的最高境界。"孔子贵仁"。(《吕氏春秋·不二》)但是孔子认为还有比仁更高的境界,就是"博施于民而能济众"的"圣"的境界。孟子提出"浩然之气"。浩然之气指一广大开阔的精神状态。中国古代贤哲对精神文化和精神境界的论述至今仍是国民追求精神生活的一种境界。但是,中国儒家文化倡导的精神生活,曾一度受到很大冲击,国人也都记忆犹新。在改革开放进入新时代,中国的经济总量在上升到全球第二的同时,人民的生活方式也发生了重大的变化,最突出的是国民对都市精神生活的新追求。主要体现在以下两个层面:

一是"中国梦"成为人们精神生活追求的最高境界。习近平总书记在十三届全国人大一次会议上指出:"中国人民是具有伟大梦想精神的人民。""我相信,只要13亿多中国人民始终发扬这种伟大梦想精神,我们就一定能够实现中华民族伟大复兴!"从中国神话故事的传说女娲补天、神农尝百草、精卫填海、愚公移山等,就能体会到古人改天换日,填海移山改造自然、对美好生活向往的不懈追求。正是这种强烈、执着的梦想精神,中国人创造了辉煌的历史文化、文学艺术和中医药文化。在中国特色社会主义新时代,为了实现伟大民族复兴,一代代人把个人梦想融入实现中国梦的洪流中,百折不挠、坚忍不拔,用生命和热血铺设通向美好生活的通衢大道。如:林觉民"为天下人谋永福"、罗阳"用生命擎起舰载机起飞",伟大梦想精神激励中华儿女勇往向前,沿着正确的方向昂扬奋进。"山再高,往上攀,总能登顶;路再长,走下去,定能到达。"

二是对文化精神产品的渴求,成为新时代人民精神生活的一部分。上海先后举办了十届"上海书展暨'书香中国'",参展单位从170多家增加到500多家,文化活动从170多项发展到600多项。上海书展以其独特的定位、丰富的精品力作、浓郁的文化气息,每年吸引30多万市民读者的热情参与。北京人对精神食粮的需求感觉和舌尖上的要求不一样。“胃”的需求是吃饱吃好了就不饿，但是，人们的大脑，却是供给越丰富，需求就越大。北京人都有这样的体会，最初踏入书店、图书馆，还觉得蛮新奇，觉得偶一为之也不错。但是，这书是越看越想看，越看越看不够。从此自己的心就和书店、图书馆、博物馆绑在一起了。时不常地，就得过去待会儿。北京的各色书店图书馆，可算是林林总总、各有千秋。这些年又增加了许多“文化超市”，除了政府的科学规划和大力推广，北京人对文化生活的要求高、需求大也是原因之一。北京火车站东南的角楼，过去可算是老北京的地标性建筑之一。如今，复建后的角楼化身公共图书馆，成为充满京味的文化景观和城市名片。在这里，不仅可以在北京特色的氛围里品书香，更有很多活动让大家乐在其中。

2. 都市交往生活的新创造

交往方式是马克思在《德意志意识形态》中用以表述生产关系的概念，又称“交往关系”或“市民社会”。哈贝马斯的交往行为理论为我们研究都市交往方式的新创造提供了一种可能。改革开放40年来，中国都市交往生活的新创造主要体现在以下四个层面：

一是“出行便捷化”。改革开放前，家里有辆自行车就觉得很方便了，而如今，随着经济的发展，居民收入的增加，电动车、摩托车、汽车早已经进入了普通的老百姓家，有的家庭还不止一辆。公交车、出租车、各种打车软件让出行更加方便，出远门除了选择飞机、火车、长途汽车外，还可以选择更加便捷的高铁和动车。原来去北京、上海、打算要一两天时间，现在从上海到北京的高铁，5个小时就到了，“日行千里”不再是梦想。

二是“汽车社会化”。我国于2001年底加入WTO以来，随着车价的下调，我国的汽车市场开始活跃起来。2002年中国人口数的3.7%，即有5 000万人已经能够买得起汽车了。到2010年，这个比例上升到13%。截至2014年11月27日，中国机动车驾驶人数量突破3亿大关，其中汽车驾驶人2.44亿人；全国民用机动车保有量达2.64亿辆，其中汽车1.54亿辆；驾驶人数量位居世界第一，汽车数量仅次于美国，居第二位。[1]10年前老百姓“我的汽车梦”“拥有轿车就意味着快乐”这些话题，当今已成为普遍现实。“汽车社会化”快速向我们走来，成为中国政府和市民百姓必须要面对的问题。

伴随着我国汽车社会化的推进，都市生活方式凸显了三方面的变化:(1)汽车挤压都市公共空间，人行道窄了、人过马路更紧张了。都市高架还构筑了都市高架上白领、金领等富裕群体的“汽车族”与高架下的市民“公共汽车族”;(2)家庭、亲友的人际关系可能会随着汽车社会的到来而变化——由电视“家庭间”搬到“汽车间”(旅游“房车”)，汽车社会空间将成为都市人生活的又一流动空间。(3)中国汽车文明比“汽车社会化”慢了半拍。多年来，国民在出行文明发育上，重教化轻法治，重劝导轻惩戒，用人治代替法治。不少地方在道路交通管理上，迎接检查时迷信路边志愿者劝导，日常管理中却对汽车违禁鸣号、停泊、抢道等治理不力，致使交管法未能形成全民信仰和敬畏。中国社科院发布2012—2013年度《中国汽车社会蓝皮书》指出，交通违法行为之所以存在，一个重要问题是路权不明晰，交通法规未能够强化人们路权意识。《法制日报》也曾对“文明出行”做过调查，结果显示，有72%的受访者认为，不遵守交通信号、不文明出行的原因在于交通安全意识淡薄，根本原因在于交通参与者规则意识不强。

三是“快递日常化”。“快递”代表着一种新的都市生活方式。快递业有一个漫长的产业链，将各个职业群体和不同的社会阶层聚合在一起。从风投玩家、各大平台的规则制定者，到各级快递代理商，再到数量庞大的“快递小哥”，一种统一的行业规则将存在巨大鸿沟的不同社会群体聚

[1] “我国驾驶人总量突破3亿意味什么”，来源：人民网，2014年11月27日。

合起来,并在此基础上生产出新的都市生活方式。人们因为有了快递,吃喝玩乐不再依赖于原有的城市设施。如果说现代资本主义的兴起让商业中心代替了教堂、市政广场等成了城市中心;那么,互联网经济的兴起,意味着一种去中心化的都市生活方式的诞生。

"快递"还彰显了都市生活精神的内在张力。快递业虽然是创新的产物,代表着都市激情,但它恰恰又在某种程度上恢复了传统的劳作方式。互联网治理超越了"泰勒制",它让那些快递点的自主经营者和高度独立的"快递小哥"有了进入现代商业系统的可能。在这个意义上,看似传统的个体经济,恰恰被纳入了高度协作的社会化大生产体系中。也正因为它兼具"创新"和"传统",使得其徘徊在坚持规则和"越界"的模糊地带。比如,快递业的极速发展,给城市的市场监管、交通规则等出了难题。仅仅是从"快递小哥"这个群体的观念看,他们的工作虽高度自由,并无典型的"泰勒制"的身体规训,但处处受苛刻的"计件制"和服务评价的制约。

四是"网络沟通普遍化"。在当今时代,网络作为沟通的重要桥梁,对人们的日常生活方式以及心理产生了许多重要影响。网络的本质在于沟通,或者说传播和交流。正是通过沟通,网络才将各种社会行为主体连接起来,进而对社会、经济、文化以及生活等层面产生影响。网络沟通的主要特点:(1)网络沟通的虚拟性;(2)网络沟通的隐匿性;(3)网络沟通的平等性和互动性;(4)网络沟通的开放性;(5)网络沟通的超时空性。

网络沟通的重要价值在于:它改变了人们的生活方式。网络具有生产公共性的能力,而网络沟通以及在其基础上建立起来的公共领域对重构具有现代性的生活方式是有积极作用的。网络沟通方式下公共性和私密性的矛盾统一正在改变人们的生活方式。一方面,网络沟通方式和某些传统的沟通方式(例如电话)一样,可以使得沟通在私密性的环境中(例如卧室)进行;另一方面,网络沟通方式营造的虚拟社会空间中又可以产生公共领域。

网络沟通方式通过改变社会分层结构而充分发挥个体的主体性，并最终改变个人的生活方式。网络上人人平等的说法已经被证明不正确，在网络上也存在社会分层。韦伯的社会分层标准是财富、地位和权力，很多西方学者在此基础上提出了新的分层标准。不过，网络沟通方式对传统的分层理论发出了挑战。性别、种族、年龄等自然因素以及职业、收入和声望等社会因素都被网络沟通方式所掩盖。分层的标准主要是“根据成员遵守社区中规则和价值观所具备的经验和能力”。

3. 都市消费生活的新变化

中国都市消费生活方式新变化有两个突出表现：

一是消费奢侈化。“奢侈”原出自拉丁字“luxus”，表示“富饶”“丰裕”（abundance; abondance）和“精致”（refinement; raffinement）的意思。对于“富饶”和“精致”无止境的追求是人的本性，也是进行无休止交换活动的人类社会的基本特征。但是，在这个基本语义之外，它实际上又包含更多的复杂含义。在拉丁语中，“奢侈”的词根包含“光”“光线”“爱好”“品位”“亮丽”“绚丽”“灿烂”“讲究”“高雅”“华丽”“繁茂”“过度”“极端”“稀有”“罕见”等等。人们只要看重上述多元含义中的某一方面，就很容易将“奢侈”原来的丰富含义转变成片面的内涵。

在西方社会的文化传统中，最初，罗马神话中曾经借助于雅努斯（Janus）的故事谈到奢侈的问题。后来，是罗马政治家西塞罗（Marcus Tullius Cicero，公元前106—公元前43）首先把它理解成“豪华”（splendour; faste）、“过度”或“放荡”（excess; exces）、“花天酒地”或“滥用”（debauchery; debauche）。从此它变成只具有消极或反面意义的道德语词，也因而成为被多数人贬低甚至谴责的生活方式。目前国际上公认的定义是“一种超出人们生存与发展需求范围，具有独特、稀缺、珍奇等特点的消费品。主要包括高档服装、珠宝首饰、高档化妆品、豪华汽车和游艇等”。

随着中国经济的飞速发展，中国的“奢侈品”消费群体不断扩大。1996年，全球奢侈品消费金额为7.1亿美元；2004年，全球奢侈品消费金额攀升至80亿美元；但中国2004年的奢侈品消费已达20亿美元，占全球奢侈品消费总额的25%。这表明，21世纪初，中国已开始步入消费奢侈品时代。2015年，全球个人奢侈品市场复苏，逐步进入新常态。2017年，中国个人奢侈品市场销售总额达到200亿欧元(约合1 420亿人民币)，同比增长20%。中国消费者贡献全球32%奢侈品消费，成为全球主要增长点。[1]在2018年，中国人全球奢侈品消费额达到1 457亿美元，增长7%，占全球奢侈品消费市场的42%。但是消费外流仍非常严重，有74%的奢侈品购买行为发生在中国境外。[2]预计未来2年全球个人奢侈品市场有望维持4%—5%的增速，2020年市场规模有望突破3 000亿欧元。

当代社会是一个典型的消费社会。在消费社会中，商品及其形象可能会成为一个巨大的“符号载体”，这种符号在某种程度上象征着人们的身份或社会经济地位。当代中国人的奢侈品消费，人们追求的核心价值已不是商品本身，而是依附在商品使用价值之外的“符号象征价值”。因此，奢侈品消费所起的可能不仅仅是一种享受功能，而是一种标志、一种身份，一种沟通交往的社会结构，一种都市人的生活方式。

二是网络消费。当今中国，网络消费已成为大部分年轻人、中年人以及部分老年人的一种购物消费习惯，网络消费使消费个性回归，充分展示了以下特征:(1)选择的自主性。天生的探奇心理使网络时代消费者善于和乐于主动选择信息并且乐于进行双向沟通，在个性上就表现出选择商品的自主权。(2)选择的差异性。由于信息网络双向和动态的特点，市场会更显个性化。网络时代的消费者越来越追求个性化的商品，使网络消

[1] 参见“2018年中国个人奢侈品行业发展现状及发展趋势分析”，来源：智研咨询，2018年5月7日。

[2] 参见“2018中国奢侈品报告”，来源：要客研究院(原财富品质研究院)，2019年1月14日。

费呈现差异性。(3) 选择的多样性。原有以商业为主要动作模式的市场机制部分地被基于网络的电子商贸所取代，市场交易趋于多样化。各个品牌的大商家也在网上开始开设自己的网上商城，而各种个人商店更是络绎不绝地开办网络商店，为了吸引消费者眼球，出售各式各样的新奇的东西。市场的多样化，必然导致网络消费选择的多样性。(4) 选择的效用性。网络时代的消费者是非常现实的，消费者在追求华丽外表的同时，也不会忽略产品的实用性，他们更加注重产品所提供的价值和利益。(5) 选择的互动性。在网络时代，中间商地位的降低，直接交易过程的出现，以及经营的全球化，实务操作无纸化和支付过程的无现金化，为网络时代的消费者提供了更多的选择方式，网络时代的消费者将会拒绝在信息不充分、不对称的环境中购物。

4. 都市休闲娱乐新天地

休闲娱乐业是近代工业文明的产物，更是现代社会发展的产物。它发端于欧美地区，19世纪中叶初露端倪。进入20世纪，随着中国经济与科学技术的快速发展，与休闲相关的产业便逐渐应运而生（如城市酒店、保健养生、桑拿泡汤、温泉水疗、休闲会所、度假中心等康体保健项目）。随着收入水平的提高和闲暇时间的增多，人民的消费需求已朝着精神和文化含量更高的生活方向发展，追求休闲与健康到达了前所未有的高度，休闲业态正顺应市场的需求，进入了快速发展期。

一是旅游日益成为中国人的一种休闲生活方式，旅游已成为中国人日常生活刚需。(1) 都市休闲客群快速崛起。从2000年的456万人增至2017年的1.8亿人，年复合增长率达24%。预计至2020年，都市休闲客群人口数量将达到2.5亿人，约占总人口的18%，2030年这一人数将达到4亿，约占总人口的27%。[1] (2) 消费升级，为“美食、美宿”出游日渐平常。

---

[1] 来源：上海热线：www.online.sh.cn，2018年10月10日。

近3年，游客在目的地“舌尖美食”的消费笔数年增长率超20%，在度假别墅的消费笔数年增长率超30%。（3）假日旅游消费需求旺盛，文化旅游成热点。2018年国庆重点博物馆消费人次同比增长达28.1%。[1]携程网发布的《2019年春节长假旅游趋势预测报告》显示，2019年春节长假预计有超过4亿人出游，其中出境游人次约200万。

二是体育休闲成为国人的一种新的休闲方式。体育休闲是一种用于娱乐、休闲的各种体育活动，尤其是在2008年的北京奥运会后，中国的体育休闲广泛开展。所以大量资金进入体育行业，发展线上业务；同时开始投资体育培训、场馆建设等。除了各类健身休闲服务外，体育装备、饮食、康复、赛事组织、传媒等也得到快速发展。在消费升级的大背景下，体育与饮食、生活、时尚、旅游、文化等领域之间的融合越来越广泛。

三是健康休闲服务业。它不仅关乎经济发展和民生福祉，而且代表一个国家和民族的发展水平与文明程度。健康服务业是典型的“幸福产业”，是满足人民美好生活需要的重要源泉，也是最具有发展潜力和最不可能被替代的行业。十九大报告提出：“实施健康中国战略。要完善国民健康政策，为人民群众提供全方位全周期健康服务。”近年来，健康休闲旅游、健康产业发展迅速。目前，我国健康产业规模为2万亿—3万亿元，假定2020年我国用于医疗卫生相关服务业支出占GDP比重达到世界水平10%，那么中国健康产业的规模将达到8万亿元。这意味着中长期健康产业年均复合增速约为21%。

四是体验式休闲娱乐。2018年中国娱乐消费行业发展模式：体验业态与零售业态融合。根据赢商大数据抽样调查数据，2016年体验式购物中心占比达55%，在各类城市中均占据主流。体验式购物中心除原有的零售、餐饮以外增加了更多的文化娱乐、儿童业态等服务，包括运动健身、电影院、竞技/游戏/奇趣娱乐、电子科技娱乐、KTV/酒吧、溜冰场、娱乐集

[1]《中国旅游消费大数据报告2018》，来源：中国旅游研究院，2019年1月29日。

合店、主题乐园、儿童乐园等。

打造全方位生活体验中心，购物中心业态组合格局中休闲娱乐及服务业态占比呈现上升趋势。2017 年开业的购物中心，各类业态占比为零售52.2%、餐饮28.2%、儿童亲子11%、生活服务5.8%、休闲娱乐2.8%，其中儿童亲子、生活服务、休闲娱乐同比均有所增长[1]。

三　当代中国都市生活方式的评价

以上，关于当代中国都市生活方式在精神生活、交往生活、消费生活、休闲娱乐生活方面发生的变化，不仅展示了中国特色现代化深入过程中，国民生活方式变化的种种图景，而且给我们提出了如何评价中国特色社会主义现代化进程中国民生活方式的变化，以更好地引导国民形成健康向上的生活方式，实现中国特色社会现代化的价值。为此提出以下三个基本观点：

1. 把握当代中国都市生活方式的解构与重构

中国都市生活融入全球化、全球社会现代化的过程，本质上是都市社会结构、社会生活方式的解构与重建的过程，是一个都市社会由落后、分散的形态转变为一个有理性、有组织的社会生活方式的过程，是一个不同类型、不同层次的都市生活在全球社会现代化中自我解构、自我建构的过程。

都市社会生活结构是一定地域空间内的社会群体，在生存与发展的实践活动中按照一定的规则与秩序所形成的相对稳定的关系。都市社会生活结构包括都市的人口结构、家庭结构、就业结构、阶级阶层结构、城乡结构、组织结构、制度结构以及群体的心理结构等。全球化、全球社会现代化促进了都市社会生活结构的变迁，变迁中的都市社会生活结构，就是

[1] “2018年中国娱乐消费行业发展模式：体验业态与零售业态融合”，来源：中国报告网，2018年7月10日。

一个“互动场域”,都市作为一种“互动结构体”,其“互动场域”处在一个连续不断的过程中,或者说是一个无限的过程。在东西方两种不同的生活价值观、生活方式“冲突式互动场域”中,冲突可导致都市社会生活结构的解构,互动是都市社会生活结构的磨合与重建。伴随着全球化、全球社会现代化进程而重建的社会生活结构,将开始在都市新的社会生活结构平台上开始新的“冲突与互动”。

当前,中国都市的社会生活结构伴随着全球化与全球社会现代化,开始显现出种种解构的迹象:(1)都市底层社会贫困群体的形成。一是20世纪90年代以来,农村经济改革中出现的数以亿计的农民工,虽进了城,但农民工的身份与低下的收入,使他们难以融入都市社会。部分农民工成为城市“新市民”,但仍有不少农民工又回到了农村,出现了“逆城市化”现象;二是都市下岗和失业者群体,已成为被甩到都市社会结构之外的一个群体。国家的社会保障使他们没成为“城市贫困族”。虽然“中国的城市化”东西不平衡,但西部和东部都有不少下岗失业群体,成为都市“新贫困族”。2020年国家的全面小康,正在通过“脱贫攻坚”,使全体人民实现脱贫。(2)新的城乡二元结构的形成。改革前中国的城乡二元结构,主要是由一系列的制度安排造成的,是一种“行政主导型的城乡二元结构”;改革开放40年来,都市居民日常生活的许多需求,不再依赖农村,而是从国际市场进口,都市居民的消费也很难流入农村。这是在市场经济下都市与农村之间关系的一种解构,是一种“市场主导型的二元结构”,这种“二元结构”正随着中国的新型城镇化在逐渐破解。(3)不同社会群体、不同年龄层次的人群,对新知识的需求、对生活方式和消费方式的追求、对文化艺术的欣赏,也呈现多元的价值取向,进而形成多元社会需求、多元社会交往方式和社会生活方式。

显然,当我们在全球社会现代化背景下追求都市现代化,推进都市现代化建设,必须认识都市社会生活结构的解构新情况、新特点,发挥政府在社会生活结构重建中的主导作用，通过各种政策和措施，发展社会公共事业，加强社会公共部门和公共资源的管理，整合都市社会生活结构，促进都市社会生活结构的良性互动和良性演进。

2. 科学理性地判断当代中国都市生活方式的新变化

在这方面，最突出的就是如何看待奢侈生活方式、奢侈品消费？从最早的时候起，奢侈就与人的本性密切相关。如前所述，人的思想性及其社会性使他生来就有自我超越和进行交换的需求。对于奢侈的追求深深地内在于人的本性中。在某种意义上能否说，对于奢侈品的追求构成推动社会和文化发展的重要动力之一，因为正是对于奢侈品的追求和苛求，才使人类社会生活不断向更高级的阶段发展。

奢侈作为一种消费，是不同于一般的消费，即不同于那些仅仅满足生活基本需要的消费，而是属于超越出人的生活基本需求的消费。因此，奢侈又是一种特殊的消费。美国社会学家凡勃仑（Thorstein B. Veblen）曾在其专著《有闲阶级论》（*Theory of the Leisure Class*, 1899）一书中将西方社会中的奢侈生活方式称为炫耀性消费，并认为，这种炫耀性消费是由资本主义社会制度及其商业性决定的，这种生活方式的扩散导致了流行文化的泛滥。

当然，如果认为奢侈只是为上层或上流社会所垄断，那也是不对的，也不符合事实。奢侈不是富人的专利。奢侈的大众化是与社会经济发展以及人民大众消费能力的提升密切相关。奢侈生活方式的扩大和推广，有利于训练和培养社会大众对“高雅”和精致的生活方式的鉴赏能力，对于整个社会文化心态的提升是有积极意义的。

不过，在中国都市社会分化明显，中产阶层还未完全形成，尤其是我国发展的资源、资金等约束还很强的情况下，我们要向大众倡导的是节约型消费，要树立可持续消费的观念，阻断行政性的奢侈消费、炫耀消费，引导富裕群体通过做大做强企业，为民众提供就业，或参与慈善公益事业，回报社会。

3. 让都市成为满足不同阶层、不同人群美好生活的社会空间

苏格拉底（Socrates，公元前469—公元前399）曾说过，人们从农村到都市，就是为了追求美好的生活。但是，人类都市的发展，尤其是现当代以来的都市化、都市现代化，对都市满足不同人群生活需求，及其发展的持续性提出了挑战。

如何使都市走向可持续性？使都市能不断满足都市人追求美好生活的理想空间？世界著名生态学家威廉·里斯（William·E. Rees）博士，从生态足迹的视角看全球化都市的可持续性与潜在的危机，颇受启发。Rees博士提出了五个重要观点：(1) 发展意味着变好，增长仅仅意味着变大。目前流行的全球发展模式本质上是把发展等同于增长，并且依靠扩大人类经济活动的规模来摆脱长期以来的贫困。(2) 从生物物理角度看都市的可持续性，只要支持他的生态系统没有遭到破坏，那么在理论上它就具有可持续性。如果不联系具体问题，“可持续的都市”就是一个毫无意义的概念。比如我们能否说加拿大的温哥华是可持续的都市，而十九世纪的伦敦或者以产煤为主的中国的临汾和阳泉等都市是不可持续的吗？正确的回答应该是不一定。只要支撑这个都市的生态系统有足够的产能和恢复能力——持续提供这座都市所需的一切并消化它排出的所有废弃物——那么，理论上这个都市就可以永久地存在下去。(3) 不能把“可持续性”与“生活舒适性”混为一谈。温哥华是世界上生活最舒适的都市之一，但不能说温哥华就是可持续的都市。温哥华等现代高收入都市的居民之所以能够享受它们高质量的都市环境和消费生活就是因为它们不知不觉地把巨大的物质负担转嫁到了世界上的其他都市。所以，一大部分中国工业都市所产生的污染并不是由当地人的需求引起的，而是由居住在地球另一半的富裕都市中的居民的消费引起的。(4) 人类的活动正在造成生态赤字。在2001年人均生态足迹已经达到了2.2公顷，总

计135亿公顷(WWF 2002)。因此,保守地估计,人类已经“超支”了地球长期承载力的20%。世界上最富有的国家(大多数生活在北半球高收入的国家)占有个人消费的86%,消耗着地球大部分的生物承载能力。像美国和加拿大这样的高收入国家的居民的平均生态足迹是6—10公顷,几乎比像莫桑比克或索马里这样世界上最贫困的国家的多20倍。日本的生态超载比达到了5.4,荷兰是4.3,英国是3.6,美国是1.9。(5)所以在迅速变化的世界上,都市人口的生态健康和政治健康就有潜在的危机。即使科技发展了,人类也可能在未来几十年中遭遇全球性食品/人口危机。

小约翰·B.科伯是世界上著名的生态经济学家,他认为对都市化可持续发展可从经济学与生态学的视角来研究:(1)生态可持续发展不单单是指人类和自然环境的关系,还包括其他与自然紧密相连的政治、社会、经济等因素。(2)中国都市化的规模和速度令人堪忧:一是中国未来10—20年,将有3亿人口从农村转移到都市,这意味着中国今后必须建立30个拥有一千万人口的都市;二是中国的都市发展已经参与了对石油的全球化依赖。因此,中国的都市化不应是扩大现有的都市,而是应建设小都市,目前中国的都市与欧洲和美国的都市一样不可持续发展。(3)经济增长并非能始终地造福人类。因为增长通过国民总值来衡量,而国民总值与收入分配无涉,与环境恶化也无关。所以,经济增长了而大多数人的生活水平却在下降。这种不能满足全体社会成员需求的社会是不可持续的。目前我们正在建设的是一个不可持续的社会。科伯的结论是:在不确定的未来,如果都市能相对自给自足的话,那么它以及它周围的郊区将会有更强的可持续性。小都市应比大都市更好达到这些目标。

Rees博士、小约翰·B.科伯教授对中国与世界都市可持续发展的研究,为我们研究全球化、全球社会现代化背景下的中国都市化,以及都市可持续性发展拓宽了视野,提出了许多有真知灼见的观点。值得我们进一步研究的是:(1)在都市化、都市现代化成为世界各都市普遍追求的情况下,如何从各国都市发展现状和特点出发探讨都市可持续性发展的路径和方法?(2)已纳入全球进程的中国都市化,要不要降低都市化的速度?通过什么技术和方法解决中国都市对能源的依赖?中国的快速都市化给人类带来福音还是潜伏危机?(3)两位学者对中国都市化的批评也缺乏整体与深入的把握,因此,有些批评、有些政策建议还略有偏颇,也不太具有可操作性。笔者在2006年3月苏州大学的可持续都市化国际学术会议上就提出,通过当今中国大中小城市千百万民众正在创建文明城市的实践,来解决21世纪中国都市化、都市现代化进程中种种都市病的观点。因为15年来中国文明城市的建设,正是为了给我国千百万市民提供一个文明健康的都市社会生活空间,正是为了让千百万都市百姓都共享文明健康的生活。

第十章

大数据时代的社会现代化

中国特色社会现代化的价值，不仅通过引导都市生活方式的变革，建构文明健康的都市社会生活结构，而且与时俱进地推进中国特色社会现代化。在大数据时代，大数据伴随着云计算、三网融合、物联网、移动互联网发展，一夜之间成为全球最新颖、最时髦的词汇。大数据使中国特色社会现代化面临新的变革、新的建设需求。大数据对全球社会现代化产生着难以估量的影响。

一　大数据变革社会现代化研究

早在1980年，未来学家阿尔文·托夫勒（Alvin Toffler）就在其代表作《第三次浪潮》（*The Third Wave*）中预言了大数据的光辉未来，他在书中写道："如果说IBM的主机拉开了信息化革命的大幕，那么大数据则是第三次浪潮的华彩乐章。"[1]《连线》杂志主编克里斯·安德森甚至早在2008年就断言数据洪流将会带来理论的终结，他认为："面对大规模数据，科学家'假设、模型、检验'的方法变得过时了。"[2]2011年5月，以倡导云计算

---

[1] 姜奇平：有感33年前的大数据预言，来源：《互联网周刊》，2013年第2期。

[2] Chris Anderson, The End of Theory: The Data Deluge Makes the Scientific Method Obsolete, http://www.wired.com/print/science/discoveries/ magazine/16-07/pb_theory.

而著称的EMC公司在"云计算相遇大数据"的年会上抛出了大数据的概念；同年6月，IBM、麦肯锡等众多国外机构发布大数据相关研究报告予以积极跟进。麦肯锡在其研究报告中指出："数据已经渗透到每一个行业和业务职能领域，逐渐成为重要的生产要素，而人们对于海量数据的运用将预示着新一波生产率增长和消费者盈余浪潮的到来。"[1]英国牛津大学教授维克托·迈尔·舍恩伯格更在其《大数据时代：生活、工作和思维的改变》中大声疾呼，断言一个史无前例的大数据时代已经来临！

大数据时代将促使社会现代化研究产生以下新变革：

1. 社会现代化研究思路的变革

2002年，作者曾在《全球化与当代社会》一书中指出，全球化对社会发展研究的思路、研究对象、研究方法提出了挑战，因此，必须以全球化为背景，以问题为导向，进行跨学科合作，运用交叉学科和过程方法，破解社会发展中的难题。

随着全球化、信息化网络化的深入，"大数据"给社会现代化、社会发展带来的挑战更是前所未有：不仅数字化的书籍、报纸、图片、视频等海量数据需发掘整合、提炼和分析，而且网络泄密、对隐私的侵犯以及各种欺诈、盗窃，影响着网络社会和现实社会的安全、和谐与稳定。以往的基于社会局部"现实"的抽象分析方法，以及基于少部分人的需求来逻辑推演、预判大多数人的现实与未来需求的社会现代化思路，是无法破解"大数据"时代社会现代化面临的种种问题的。因此必须变革以往社会现代化的思路，将对局部"现实"、少部分人的需求研究，转向覆盖更广泛、涉及更多人的大数据分析，从大数据中预测社会需求，预判社会问题、社会安全，从大数据中探索社会现代化的多元、多层、多角度特征，在满足不同时期、不同群体、不同阶层人民群众需求的过程中，创新社会治理，提升社

[1] "大数据时代猜想得数据者得天下？"来源：财经网，2013年5月27日。

会现代化水平。

2. 社会现代化研究对象的变革

以往的社会现代化研究对象主要有二：一是把社会现代化的研究等同于社会学研究，结果，在社会现代化研究中，又过多地运用西方社会的理论来分析研究中国社会，或是用某一“社会”解剖的知识来推导、演绎为另一“社会”的建设与发展，以植根于某一特定民族、历史的具体境遇的社会文化来说明与解释另一民族的社会文化现象，很难给人以满意的解答，以至于我们在对待西方文化时常常可见到“西方化”与“本土化”的论争。二是把社会现代化的研究等同于对社会管理的研究，结果一方面束缚了社会现代化的手脚，另一方面夸大了社会管理的作用。社会现代化、社会改革、社会治理都是大概念、大事情，而社会管理作为政府职能，只是其中的一个子项。

大数据时代的社会现代化，既要研究社会，又要研究社会治理。但对社会和社会治理的研究，一是要研究人们互动、交流、交往过程中不同人群在QQ、微博、微信，以及互联网网络平台上发送的各种图片、图像、视频等非结构化、半结构化数据背后人的情感、兴趣、价值观；二是要研究政府作为社会现代化的主导，在提供社会服务、社会保障，创新社会治理等方面各种结构化、非结构化的数据，并将结构化的数据做纵横比较，从中发现政府社会现代化的客观水平及其未来走势，以更有针对性地推进社会现代化。

3. 社会现代化研究方法的变革

社会现代化，着重的是对“社会”的“建设”。因此，以往的研究方法，一是着重于对“社会”的定性与定量研究，定量研究也常采取问卷调查、座谈、访谈的抽样调查方法采集数据。然而，再好、再合理的抽样方法，反映的总是对局部和部分人群、阶层的研究结果，随机概率、随机偶然性较大，缺乏全面（相对）准确性；二是着重社会现代化的比较研究，即比较社会的“建设”条件、特点环境，或是在对听取汇报、座谈调研、问卷调研后的情况作分析概括，提出社会现代化的布局需求、投资需求以及建设的绩效，缺乏客观的数据分析和比较。近五年来，全国各省区市政府在社会现代化方面的大量投入，在社会保障、社会服务、社会治理等方面的建设，已积累了巨量的数据，但这些数据都是孤立的、离散的，是半结构化或非结构化的。因此，大数据时代的到来，需要我们对各类、各层次的数据进行发掘、整合，从中发现全国各省区市在社会现代化方面的客观水平，发现共同的建设规律以及不同的特点，通过实施差异化社会现代化战略更全面有效地推进社会现代化。

4. 社会现代化能力的变革

面对数据快速渗透到经济社会生活的每一领域、每一部门、每一单位，面对数据的大量化（Volume）、多样化（Variety）、快速化（Velocity），面对全球数据每2年翻一番的趋势，对大数据进行分析的能力，提出了挑战。就社会现代化的大数据而言，一是缺乏对社会现代化大数据进行分析的能力，而这种分析能力又与相关人才的培养和支撑密切相关；二是缺乏根据大数据而形成的社会服务需求进而提供有效社会服务的能力；三是缺乏通过对社会现代化大数据的分析，预测和判断未来中国以及各地区社会现代化特征和趋势的能力。以往更多的是感性的判断预测，或是理论的逻辑推演预测。适应大数据时代社会现代化的需求，就必须在人才、服务、预测能力上进行“建设”，积累大数据时代社会现代化的资本。

二　社会现代化大数据的特质、研究路径

广义的社会现代化是相对于经济建设的，包含科教文卫体育、劳动就业、社会保障、社区建设、人口与计划生育等等，甚至除了经济、军事和外

交之外，几乎都可归类到社会现代化中。当代中国社会现代化大数据分析研究，不能不分重点地全面展开，而是要根据当下以及未来10—20年中国社会现代化的发展需求，分阶段、分部分或行业、分类型有重点地推进。但是需要弄清的是社会现代化大数据所共有的本质特征及其研究路径。

1. 社会现代化大数据的“双重”特质

如果说10年前我们对现实社会与网络社会的区分是“现实”与“虚拟”，那么，随着信息化网络化的快速发展，随着大数据时代的到来，“虚拟世界”里的数据量极其快速地增长。2011年全球被创建和复制的数据总量为1.8 ZB（10的21次方），其中75%来自于个人（主要是图片、视频和音乐），远远超过人类有史以来所有印刷材料的数据总量（200 PB）[1]。过去几年全世界产生的数据量甚至超过了历史上2万年来产生的数据量的总和。预计到2020年，全球数据量将达到令人恐怖的35 ZB，被称为“大数据摩尔定律”。[2]面对大数据（尤其是图像、视频等非结构化数据）对“虚拟世界”渗透、影响，虚拟世界的匿名性、非对称性、非真实性，正在为具有对称性、真实性（真实的画面、真实的情感等）、即时性特征的“镜像世界”所取代。

早在1991年，耶鲁大学计算机系教授戴维-杰勒恩特（David Gelernter）就指出，互联网的终极世界是“镜像世界”。“镜像世界”如同人在镜子中的映像那样，镜像世界和现实世界本身存在着真实的关联和表达。正因为镜像世界的产生，所以现实中人的喜怒哀乐，现实人在社会中的各种活动，都借助物联网、云计算、移动互联网等信息网络技术，迅速“镜像”。也可以说，人类的科学技术已经发展到了可以开始“镜像化”的

[1] The 2011 Digital Universe Study: Extracting Value from Chaos.International Data Corporation and EMC, June 2011.

[2] Chris Anderson, The End of Theory: The Data Deluge Makes the Scientific Method Obsolete, http://www.wired.com/print/science/discoveries/ magazine/16–07/pb_theory.

这样一个阶段。

“镜像世界”的产生,本质上反映的是人类社会生存范式的一种转变和扩展,即人类的社会生存范式从单一的物质实体生存向物质实体生存及其镜像化生存融合的社会综合生存方式转变。“镜像化生存”是指以计算机、网络等硬件为基础的,以数字化数据及其运算来表征显示物质世界中各种真实关系的社会生存、社会交往方式。比如,消费者通过网络,通过鼠标、键盘就可以完成传统的购物行为,那么,这种行为就可以看作是购物过程的镜像。其中的深层逻辑关系没有改变(比如买车、买商品,卖商品出货),但实现方式却发生了天翻地覆的变化。在当今世界,网络社区、网络店铺、网络课堂等都可以看作是物质实体世界的社区、店铺、学校的镜像存在。而人类在计算机网络里完成的本应在现实世界里完成的社会现代化、社会治理实践,也可以称之为社会的“镜像实践”。显然,大数据时代的社会现代化具有以“双重世界”为基础和研究对象的特质。

2. 大数据时代的研究路径

镜像世界虽然是现实世界的“镜像”,但“镜像世界”又有相对独立性,即“镜像世界”以结构化、非结构化、半结构化数据的“大量化”“多样化”“快速化”积累和扩张,并冠名为“大数据”而区别现实世界。因此大数据时代的社会现代化研究,必须以“现实世界”为基础,更应突出关注“镜像世界”。

社会现代化研究对象和路径的“双重性”,也要求我们辩证地认识与处理“双重性”的关系。人类所处的真实世界是一个非线性的存在实体,能够用结构化数据进行拟像的,仅仅是真实物质世界的一部分或者特例。伴随着网络世界与人类生存的进一步对接,在新的科学技术的基础上,现实生活中的非线性关系开始以非结构化数据的形式在网络空间里映射,这个过程就是网络空间拟像真实世界的过程。在当今世界,真实世界里的一切都在迅速被数据化,Google每年扫描100万本书和杂志,Google

Earth在注释整个地球表面的地理信息，Facebook在注释我们的真实世界里的社会关系，手机、移动设备和可穿戴的传感器在不知不觉中记录人的声音、兴趣、表情、行动、心跳、睡眠时间，这叫“生命记录”(Life logging)。

一个现实世界的镜像版本如果想区别于网络社会早期的“虚拟世界”而具有一定的现实意义，它必须具有和现实世界适时、同步的特征，即数据、信息及其在镜像世界中的相互关系要具备与现实世界对等的时效性。只有这样，这个镜像世界才有可能与现实的真实世界建立起相关性并赋予自身无穷的价值属性，否则，所有的拟像都不再是镜像而仅仅只能成为没有生命力的幻影。

在这个意义上说，对镜像世界社会现代化的研究，更应凸显破解现实的真实世界社会现代化面临的各种问题、各种困惑，更应多样化、快速化的反映现实世界社会现代化的需求、社会现代化的过程、社会现代化的水平、社会现代化的发展趋势，使镜像世界的社会现代化更具真实意义、真实价值。

三　大数据时代中国特色社会现代化水平

我们判断中国特色社会现代化能破解全世界面临的难题。但是，研究又不能停留于理论逻辑推论，还必须对中国特色社会现代化发展水平，开展评估研究，以更精准地推进中国特色社会现代化。

1. 评估研究中国特色社会现代化水平的价值

自党的十六届四中全会首次提出“社会建设”以来，中国社会建设、社会现代化成果显著。如2012—2015年，中国城镇居民人均可支配收入呈持续上升态势，2015年比2014年增加了2 409.00元，比2012年增加了7 225.28元，2017年比2015年增加了5 197.4元。但是，中国的社会现代化推进也是不平衡的。2014年以来，我们如何准确把握中国不同区域，不同省市现代化水平？就必须开展社会现代的评估研究。

（1）以客观数据评估中国不同地区社会现代化水平

2018年根据《中国统计年鉴》（2014—2018）、《中国区域经济统计年鉴》（2018）等统计年鉴中40个指标的数据，运用大数据方法，计算分析了中国31个省区市社会保障、社会服务等客观水平。

2018年如中国内地31个省区市人口平均预期寿命指数得分平均水平为74.91岁，有17个省区市高于中国内地31个省区市的平均水平。

2018年中国内地31个省区市城镇居民人均可支配收入指数得分平均水平为23 793.89元，有10个省区市高于中国内地31个省区市的平均水平。

2018年中国内地31个省区市失业保险参保人数增长率（%）指数得分平均水平为5.48%，5个省区市高于中国内地31个省区市的平均水平；中国内地31个省区市每十万人口社会组织（个）指数得分平均水平为51.21个，有12个省区市高于中国内地31个省区市的平均水平。

（2）追求大数据时代社会现代化的“物理准确性”

国内大部分蓝皮书是文章或定性研究，缺少定量研究，缺少对社会建设数据的比较分析。在大数据时代，中国社会现代化研究，为了使各类数据具有可比性、可跟踪、可预测，从国内各种统计年鉴以及国际统计年鉴、金砖五国统计报告等采集数据。先对各类原始数据加工，如失业保险参保人数，转化为年均增长率；社会组织数转化为“每万人口社会组织数”；然后再运用主成分分析方法计算排序。每年中国社会现代化指数及其各省区市的排序，只要运用同样的方法，采用同样的“主成分”数学建模来计算，就会得出同样的结果，这就是“物理的准确性”，即运用同样方法、同样数据计算，可得出同样结论。

2. 中国社会现代化的评估方法

中国社会现代化指数的研究和计算，以对模糊性指标的处理、指数系统的因子分析为基础，主要通过“主成分”数学建模计算中国社会现代化指数。

（1）主成分数学建模的基本思想是：对原来多个变量进行适当的组合，组合成一些指标，用较少的指标来近似代替原来的多个变量。这种由原来多个变量组合而成的指标，就称为"主成分"数学建模。

（2）主成分是原来各个变量乘以一些系数以后加起来得到的一个指数；各个主成分之间互不相关。为了运用中国社会现代化指数衡量中国的社会现代化水平，并且根据这个指数，对中国31个省区市进行排序，我们对原来多种与社会现代化有关的评价指标（即原变量）的实际观测数据进行主成分分析，求出主成分分析的全部计算结果。

（3）为了分析中国社会现代化的特点、水平，我们不仅立足国内比较，对中国31个省区市、全国1 000万以上人口的特大城市社会建设作横向比较，同时，对中国与G20国社会现代化水平比较，北京、上海、广州、深圳社会现代化水平与世界城市纽约、伦敦等比较。

3. 中国特色社会现代化的水平

在经济高质量发展时期，中国的社会现代化建设也取得了显著成效。根据对2015—2017年《中国统计年鉴》《中国区域经济统计年鉴》《中国民政统计年鉴》等相关数据的分析研究，概括出近3年中国社会建设的新特点、新趋势。

（1）中国社会现代化总体水平

从2017年中国社会现代化综合指数得分为72.04分看，比2013年69.92分提高2.12分。

① 31个省区市社会现代化总指数

从整体上看，中国31个省区市社会现代化总指数得分平均水平为72.04分，有11个省区市高于平均水平；从排名上看，排在前五位的是北京89.33分、上海85.71分、浙江省80.32分、江苏省78.39分、天津77.54分，排在后五位的是西藏自治区66.41分、甘肃省66.36分、贵州省65.99分、云南省65.65分、青海省65.47分;排在第一位的北京得分比排在最后一位的青海省高出23.86分。

② 直辖市社会现代化指数

2017年4个直辖市社会现代化水平如下:1)北京83.55分;2)上海82.12分;3)天津80.19分;4)重庆78.22分。四个直辖市平均分81.02分。

③ 超大型城市社会现代化指数

2017年度中国社会现代化报告有关超大型城市社会建设指数,第一次分别对北京、天津、上海、广州、深圳、武汉、重庆7个超过1 000万人口的城市单独考量评价。

2017年,中国超大型城市社会现代化指数平均值为82.05分。排名前三位的是深圳、北京、上海三个城市。排名后三位的是武汉、天津、重庆。

④ 特大型城市社会现代化指数

2017年中国社会现代化报告,选取10个特大型城市作为范本进行评价。这10个城市是:东莞市、苏州市、杭州市、成都市、佛山市、南京市、沈阳市、汕头市、西安市、哈尔滨市。2017年,中国特大型城市社会建设指数平均值为63分。2017年排名前三位的是东莞、苏州、杭州三个城市。排名后三位的是哈尔滨、西安、汕头。

(2)中国与G20其他国家社会现代化水平的比较

我们从《2016年国际统计年鉴》、各国议会联盟(IPU)、《2016年人类发展报告》(UNDP)、《Global Study on Homicide 2017》(UNODC)中搜集人均GDP(美元)、GDP增速(%)等18个指标,对中国与G20其他成员的社会建设作比较分析。

① 中国在G20中排名靠前的指标

GDP增速:中国排名第二位,6.9%,在G20中排名领先。

失业率:中国排名第三位,4.1%,在G20中排名领先,第一名韩国3.5%。

每十万人口杀人犯罪率:中国排名第五位,0.8%,在G20中排名靠前,第一名日本0.3%。

R&D支出占GDP比重:中国排名第七位,2%,在G20中排名靠前,第一名韩国4.3%。

国际入境旅游人次:中国排名第三位,5 562万人,在G20中排名靠前,第一名法国8 377万人。

② 中国在G20中排名靠后的指标

人均GDP:中国排名第十五位,7 925美元,在G20中排名靠后,第一名澳大利亚56 328美元。

CPI指数(2010年=100):中国排名第十四位,141.9,在G20中排名靠后,第一名日本103.6。

出生时预期寿命:中国排名第十二位,75.8岁,在G20中排名靠后,第一名日本83.6岁。

平均受教育年限:中国排名第十八位,7.6年,在G20中排名靠后,第一名英国13.3年。

医疗开支占GDP比重:中国排名第十四位,5.6%,在G20中排名靠后,第一名美国17.1%。

每万人口医生数:中国排名第十四位,19(人/万人),在G20中排名靠后,第一名俄罗斯43(人/万人)。

城市人口占比(城市化率):中国排名第十六位,55.6%,在G20中排名靠后,第一名日本93.5%。

4. 中国31个省区市社会现代化建设的新特点

根据从《中国统计年鉴》(2018)、《中国区域经济统计年鉴》(2018)、《中国民政统计年鉴》(2018)、《中国社会统计年鉴》(2018)等统计年鉴中采集的中国31个省区市社会现代化建设40个指标的数据,经计算分析,发现了中国31个省区市社会现代化水平的“四个梯队”特点。

若按照80分以上、75分到79分、70分到74分、60分到69分四个得分层次的梯队来看，那么，北京、上海、浙江、江苏、广东、天津为社会现代化建设水平的第一梯队；山东、辽宁、重庆、福建、湖北、陕西、四川、河北为第二梯队；内蒙古、山西、海南、安徽、吉林等14个省区市为第三梯队；云南、青海、西藏三个省区市为第四梯队。

第十一章
大数据时代的“云治理”

在中国特色社会现代化建设新时代，伴随着“云计算”“大数据”渗入经济全球化。正是基于“大数据”的“大事实”已经成为一种时代特征，成为社会事实判断的一个重要根据，决定了“云治理”成为社会现代化建设和治理的一种新模式。

一　大数据对“社会治理”的新挑战

纵观全球，美、日及欧洲一些发达国家纷纷实施了“大数据”的战略部署。“云计算”在美国政府的政策和战略中扮演越来越重要的角色。2011年发布的“联邦云计算战略”，明确提出“云优先”策略，旨在推动联邦政府服务向大数据、云计算迁移。欧盟已将研发和推广大数据、云计算技术列入“欧洲2020战略”，是“欧洲数字化议程”的重要组成部分。日本通信监管机构计划建立名为“霞关云”的大数据、云计算基础设施，在2015年完工。韩国则计划扩大大数据、云计算服务规模，并积极争取相关标准的主导权。2015年初，我国国务院颁布了《关于促进云计算创新发展的意见》，致力于大数据、云计算关键技术的突破，增强大数据的广泛运用，要求到2017年我国的云计算服务能力大幅度提升，在降低创业门槛、服务民生、培育新业态、探索电子政府新模式等方面取得积极成效。

我们看到,大数据广受重视,源于大数据当下对社会治理产生了诸多挑战。

1."社会治理整体"的新挑战

大数据之"大"将社会诸领域紧密联结和贯穿起来,形成了经济、政治、社会、文化、军事、科技等紧密互动的"大数据社会"。在政治方面,大数据的发展程度和利用方式改变了传统的政治生态,促进了网络政治、网络民主的全面升级,积极应对"快速自由"的民意诉求,善于应对各种"民意事件",成为社会治理的重要面向。在经济方面,大数据已经成为一种强大的经济资源受到企业界的广泛关注,工业化和信息化融合的强弱反映了产业转型的程度,也催生出新的经济形态。在社会方面,新的"移动革命"将产生"移动形态的大数据",最终产生"移动性质的信息爆炸"。大数据改变了人们的生存、生活方式,尤其增强了社会阶层的流动性诉求。信息化进一步增强,不断制造出信息的碎片、歧义化,造成"信息分层"的新现实。而且,大数据时代使得任何有关"民生问题"的信息传播,都有可能引发公共危机事件。在文化方面,大数据促使文化生产、传播方式的彻底变革,促进文化资源的产业化和事业性发展。在军事方面,现代军事发展越来越依赖大数据的开发和运用,大数据成为衡量一个国家军事国防能力的一个关键要素。在科技方面,大数据的发掘和运用成为现代科技水平的重要衡量标准,也成为国际竞争力的重要标志。

2."社会治理主体"的新挑战

传统社会治理最权威、最主要的主体,无疑是政府。但是,随着信息资源、信息权力(权利)的流动化、共享化和普遍化,单一"治理主体"的权威性受到越来越强烈的质疑。电子商务将使政府税收和对经济的管制变得越来越困难,无法分割的"虚拟社会"将使得政府无法从根本上防止许多现在被认为"非法"的行为,包括逃税、幼儿色情、窃取商业秘密、窃取私人信息（如病历）等。

纵观当下的社会治理难题，其关键在于政府职能的艰难转变，“经济建设”与“公共服务”职能、角色常常会有矛盾和冲突。由于“大数据”的开放、流动、便利和集中，进而可塑造出通过“服务”来营建良好的社会秩序和建立经济社会发展的新环境；在治理行为模式上也不再是一个“权力支配”过程，而是努力塑造一种更社会化、“自我技术化”的治理主体，以及治理主体与治理客体之间普遍合作的行为模式。

3.“社会治理思维”的新挑战

长期以来，我们对社会进行预测、治理，主要源于抽样数据、局部数据。而大数据、云计算则对经济和社会运行的这类方法提出了挑战。因为抽样数据、局部数据往往只有在“稳定”的条件下，才能够发挥最大的作用；当社会结构出现“不稳定”，尤其是当出现越来越多的信息流动和碎片化时，当传播渠道变为“平台”时，这种测量和控制工具、软件也就失灵了。其替代方案，只能是不断扩大样本数量以控制误差。因此，大数据、大样本逐渐成为社会统计、调查方法不断适应时代变革的一项新要求。

显然，这不仅仅是一种研究、测量方法的挑战，更重要的是人类思维方式、认识方式、行为方式的深刻变化。大数据使人类第一次有机会和条件，在经济、社会、政治和文化的领域，在更深入的层次上获得和使用更全面、更完整、更系统的数据，获取过去不可能获取的知识和问题，得到过去无法企及的创新和发展机会。

4.“社会治理风险”的新挑战

“大数据”带来无所不在的社会风险。面对这些风险，我们应该采取怎样的规制方案？其答案取决于不同国家的技术发展水平以及意识形态和思想观念指导下的行为。21世纪初，伊朗发生“震网”病毒使得其基础核设施受到大面积破坏。这显示出“关键基础领域”已经成为网络武器的专门攻击目标。美国“斯诺登事件”表明，少数发达国家对国际网络空间实施大规模的监控，大量窃取政治、经济和军事秘密，以及企业、个人的敏感信息，甚至还远程控制其他国家、组织和个人的重要网络信息系统。

在现实生活中，无论是环境保护、天气预报，还是社会治安、海外反恐，大数据的社会治理功能似乎无所不能。但是，“大数据”之“大”，并非“完全理性”所能预知、判断和决定，其中内涵了各种复杂的偶然因素。在大数据、云计算、“小时代”之间相互纵横交错、彼此冲撞的环境下，大量数据泄漏风险和网络安全事件的处置难度增加，“应用必须承担更多的防护责任”，已有的网络应用在各种常见弱点及其防护方面应积累更为丰富的知识[1]，只有这样才可能真正适应新技术扩展和应用所产生的新需求。因此，大数据时代的社会运行（控制、管理）的复杂性、艰难性，要求我们加强对社会（包括网络社会）变化发展的风险、安全的控制和预测分析，建立监测灵敏的社会反应和治理体系，这对于当前处于全球化、大数据化以及转型过程中的中国社会治理、和谐社会的建构来说，具有十分重要的意义。

当下我们对于“虚拟社会”及其惩戒机制的构建，大多是一种“事后”的管控和处理。其实，“事前”的预判和解析则更为重要。而大数据时代开创了一个基于“数据计算”的现实世界和虚拟世界相互融合的新时代。通过“大数据”行为的各种评价，在整个反应–控制体系中，解析大数据时代可能出现的各种风险问题，是我们更为现实的“风控”思路。

因此，在创新社会治理、加强社会建设成为各地政府共识和行动逻辑的背景下，必须积极面对大数据对“社会治理”带来的挑战，根据“大数据”“云计算”的本质要求，创新社会治理。

---

[1]［英］维克托·迈尔–舍恩伯格、［英］肯尼思·库克耶：《大数据时代：生活、工作与思维的大变革》，周涛等译，杭州：浙江人民出版社，2013，第103页。

二　大数据条件下“云治理”的价值选择

“大数据时代”的核心词汇和存在依据，无疑是由“数据”转化为“大数据”而来的。虽然对大数据时代的理解不能局限于“概念和技术”，而应引申至文化、哲学、社会学、政治学、管理学等诸领域，但是无论如何引申和扩展，其本身所具有的“云技术”特征，依然是我们讨论问题的基本语境。

1.“云治理”概念成立的逻辑与技术前提

显然，“云治理”（Cloud Governance）的概念之所以能成立的逻辑和技术前提，是网络化资源、服务的不断增加本身所具有的强大力量。大数据、云计算是促使“云治理”走向社会、走近民间的一个关键性的操作技术前提。

如果追根溯源，可以发现，“数据”（data）在拉丁文里是“已知”的意思，也可以理解为“事实”。“数据”代表着对某件事物的客观描述，数据可以记录、分析和重组事物。也就是说，在任何口头事实、书面事实的构建中，“数据事实”几乎成为所有“事实存在”的根本依据。显然，“我们经常把‘数字’和‘数据’这两个概念搞混，但是对这两个概念的区分实际上非常重要”。[1]“数据”则指“一切以电子形式存储的记录”，而“数字化”指把模拟数据转换成“0和1”表示的二进制码，这样电脑就可以处理这些数据了[2]。显然，“数据”已经不再属于纯粹的论证“0与1”之间的数字逻辑关系，而是致力于一种更为庞大的“数字资源”的整理、分析和应用。

---

[1] ［英］维克托·迈尔-舍恩伯格、［英］肯尼思·库克耶：《大数据时代：生活、工作与思维的大变革》，周涛等译，杭州：浙江人民出版社，2013，第103页。

[2] 1995年，尼古拉斯·尼葛洛庞帝的《数字化生存》（*Being Digital*）一书出版的时候，他的主题就是“从原子到比特”，而不是针对处理信息数量的逻辑判断。参见尼葛洛庞帝：《数字化生存》，胡泳、范海燕译，海口：海南出版社，1997年。

而"大数据"(Big Data)概念,则最早源于20世纪80年代,是一个与计算信息直接相关的专业术语,特指那些数据规模已超出了"传统数据"的衡量尺度,一般的软件工具难以捕捉、存储、管理和分析的数据[1]。显然,"大数据背景"所涉及的范围和内容更为复杂多变,不仅包括各种规律性的数据,还包括各种长时段、非规则性、流动性和开放性的数据,其数据所指向的意义并非是显而易见的,而是必须通过特定的"复杂运算"之后才可能有所显现[2]。

2011年5月,麦肯锡全球研究所(Mckinsey Global Institute, MGI)发布研究报告《大数据:下一个创新、竞争和生产率的前沿》(*Big Data: The Next Frontier For Innovation: Competition and Productivity*),使得数据之"大"成为一个崭新的"时代生产"判断符号。2013年被称为"大数据元年",英国牛津大学维克托教授的《大数据时代:生活、工作和思维的大变革》,《外交》发表两位作者合写的《大数据的崛起》,新加坡《联合早报》亦发表《大数据政治》的文章,美国Market Watch网站、美国科技网站"商业内幕"等刊文专论大数据时代的来临及其发展趋势。这些专论都指向一个核心的事实判断和价值判断,即"大数据"的来临,将改变商业运作模式、政府管理、人们的生活方式以及信息的积累,促使整个世界发生巨大的变革。

表面上,"大数据"仅仅是对社会存在的"数据状态"的一种描述而已,本身谈不上什么新的更深刻的含义。"大数据"概念得以成立的核心

[1] 麦肯锡全球研究所(MGI)对大数据的定义带有强烈的"主观性",认为并不需要给"什么是大数据"一个具体的客观标准。因为随着技术的进步,何谓"大"本身就是一个不断变化、变动的尺度。针对各个不同的领域,"大"的定义和要求也不尽相同,无需统一。这里,其实将"客观之大"转换为一种"主观之大"评判,对于理解"大数据"并没有直接的参考意义。在客观标准的选择上,"大数据"应该有其相对的"大小多少"的衡量标准。与此相比较,EMC的界定无疑更有针对性,即至少在10TB规模,而且具有多用户群集效应。参见郭晓科:《大数据》,北京:清华大学出版社,2013年,第5页;[英]维克托·迈尔-舍恩伯格、[英]肯尼思·库克耶:《大数据时代:生活、工作与思维的大变革》,周涛等译,杭州:浙江人民出版社,2013,第8页。

[2] 值得一提的是,其中存在着一种被称为"混搭"(Mashop)的应用程序。该程序通过开放应用编程接口或开放"数据源"访问的方式,使用并结合来自多个"数据源",创造新的服务。

逻辑，则在于“云计算”。传统的数据处理根据已经不能适应大数据的收集、储存、检索、共享、分析等多重功能。倘若不加整理，所谓的大数据的网络空间就成为“塞满垃圾信息的旷野”。显然，“云计算”是技术信息飞速膨胀的必然要求。这里的“大数据”并非纯粹的技术符号，而是已经与全球化的生活、生产紧密地融为一体。从经济到文化、从意识形态到社会治理、从政治到国际关系等等，“大数据”之所以能够在其中发挥着越来越重要的作用，其关键就在于大数据背后所隐含着的“云计算”。通过对海量的、多样化的“大数据”现象进行“云计算”，可以快速获得各取所需的有价值信息。在这个意义上，拥有“大数据”是一种“资料前提”，更是一种“资源前提”。

“大数据”的真实价值，即所谓“大”的价值本身隐藏于各种各样、似乎彼此无关、毫无规则的各种数据之下，要发掘数据价值（即数据发掘，Data Mining）、征服“数据海洋”的“关键性动力”，就在于“云”的逻辑计算能力。随着数据总量呈几何级数增长，处理数据的技术将跨越式提升，“算法”会更加高明、高效，不仅软硬件升级，人类对数据的认识也不断深化。也就是说，在20世纪末，我们讨论互联网时代的社会现象时，最大的关注点，是世界各种各样的信息化、网络化现象判断与反思；而今天，我们则更加关注社交网络、电子商务、物联网与移动通信把人类社会带入了一个以PB[1]为单位的“结构化与非结构化”[2]构造的各类“数据事实”的新时代。从“数字”到“数据”，再到“大数据”，本身已经不再专属于“技术发展”的范畴，而是反映社会发展（尤其是

[1] TB是当前电脑硬盘最大的储量单位，10TB相对于人脑的信息储藏量。人类对于数据的计量单位已经从单位字节（Byte）、千字节（KB）、兆字节（MB）、吉字节（GM）、太字节（TB）、拍字节（PB）、艾字节（EB）走向了泽字节（ZB）甚至尧字节（YB）的发展道路。

[2] 结构化数据（Structured Data）和非结构化数据（Unsuctured Data）是一个标示能否以二维表解构储存和处理的数据。从更为广泛的社会哲学含义看，“结构化”显然属于一个动态的“结构–功能”“行动性”概念，而非静态的“结构要素”分析性概念。现代物理学、化学和社会学都关注“结构化”的变动对于“既定结构”的解构和建构作用。某一个元素只有进入“某种结构”之中，对原来的结构产生冲击和解构，并形成“特定形式”的“结构化”行动，才可能真正发挥作用。

经济运行）形式、模式发生变化的重要象征和线索。通过“大数据”我们可以看到一种崭新的个体化存在、群体运动和社会运行诸多崭新的特征。

2.“云治理”的价值选择

大数据、云计算所引发“社会治理难题”背后存在着一种怎样的逻辑特征呢？如果说在十余年前我们所讨论的计算机、互联网问题，大多属于如何处理和反省人们不适应网络化的信息逻辑，以及人们面对信息或手足无措或自由狂欢的存在状态之类的问题，那么，随着全球互联时代、自媒体时代、即时移动时代的来临，越来越多的企业家、科学家、人文学者开始意识到一个更为重要的问题，即重新返回“计算”，一种基于“信息大爆炸”“大数据”条件下的“云计算”，开始逐步成为人们思维、决策和社会行动的一个越来越重要的选择方案，并带有鲜明的“价值选择”特征。换言之，“云治理”作为社会治理的新模式，具有极其鲜明的特征：

（1）“技术、人文和社会”相互融合

首先，从概念内涵的角度看，“云治理”作为大数据充分应用的一种“治理技术”，是一个更高形态的“辅人技术”概念。“大数据”极大地推进了“数据化生存”的整体境遇，但“大数据”并非独立地发挥作用，而是与人类的诸多原有“成果”进行联结，它打破了“部分人”“部分地方”限制知识与文化的状态。在这个意义上，“云治理”的本质应是一种更高形态的“辅人技术”，我们不能将其神秘化。

其次，“云治理”是一个更为普遍化的“社会技术”概念。大数据的低门槛，增强了每个人参与现实、表现自我、改变现实的能力，使每个人进入“自由交往”的机会也不断增大，具有高参与性、强渗透性的特点。在这个意义上，大数据必然对网络经济、网络政治、网络文化，以及相关的现实问题，都将产生直接而鲜明的影响。

再次，“云治理”是一个更具主体性的“技术人文”概念。大数据是

“高技术、高人文”相互融合、彼此冲撞的产物，如果仅仅强调其中的一方面，而忽视另一方面，就会降低“大数据变革”所具有的整体意义。毫无疑问，大数据是信息技术选择和进步的产物，但技术的选择本身就内涵了历史人文的选择因素，而且技术发展越快，人文的选择性也就越强。在犁与推土机的时代，人文的选择是“不得不”，除此之外别无选择，人文性的彰显并不突出；在大数据所构造的信息时代，人文的决定和选择性日益鲜明，更多的图式、途径拓展了我们的选择空间，以至于可以说，大数据时代是愈加承受个体与群体选择的时代。如果仅仅从信息技术角度，强制性地进行角色承担和社会选择，仍然是单维的发展之途，不利于“技术人文”范畴的丰富与拓展。

（2）“治理效率和治理风险”相互依存

诸多大型数据库的拥有者、使用者们，“他们都想知道怎么可能把企业最有价值的资产——数据——发送到防火墙之外”[1]。但是，随着网络“开放性”[2]的程度越来越大，黑客的“低龄化”程度越来越明显。这无疑更增添了网络规制的难度。如何拒绝越来越多的“流氓软件”的植入，降低数据泄露的风险？大数据时代的“数据安全”本身，就是一个充满着悖论的难题：一方面，大数据需要大量的可供分析的数据资源，这是形成大数据的技术基础；但另一方面，将私人的诸多信息，如客户身份信息、健康状况、财务状况方面的数据等，移到“公共计算网络”的数据平台，会带来更多更大的数据利用、更改、盗用风险。全球化、信息网络化和大数据确实在给人类带来革命性变革的同时，也产生了许许多多难以规制、难以管理的新问题，这增加了网络立法的难度。但为了维护网络社会——人类虚拟世界的秩序，必须认真研究和制定网络法律和法规。网络学视域中的网络法，是现实的法律和法规在网络世界的反映和延伸。

（3）“数据自由和社会控制”二律背反

---

[1] ［美］巴布科克：《云革命》，丁丹译，北京：东方出版社，2011年，第71页。

[2] 这里的开放性是全方位的，是向所有领域、所有阶层、所有年龄阶段的全天候、全球化开放。

"大数据"之所以产生的直接根据在于，各种数据之间能够畅通无阻地聚集、利用和比较，这就给"数据协议"提出更高的技术要求，对社会规制的整体逻辑提出新的要求。既要弹性又要安全性，既要专用性又要开放性，二者"兼得"如何可能呢？"有选择，才会有更多的企业使用云计算。妨碍多样化进程的供应商，最后只能是搬起石头砸自己的脚。但是，供应商仍然有很强的锁定客户倾向。"[1]"被锁定"的单一、专用的渠道流通和控制模式，尽管意味着不自由，但也意味着"安全"、不会被侵扰。概括起来，至少存在着以下几种不同的逻辑指向：第一种是"政府治理"为主导；第二种是独立规制，由业界自己建立的机构来规制互联网；第三种是自律，例如各行业委员会有权实施制裁；第四种是自然控制，即根本不施加规制。[2]这些争论显示出各种社会治理理念、治理模式的差异。

总之，"云治理"价值选择的根据在于：以超越传统社会治理的逻辑形式，实现了"社会治理主体"的社会化，通过互联网的技术平台，实现了更为高效的分享公共信息、公共服务的社会职能，进而促进了解决社会资源闲置和无效的社会难题。在传统的社会治理模式中，"主控性的社会治理"成为最突出的特点，而大数据促进了"公共信息"、公共资源乃至私人闲置资源的分享与流动，这对社会治理提出了新的挑战。这意味着纯粹的"公私界限"分立的"治理模式"尽管在逻辑上成立，但在"云治理"的视野下，其将遭遇到共治、共享的新价值观念和庞大社会需求的冲击。

三　"云治理"的社会应用

讨论"云治理"的目的在于其具有明显的应用价值，代表着社会治理发展的一种新趋向。在这个意义上，大数据、云治理本身的意义，不在于拥有或显示"一大堆数据"，而是为了让社会运行更为顺畅，社会服务更

[1]［美］巴布科克：《云革命》，丁丹译，北京：东方出版社，2011年，第71页。

[2] 参阅李振、鲍宗豪《大数据时代的网络社会》之第三章"大数据时代的网络社会治理"，上海：学林出版社，2015年。

有效率。

1. 发挥政府在“云治理”的主体作为

尽管政府受到强烈的挑战，但是，作为社会资源和社会服务的主要承担者，尤其是我们社会主义“人民政府”更应在“云治理”中发挥主体作用。仅就上海而言，上海出台了“云海计划”，通过应用示范的推动，把上海建设成亚太云计算中心。其“十二五”规划把“智慧城市”作为最重要的目标，通过数字化、网络化和智能化加强和推进城市管理、民生改善、经济发展。具体来讲，就是利用信息通用技术来感知、分析和整合，并智能地应用于交通安全、城市服务、民生等现代信息服务领域。“智慧城市”是一个城市文明程度和竞争力的名片，更是社会治理模式转型的名片。一开始的三年目标是“基础先行，示范带动”。示范应用主要在政务、健康、教育等领域；第二阶段的三年目标，则是智能应用和效能提升，在经济和社会的各个领域得到广泛应用，使得新一代信息产业发展水平显著提高；第三阶段是2017年到2020年，目标为“全面发展，体系完备”，使得经济社会各领域的智慧应用得到广泛的应用，构建和谐、生态的城市，让市民生活更加美好。在智慧城市建设中，云计算这种IT的形态发挥了大脑灵魂的作用，它可以把资源充分整合，可以为企业，为市民，为个人提供灵活的应用，能节省资源，降低成本，还能激励创新。

我们认为，政府应该把大数据看成是社会更有效管理自身的有力工具，不仅会提高政府工作的效率和效果，还能使公民更多地参与决策过程。尤其是一些“公共性质”特别强的服务部门和领域，如国家安全治理、国民经济安全治理、文化治理等，必须由政府而不是由私人公司提供。

2. 拓展“云治理”的全球视野

“云治理”的空间范围和逻辑特征，已经远远超出了物理学、地理学意义的国界，一定程度上具有了“全球治理”特征。尤其针对“流动性”、匿名性极强的违法犯罪，如经济范围、刑事案件和恐怖主义之类，特别需要全球治理的视野和手段。针对个体自由、个人发展和国家治理的网络解决方案，应该具有全球性，因为信息化的本质已经突破了原有的国家、地域概念，而不能仅仅用于维护某个国家、某一群体的利益。一个人在德国通过加拿大的因特网服务商购买了一个美国软件，该交易适用于谁的法律？如果购买者碰到问题又应该找谁呢？当然，这里存在着技术高低、强弱的差别，存在着强网络技术国家对弱小国家的强制和侵犯问题，这显然要突破和批判任何抽象说辞，注重网络技术的全球公益性和基础性，形成全球通用的安全观，构建一个基于全球文明和谐、自由、平等的网络安全体系。

3. 发挥普通民众积极参与“云治理”的积极性

当经济高度发展到一定阶段后，应该适时转变国家治理、区域治理、城市治理的目标导向和机制选择，即确立“社会目标”优先于“经济目标”的原则，依靠现有经济基础和能力，反哺社会发展，以促进经济与社会协调发展。更为重要的是，政府应顺应全球社会公共管理新趋势，大力鼓励和引导普通民众、非政府组织（如社会基层的自治机构、行业性的同业公会，以及具有专门目标的基金会等非政府组织等等）积极参与到社会治理的各个方面，共同促进“云治理”的社会化发展。也就是说，“云治理”不再是纯粹的“政府治理”，而是要彻底改变政府集社会管理和兴办社会事业于一身的格局，鼓励非政府组织及普通民众参与社会治理的积极性，强化社会参与自我管理能力，提高社会自组织能力。这里的“云治理”已经不再是“政府云”，而是针对更为广泛且拥有恒久力量的“社会云”。

例如，在司法治理方面，现代社会中的司法部门在信息装备上进行了大量投资（计算机系统、网络、无线通信系统等等），警察能够追踪和了解可能的犯罪行为。例如有关寻找失散儿童的国家中心网站，是帮助寻找失散儿童的重要资源，能帮助父母防止儿童被拐骗。如果缺乏个人和大量非政府组织的积极参与，“云治理”依然不可能走出传统“中心控制”的模式之外。

4. 发挥“大数据”的公共服务功能

政府部门应从经济、社会、政治转型的高度出发，充分发挥大数据的资源效能，为广大的民众提供高质量的公共产品和公共服务，尤其要为各种市场主体提供良好的发展环境与平等竞争的条件，为社会提供安全和公共产品，为劳动者提供就业机会和社会保障服务等。例如在社会保障方面，新的信息技术为公众健康和安全部门提供了传递保健建议和消费者信息的新工具。疾病控制和防治中心、国家医药局以及其他部门已建立了有效的网络站点，来保证公众能得到主题广泛的信息。尤其是大数据医学中心、大数据基因组的测试等举措，可以通过更大范围的临床病例、基因筛查，更好掌握世界病情诊断的信息，为人类的健康服务。在个体服务的层面上，数以千计的提供保健信息的私人站点也在不断涌现。无论传统药品还是替代药品在网上都有详细介绍。

尤其在教育资源的拓展方面，大数据不仅将提高教育的质量，同时也将对公立学校体系提出挑战。各种数据化的教学材料（网页、在线课程、慕课教学等），提供了老师在课堂中所不能讲授的东西。这些资源无论在公立学校、私人学校，还是在家里都能得到。越来越多的儿童在家里接受教育，这反映了人们对公共学校教育质量的不满，同时也反映了新工具使父母在家教育孩子变得更容易。

这里的“公共服务”更具有“私人定制”的服务特点。这里“大数据、微治理”的重点所在，不仅仅要建立并疏通市民利益的表达和反馈渠道，让市民享有充分的知情权、参与权和发展权，更重要的是为“不同”的服务对象确定“不同”的服务内容。不同的人群具有完全不同的吃饭穿衣、住房取暖、子女教育、医疗、养老、失业、工伤、最低生活保障、就业服务之类的问题，及时、有针对性地为这些“不同人群”排忧解难。这是“云治理”走向“全面治理”“微治理”的重要内容。显然，这里的“治理”本身就意味着“服务”，而且是“细致入微”的服务。这类性质和内容在缺乏“大数据”应用之前，不可能普遍化，而在大量运用了“大数据”之后，可以实现更精准、更便捷、更便宜的服务。

5. 发挥“大数据”的风险治理功能

“大数据”可以帮助公众抵抗没有预见到或无法预计的各种风险灾难，增强应急防控的效果。例如，FEMA的网络站点是美国公众预防地震、洪水和飓风的信息源泉，它为那些房屋或者生意遭到自然或人为灾难毁坏的人提供在线支持。站点将FEMA的雇员、州和地方紧急事件预防办公室以及公众联系在一起。

尤其针对普遍盛行的“社区矫正”工作而言，通过“大数据”可以及时发现并化解社会矛盾，以保持坚实的社会稳定基础和较强的社会预警及反应能力。

6. 注重“大数据”的环境治理功能

针对越来越严重的环境污染，环境治理通常的做法是，派遣检查人员深入现场来监控污染排放和确定工厂是否违反了排污标准。只要公众要求得到清洁的水和空气，只要某些工厂违反排放条例，就需要派遣现场检查人员。近年来，“大数据”是美国环保局（Environmental Protection Agency，简称EPA）和州环保处的新手段。EPA耗资最大的项目之一就是建立有毒废气排放数据库。每年经营单位都提供各工厂的有毒废气排放数据，EPA核实这些数据并将结果在因特网上公布。这样公众就知道了当地是谁在污染环境，并和其他地方的同类设施做比较。同时，环保部门也可以利用这些信息来要求经营单位采取措施以减少排放量，甚至在经营单位符合EPA标准的情况下也可以这样做。通过向当地公众提供信息，政府加强了地方的反应能力，因而可以减少自上而下解决问题的需求。

第十二章
"全球化文明语境"建构

社会现代化对文明的追求，总是在一定"语境"中实现的。中国特色社会现代化乃至全球社会现代化，均离不开"全球现代文明语境"的建构。当前，"全球化语境"已经成为哲学、社会科学诸多论题的前提。正是在"全球化（生存）语境"下，许多命题与解释发生了内涵上的转型和重建，全球化时间、空间、事件和运动等建构出一个全球想象的共同体，思考全世界文明的现实图景和未来发展成为中国特色社会现代化关注的重要领域。"全球化"本身是一个复数概念，[1]会随着不同叙述主体所指对象的变化而变化，而"全球化语境"则具有引领、聚合的作用，使越来越多的哲学、社会科学学者意识到知识主题的时代转换，有意识地培养、训练各自的"全球化视角"，实施各自的"全球化判断"。因此，"全球化语境"本身应该不仅仅是一个描述性术语，表示时空关联及其意义生成的全球性质，还具有价值导向和实践趋向的作用，只有意识到全球化语境向"全球化文明语境"转化的必要性和现实性，意识到单纯全球化语境分析的局限性，才能真正重塑丰富多彩的新的人类社会现代化全球化文明图景。

[1] 梁展：《全球话语》，上海：上海三联书店，2001年，第103页。

一 全球化语境的生成

语境是语言环境或言语环境的简称，一开始是社会语言学、语用学、修辞学等学科探讨的一个重要问题。随着“语言转向”被广泛地接受，语境分析已经成为哲学领域探讨各种问题的一个关键术语，许多学者不约而同地认为：只有在共同或近似的语境下，不同学科以及同一学科的不同学者才能实现有效的对话与交流。

1. 语境分析的内涵

在纯语言学的视界中，语境主要指Linguistic context（语言环境）、context（上下文）、environment（语言环境）、context of situation（语言的环境）。[1]《朗曼语言学词典》认为，语境综合了词、短语、长句、语篇的前后内容，表示语言所处的广泛的社会环境。[2]这样语言的上下文成为语境的主要含义，大至时代特征、社会性质、制度环境，小至教育水平、专业知识、生活经验、语言风格都成为语言交往与对话关注的主要内容。

在语言游戏规则的思路下，语境分析强调不存在任何神圣不可侵犯的信念，将语境、言语行为、言语效果联结起来，不对根本性的问题和答案做出承诺。语境分析以语言为突破口，对以往的概念、术语加以澄清、评价和重新设计。退而言之，在尚未取得共同语境的条件下，我们更应该容忍各种歧义与偏见，各种长期被边缘化的话语得到了极大的张扬，促进了学术的自由与多元化。

如果联系结构、后结构主义思潮，则会发现，语境分析实质上与文本分析具有互补的关系。结构与后结构主义以文本为分析对象，将社会视为文本的“拟像”，通过文本来分析“整个世界”。罗兰·巴特（Roland

[1] ［英］哈特曼·斯托克编：《语言和语言学词典》，黄长著等译，上海：上海辞书出版社，1981年，第78页。

[2] ［英］杰克·理查兹、约翰·普兰特、赫迪·魏伯编：《朗曼语言学词典》，刘润清译，太原：山西教育出版社，1992年，第72页。

Barthes, 1915—1980）认为，“结构主义是从当代语言学方法中引出的”，带有语言学的浓厚色彩；列维-斯特劳斯（Levi-Strauss, 1908—2009）则把人类行动等同于一系列语言，语言的亲属关系决定人类的亲属变动关系；德里达（Derrida, 1930—2004）的解构主义对结构的内存统一性、语境前提的统一性加以质疑，认为舍弃语境仅仅对孤立出的文本进行分析、解读，重新错置了语言，是对文本的误读；克里斯蒂娃（Kristeva, 1941）引入“互文性”术语，认为互文性是探索文本语言奥秘的基本要素，这实质上与德里达并置文本的“解构性阅读”相近似。文本的结构或解构分析强调，可以跨时空地实现话语主题、场景、方式、语式、效果的联结和比较，突出超越边界和限制的自由学术探索。因此，语境分析作为一种逻辑分析视角，强调文本世界与现实世界的统一性，认为只有积极地介入各种语境和话题的争论，并处于相同或相似的论题语境中，所提及的问题才有沟通的可能，在文本世界与现实世界的分析中搭建起共同的时空背景，使话语符号的互置具有相互联结和比较的可能性。

2. 语境分析的全球化应用

将语境分析应用于全球化命题的分析，勾勒出全球化分析的总体特征。语境分析使许多不同学者以全球化命题为核心聚合起来，显示出语境分析对于全球化现象研究的独特价值。

第一，文化语境的全球化应用。文化的全球化语境一般从文化帝国主义、文化民族主义和文化殖民主义的角度加以说明，从中国和西方两方面加以解释，如果说古代中国是在一个封闭的环境里独立地进行着各种文化的生产和积累，那么在全球化时代则是在“地球文化广场”的大环境里，开始了现代意义上的文化创制活动。在文化语境的扩展过程中，必须警惕文化帝国主义和民族主义的两种倾向，建构自己的文化特色。[1]

---

[1] 鲍宗豪：《论民族文化主权》，《新华文摘》，2003年第1期。

第二,政治语境的全球化应用。当代西方政治学家、现代化理论家塞缪尔·亨廷顿认为,世界政治在冷战局势结束后即进入了“后冷战”的新阶段,政治的、意识形态的冲突已不如过去重要,取而代之的主要冲突形式是不同文明之间的冲突。[1]这里的文明冲突事实上是一种政治语境下的理论分析,而且只有从政治语境的角度才能真正理解政治全球化的根旨所在。

第三,哲学语境的全球化应用。哲学语境的全球化转向,认为全球化构造出一个全球化生存的共有共享的时间和空间,这是哲学思考人类命题的一个新的地平线。同时,全球化依然存在着中心与边缘的生存张力,语境的基础和核心话语受到理性和一元文明观的元叙事和基础性话语结构的制约。元逻辑话语、基础主义、中心主义和整体主义特征所构造出的语境对话平台,必然形成全球化语境的话语陷阱。因此,必须警惕思维和逻辑中心对于全球化语境结构和场景的建构,凸显各种不同文明异质性语境的合法地位;警惕以个性生存为借口所导致的全球总体上的不确定性、差异性和矛盾冲突,对于全球化语境实施反思性的综合判断,倡导和而不同、自主、自觉的精神,促使碎片语境和整体语境的和谐统一。[2]

第四,语言学语境的全球化应用。语境分析直接来源于语言学,但将语境运用于全球化的语言传播和交流还刚刚开始。语言学追求语言的清晰性和深刻,而日常语言的意义一般是直接显现的,处于全球化的语言交流和互动过程中,当我们一旦需要表达复杂的意义时就会出现“失语境”的问题。通过语言机制观察和推测的各种语言现象、语言事件、语言逻辑、语言文化等因素,是分析、判断和营造合理的全球化语境的前提条件。各种语言具有各自的一套体系,不同的语言事实和语言结构必须通过其独特的语言逻辑来获得理解,这事实上牵涉语言与民族心理、民族思维的特征问题。要消除

[1] 参阅[美]塞缪尔·P. 亨廷顿:《文明冲突与世界秩序的重建》,侯井天译,北京:新华出版社,2002年。

[2] 丁立群:《文化全球化:价值断裂与融合》,《哲学研究》,2000年第12期。

语境差异引发的各种矛盾，就必须深入到语义和语用的深度，比如中国“山水”与西方“风景”(landscape)语言就存在着深刻的差异。[1]

第五，文学语境的全球化应用。每一个民族的文学都是世界文学之树上的一个分枝，处于全球化时代中的民族文学和个体文学必须打破原来闭关自守的狭隘界限走向世界，在全球化语境下，各民族文学不可能因为获得了世界性而淡化了本土性，相反地，正是因为具有民族性才使得文学全球化成为多种民族文学的融合和对话，在对话中，文学的世界性交流反过来又为丰富文学的民族性提供新的素质。各民族文学将在一个广阔的空间中，发出自己的声音，展示自己的魅力，异质文化的输入，也许可能改变本民族某些与时代不合拍的因素，出现文学全球化的失语现象，但是它同时可能激活本民族文学中的创造性因子，从而使得各民族的文学产生新的活力。[2]

从具体的学科语境到全球化语境整体共识的形成，经历一个语义学、语用学的传播和转化过程，解除各种附加的语言约束，跨语境的互动及其联结是确立全球化语境的前提条件。[3]语境分析的全球化应用反映出全球化语境所具有的生命力，语境分析作为一种适应全球化现实的一种有效的逻辑视角，是所有关心全球化现象的人们反省各自的全球化立场，寻求更多的语言交流。语境分析的全球化应用，实际上就是一种对于全球化的理论前提予以澄清和反省的视角转向。

3. 全球化语境的现实生成

全球化的步伐一直在前进，它从遥远的历史和空间的边缘走到我们眼前，将人类置身于其中，自觉、不自觉地成为当代人类社会的一个崭新的课题。全球化成为社会发展时空结构的主要衡量维度，以至于我们的

[1] 张杰：《语言全球化：一体化与多元化》，《外国语》，2002年第6期。
[2] 王宁：《全球化理论与文学研究》，《外国文学》，2003年第3期。
[3] 汪晖、陈燕谷编：《文化与公共性》，北京：读书·生活·新知三联书店，1998年，第534页。

生活方式、思维方式,甚至整个生命状态都必须在全球化所勾勒出的历史、现实和未来的背景下,才能得到真实、丰富地展现。愿意走的跟着全球化的步伐走,不愿意走的被全球化拖着走。舍弃全球化对现实人类社会整体存在方式的思考,或者仅仅把“全球化语境”作为一个概念术语在具体人文社会科学领域加以应用,而不深入思考它对整个社会产生的“根本性”影响,就会在各种迥然不同的全球化见解和行动面前,不知所措,无所作为。

第一,全球化的事实语境。全球化不仅是不以人的主观意志为转移的客观性的历史存在和现实存在,更是未来社会发展的客观因素和客观要求。它将一切“地方性现象”“地方性事件”消弭于全球化的巨大场域中,将所有异在的他者因素皆被同化为“全球因子”,这样的全球化是被“强势”决定的和推动的,“弱势”只能甘愿屈服于“强势”逻辑所框定的路径。尽管存在着各种形式繁多的“逆全球化”“反全球化”的运动和思想,但正是在全球化的突显下,本土化、地方化、区域化才显示出自己独特的价值与意义,“地方性话语”的文明价值正是在全球化浪潮的冲击下才显得无比珍贵,它作为异在的他者成为检验全球化运动效应的一个极其重要的内容。因此,全球化的事实环境已经成为建构“新现实”的一种越来越重要的社会机制,重构出崭新的“全球化事实”语境。

第二,全球化的资本和技术语境。资本逻辑和技术逻辑成为全球化扩展的主要逻辑。资本逻辑具有争取更多利润的自然倾向,打破自然和人为的各种边界,推动全球化的车轮不断运转;技术逻辑契合科学发展的一般规律,强调技术生成和享有的全球性,打破技术的垄断,通过技术建构人类共享的文明。这样一来,资本和技术就成为在全球化语境中的两个核心的术语,任何谈论全球化的学派和个人无不在资本和技术方面强调自己的立论的有效性、合法性。而且,随着资本与技术向思想、文化、艺术、教育、传媒等领域的扩张,全球化的话语越来越多样化,然而其内在的资本和技术支撑依然成为把握全球化语境的两个重要术语。

第三，全球化的语境偏向。被许多经济学家、政治学家所展示和论证的后发优势，成为发展中国家追逐现代化的口号和重要理论根据。然而，后发优势是被“化”进全球化运动体系之中，始终处于技术逻辑和资本逻辑的支配之下。后发之所以存在是由于先发的存在前提，通过全球化的交往、交流和共同发展，发展中国家可以实现某种跳跃，短时期内完成发达国家所走过的路程。我们不排除个别发展中国家可以利用全球化规则的积极因素，实行跳跃式发展的可能性和事实性，但是作为发展中国家的“整体”要实现超越西方发达国家的目标，以发达国家的逻辑作为自己的发展逻辑，在这种“同一性逻辑”下，后发始终处于“后发”状态，始终摆脱不了受外在逻辑的支配和影响，全球化逻辑的一维性和单向性不可能使发展中国家根本摆脱贫困的命运。应该看到，尽管表面上全球化倾向于西方化，但是西方国家也是历史行进的杠杆，成为历史不自觉的工具，是世界历史发展的客观趋势和必然归宿。所以，我们不能将全球化还原为西方化，不能使之成为每个国家无法摆脱的宿命。

第四，全球化语境的整体转型。在全球化的历史与现实的背景下，当代社会面貌发生了根本性的变化，以社会现实为研究对象的社会发展理论也必然产生深刻变革。[1]在全球化构成的世界社会诸多因子的相互流动和震动下，探讨传统的国家、民族和个人的话语体系必将发生裂变，许多表面上的语义所指向、指代内容的对象性的有效性消失或减弱；否则的话，这些语词就会变得苍白无力，无法回应和解释，更无法真正地解决全球化现实出现的各种问题。现代性的许多话语都是以既定的现代性国家为存在前提，民族、国家作为一种强大的共同体力量决定了现代性话语的基本逻辑框架及其运行模式。然而，在全球化浪潮的冲击下，以国家本位区分和鉴别的话语分析方法日益显示出其不足之处。民族、国家的各种权力话语受到全球性利益格局的影响而发生转型，世界话语、区域话语

[1] 关于全球化与当代社会的研究，请参阅鲍宗豪：《全球化与当代社会》，上海：上海三联书店，2002年。

愈来愈多地干预和渗透到国家话语、个体话语中，对整个话语体系产生深远的影响。

所以，当代社会进入一个“全球化语境”整体转型的新时代，不仅发展中国家必须正视这个客观事实，发达国家也不能小觑它的影响。哈贝马斯、吉登斯、贝克等已经揭示出全球话语的新形式与新内涵，而许多发展中国家的理论家大多只看到国内话语的转型，比如从传统话语向现代话语、开放话语、市场话语、私人话语的转型，其实这些转型只不过是全球话语转型的一种表现形态和内涵而已，它与全球话语的整体转型相协调。如果仅仅局限于国内话语转型，忽视对全球话语转型的分析和借鉴，结果必然限制和束缚对话语转型现实的深刻把握。只有将国内话语与全球化话语的变化紧密联系在一起，才能将全球化语境纳入现实的层次思考，而不是停留于空泛和表面。

因此，在全球化时代，构成国家、民族内在的各种结构性因素发生分解，各自独立发展的逻辑已经大大减弱，作为整体的全球化的存在世界正展现在人们面前，它涵纳和贯穿诸多地方性场景，构成现象学和解释学意义上的“世界总体”。这种“世界总体”决定了我们思考、述说和行为的崭新视域，视域的分裂和视域的融合成为全球化语境展开的主要角度。罗伯逊正是在这个意义上将全球化界定为“世界的压缩和将世界视为一个统一整体意识的强化”。[1]全球压缩与全球延伸是全球化逻辑的两种存在方式，它将全球化的分解效应、聚合效应和扩展效应结合在一起，使诸多个体话语表现出越来越强的相互依赖性。诸多理论与实践所指向的世界不再专属于某些实体，而是针对共同的世界。正是在共同所指的“世界”的基础上，所有的话语形式和内涵都发生极大的变化，所有理论话语和日常话语都受到全球化语境的影响和笼罩。

[1] 罗伯逊：《全球化社会理论和全球文化》，梁光严译，上海：上海人民出版社，2000年，第11页。

二 全球化语境的诸多形态

尽管全球化语境的事实已经形成，并对哲学社会科学的整体话语产生根本性的影响，但由于全球化现象的复杂和语境分析本身内在的分歧，一种统一的具有单称意义的“全球化语境”并不存在，站在不同角度上表现出诸多不同的形态：

1. 强势话语建构了强势的语境特征

在全球化语境中，谁在说话，谁的声音最有影响力、威慑力，谁就会成为语境的主要建构者。西方发达国家以圣经、箴言的形式述说全球化的美丽前景，祈求更多的共鸣；尽管存在着诸多弱小国家发言的舞台，但发言的声音依然微弱，容易被彻底遗忘；尽管表面存在着世界性的广泛交往，但交往的规则、程序依然充斥着“世界警察”的呼号；尽管世界充满外交措词的美丽修辞，呼唤和平友谊与共同发展的世界大同，但话语背后的物质力量却是建构全球化语境的主要因素，任何人都必须正视它。话语的秩序无论怎么强大，始终无法替代物质力量的决定和支配作用；武器的批判任何时候也无法替代批判的武器。

2. 地方话语与全球话语的论争

无论全球化语境如何盛行，述说全球化命题的个人无不带有自身的“地方性特征”，处于地方话语与全球话语的争夺之中。斯宾格勒《西方的没落》表达了与雅斯贝尔斯共同的设想，认为欧洲中心主义正处于通向世界哲学、世界文明的道路上。尽管如此，二人的论证方式、论证内容和重点都在欧洲，而对于非西方关注不够，至多表达了呼唤全球话语、解除单一话语钳制的愿望而已。21世纪初，中国的许多学者企图以天人合一、世界大同的思想来设定全球话语的核心内容，并以此消解西方中心主义的价值歧视，这表明虽然我们一直在讨论全球化，实际上依然试图以自身的话语去改造全球话语，依然具有强烈的地方话语特征。

3. 全球化的原教旨主义语境

全球化的原教旨主义语境寻求普遍的承认教义，认为自己的理论话语具有全球奉行的普遍价值，应该得到普遍的认同。它又可分为两类：一类是抽象意义上的，它以普遍理论的述说表现出来，全球化不是对自身原有理论的挑战，而是更加突显出其永恒价值。如自由主义、社群主义、新儒学、各种宗教理论等。另一类是具体层次的，它坚守自己的“思想净土”，越是全球化，越显现自身的独特价值。如各种民族生活法则、宗教仪式、民间乡土艺术等。这两种坚持，尽管皆处于共同的时代语境下，但其内涵、形式和发展趋势各不相同。

4. 全球化的具体社会科学语境

全球化作为时代主题已经被纳入各门具体社会科学的研究视界中，原来纯粹以空间特征命名的世界经济学、国际政治学、全球社会学、国际法学等逐步改变原有的性质，学科的概念、术语、范畴等逻辑体系受到全球化的浸润和影响；由于各种具体科学之间的壁垒和界线已经制度化，学科之间的互动缺乏，造成共同语境下的话语断裂，自我言说的结构模式依然成为目前盛行的主要形式。

5. 全球化语境的合法性危机

尽管全球化的现象与逻辑不容置疑，但各种反全球化的运动依然此起彼伏连续不断。国际货币基金组织、世界银行、世界贸易组织、八国峰会等国际性组织在哪儿召开，反全球化的人群就会在哪儿发生抗议。全球化语境并不构成支持全球化运动的合法话语机制，它只是描述全球化的各种现象与关系，并未实施全球化语境支持与否的价值判断。我们讨论全球的各种现象，但全球化的话语该如何说，具体的内容该如何规定尚未定型。汤林森以联合国教科文组织的话语分析为例，讨论了全球化话语机制的危机：联合国的发言机制往往以“所有人”（all the people）名义进行，外交措词的语言始终无法达到真正的语言和解。在资本、技术作为全球化逻辑的主要杠杆的事实条件下，追求全球化语境的普遍有效性是对现代话语规则的整体反思，具有反思现代性的“方向性意义”。

由此可见，全球化语境并非一种信手拈来的聚光灯，它既可以聚合众多的光芒，照亮许多未知的领地，探索更为深刻的道路，拓展更为广泛知识的层次，带来新的文明发展的可能性，对全球化文明语境的建构产生根本性的影响；另一方面，全球化语境本身也带有各种折射和歪曲功能，一定程度上剥夺了文明自我选择、自我发展、自我决定的机制，使得与全球化逻辑相对立的阴影部分更加晦暗不明，全球化语境并非“普照之光”，以此来建构众生平等的文明社会。因此，必须注重全球化向全球化文明的实践转化。

三 当前全球化语境分析的局限

按照马克思主义的实践观点，所有的文本分析和语言分析都必须最终诉诸社会实践的结果与效果，社会实践成为检验分析一切语境的根本标准。正是站在马克思主义实践观的基础上，我们认为单纯的语境分析还具有明显的局限性和不足，体现出该分析方法的局限性：

1. 全球化语境分析的主观性

任何论题的选择、书写与讨论都是一种“自我语境化”的过程，或者说“语境的”自我逻辑化的过程，将感兴趣的论题纳入自己的知识视界中，具有明显的个性化特征。近来许多全球化研究学者借鉴人类学、现象学的思路，反思全球化语境的不足，自觉抛弃或悬置各自的理论“语境”，以“全球化的社会事实”为研究对象，期望达到客观的描述与分析。[1]用自我呈现的全球化事实说话，放弃言语设定的主观人为性质，成为全球化交往的基本的语境前提。尊重全球化事实、让事实说话成为破除语境狭隘性的一种重要机制，这从反面充分显示出全球化语境分析所具有的主观设定色彩，也由此决定了其无法替代社会事实判断和必然向社会事实分析转化的客观性。

2. 全球化语境分析的理想性

语境分析实际上存在着一个不证自明的前提条件和宗旨，即通过语境的相互理解达到一致性的绝对承诺，确保人们正常交往的实现。这表明语境分析具有强烈的理想化色彩，企图把诸多思想聚合在同一视界下，这是对话哲学、交往理论逐步深入人心的结果与体现，毕竟诉诸同一语境会使对话与交往在共同的平台下得以进行。但是，针对众说纷纭、众声喧哗的全球化语境来说，这种分析带有假设的性质，言语语境的建构与认同、界定与变动受到历史、现实诸多条件的制约，一个静态的普遍化的全球化语境接受和适应模式是不存在的。因此，全球化语境只具有背景选择和参照的功能，并不能代替和掩盖全球化具体问题的解决，全球化语境的布景既敞开了各种问题，又遮蔽了相关问题的深化以及向陌生领域的拓展，詹姆逊（Fredric Jameson，1934）“语言的牢笼”理论直接应用到全球化语境分析中依然有效。

3. 全球化语境分析的自我循环特征

全球化语境分析本身带有某种封闭的特征，限定了主题及其相应的谈话方式、表现形式，人们创造语境又必然会从属于它、归属于它，具有明

[1] 关于全球化语境分析主观性的不足，请参阅鲍宗豪：《全球化与当代社会》第一章，上海：上海三联书店，2002年。

显的自我循环性质[1]。从意义的生成与效果的扩展来看,无论什么性质的循环都充满了意义的自我指涉和自我认同特征。全球化语境分析注重布景的同一性,同一布景的开启与终结构成了全球化语境生成与发展的基本命运,一旦某种语境凝固下来,该命题的生命力就会枯竭;相反,善于打破既定语境条件的束缚,善于从共识的边缘处入手,则是促进语境不断适应全球化社会实践发展的客观需求。

4. 全球化语境分析的实践缺位

语境问题的实质其实不在于语境本身,而在于对背后的社会历史实践和未来发展诸多命题的清理,使之具有理论话语的可比性,扩大理论言说的全球化社会影响与渗透。全球化历史与现实的许多对话和争论,落实到实践领域就应该集中于相关问题的实践分析与解决方面,通过问题的现实展开,各自的疑问、猜忌才可能冰释,而不可能一开始就从逻辑前提下加以澄清。交流、交往与对话的“本体”是社会实践问题,是各种事实和活动,语境分析作为境遇哲学,只有与各种具体问题的深入探讨相结合,才能体现其价值与意义。相反,如果仅仅纠缠于寻求语境的一致性,对作为语境基础和结果的现实视而不见,这是一种避实就虚的做法,可能会错过真正的理论交锋以及理论向实践转化的机会。

正视全球化语境分析的局限性,只是说明应用语境分析理论所具有的限度问题,并不能否定该视角的意义和作用。对此我们必须反对“无语境化”和“泛语境化”两种倾向。“无语境化”是对语境分析的彻底否定,认为语境的存在本身就是一种话语暴力运作和实施的结果,倡导一种“纯事实”的观察分析方法,专注于“全球化的事实本身”。这种纯粹事实的返回和还原否定了语境的预设和循环,认识到纯粹事实对于理论建构

[1] 按照解释学的观点,“解释学循环”已经成为文本解释的一种重要方法,在文本、语境、作者、读者之间存在着事实上的“客观循环”特征。但针对解释学的循环术语,解构主义认为循环并不能保证意义的“延异”,尽管解释学已经意识到意义的不确定性。

的“始基”作用，但是无语境本身实际上依然带有主观的意向性，具有自身指涉的语境特征，纯粹的事实观察是不存在的。[1]

如果说“无语境化”是一种语境分析的反思和批判，强调语境的事实还原，是对于主体语境的彻底反动，而“泛语境化”则是直接应用语境术语，不对语境的特殊性予以考察，讨论的内容依然是原来的主题，并未实现语境的转移和视界的转换。[2]而且，“泛语境化”往往造成某种错觉：共同的语境必然建构出共同的话语方式和讨论主题，真正的语境关联和语境的转换其实并不在于是否运用语境这个修辞词汇，而在于言说者对于话语主题认知的自觉转换，实现全球化语境的彼此关联、融合和共生。既然每个人的言说逻辑无法彻底地更换，那么全球化的时代主题至少为我们提供了一次“语境互知”的机会和场合。语境分析的意义就在于，它使我们认识到：反复地言说和倾听是将语境逐步内化为个体的话语系统的必要环节，反思语境就是对时代与个体之间“互动主题”的主动把握。

因此，我们认为全球化语境分析应该不只是语境分析的一种特征和表现，无论何种语境所指向的根底却始终是各种现实问题；语境分析仅仅提供一个全球化共同对话的平台，使不同的思想在“全球化的语境”下进行交流，但人为设定的平台范围与持续时效是有限度的，必须进行实时的转换与超越。

四　向全球化文明语境转化的五大层次

在正视全球化语境局限性的基础上，我们认为：全球化语境向全球化文明语境的方向转化，是人类减少争端、增进对话、建构“全球文明”，

[1] 社会学的现象学方法和人类学的田野调查方法就是强调社会事实的还原，悬置理论判断，研究者首先要进入现场，排除各种先入为主的成见和理论预见，社会事实本身是社会理论的原型。

[2] 目前的语境分析中经常出现的一种现象就是利用“在……语境（境遇）下”的修辞手法，而对语境的前提并不进行讨论，仿佛这种语境是大家一致公认的，已经取得了共识一样。实际上每个人所应用的话语系统具有自身的特殊性，这是语言歧义和交往矛盾的一个有前提性而且又无法彻底根除的条件。

建构全球化文明语境的必然要求。

1. 向全球化文明语境转化的必然要求

从历史和现实的发展来看，全球化所带有的盲目性、弱控制性特征尤其明显，以某种全球化语境的普遍形式来述说一种仅仅对自己有利的话语内容，已经成为当今世界众所周知的“修辞手段”。要实现全球化的普遍和平与自由，建构一个新的文明世界，必须有意识地引导全球话语的述说方式及其内容，使之朝向一种适应全球化文明话语的方向发展；从语境和话语述说的逻辑推演及其效果来看，全球化语境的分析和应用的最终目的不是仅仅用来解释语境分裂和整合的现象，更重要的是以语境分析为突破口，破解全球化文明发展的各种难题，重塑一种从一般语境向文明语境转换的生成机制。正是在这种语境转换的现实和逻辑的推动下，全球化语境的分析必然朝全球化文明语境重塑的方向和内涵转化。

全球文明与全球化文明是两个相互关联又充满差异的概念。全球化文明强调全球文明的建构过程及其表现形态，而全球文明具有强烈的描述性，是全球化文明进程中的各种现象与结果。哲学思考全球化文明的外在形态，探究其内在的生成肌理与发展态势，这种思考在语境方面表现为全球化文明话语的机制、背景、关系的重塑。

我们所经历、理解、体验的历史与现实充满着各式各样的文明话语，各式各样的文明话语建构出历史与现实的不同经验与评价。可以说，共同的文明话语提供了全球化广泛认同的可能性。在全球一元文明的断裂与重组、多元文明的冲撞与对话不断激烈的条件下，斯宾格勒、汤因比、布罗代尔、沃勒斯坦、埃利亚斯等致力于不同文明及其世界文明联系方式的比较与分析；哈贝马斯、吉登斯、贝克等专注于文明交往的可能性、文明断裂的实在性，以一种“弥赛亚”的救世情结来扩展文明的话语体系，他们构建出全球化文明语境的不同层次。构建全球化文明语境实质上就是构造全球化文明生成的共同平台，形成地方性与全球性相互衔接的话语机制，减少全球地方化和地方全球化之间的矛盾与冲突，促进创造特殊性逐步繁盛的全球化文明发展新图景。

2. 向“全球化文明语境”转化的态度

许多学者将全球化与现代化紧密联系在一起，现代文明被认为是全球化文明的一个关键词。汤林森在分析全球化建构新的文明形态时，认为现代文明已经成为全球化文明生成的“宿命”[1]。吉登斯对于全球化的判断认为，现代性是“内在的全球化”，把全球化看成是现代化发展的必然结果和必然阶段[2]。后现代的许多学者突出多元化（plurality）和差异性（difference）的双重性。

从文明词汇的来源来看，文明是相对野蛮而言的，它本身就带有强烈的现代性特征，尽管研究全球文明的学者都试图对文明的共性、差异进行理解，但“文明”一词本身就涵盖有极强的野蛮与文明的二元对立色彩，含有二元论分析方法的逻辑判定色彩，以一种设定的逻辑中心主义思想来分析、思考各种社会发展形态。凡是文明就是好的，凡是野蛮的就是坏的，应以文明来改造野蛮。只要意识到这一点，就不能否认文明语境本身存在着的意识形态陷阱。

正因为文明语境中暗含着的意识形态陷阱的真实性，我们在重塑全球化文明时就必须采取“批判现代性”的语境，它包括以下几种态度：（1）现代性的同质性批判。将全球化的扩展论述为同一的现代化模式，强势资本、技术、文化作为现代化覆盖非现代化的主要力量，必然建构出共同的资本逻辑、技术逻辑和文化产业逻辑。必须对这种生产与消费的同一模式进行重新审查与批判。（2）全球资本主义的语境批判。我们固然承认资本主义在建构全球化过程中具有关键作用，资本本质的流动性、超国界性成为突破自然疆界限制、制度限制的重要工具，但资本主义应该是

[1] ［英］约翰·汤林森：《全球化与文化》，郭英剑译，南京：南京大学出版社，2002年，第91页。
[2] ［英］安东尼·吉登斯：《现代性的后果》，田禾译，南京：译林出版社，2000年，第56页。

全球化文明发展的一种有力“影射”，在资本主义诞生之前的全球化运动逻辑所内含的和平、友善、交流以及相互补充的功能并没有消失，只不过被资本主义的强势逻辑所掩盖而已；随着全球化文明的逐步展开，这些原初功能会不断上升。(3) 专业话语的语境批判。在极度丰富的全球化研究的话语体系中，不同学科规则、兴趣、宗旨和功能构建出全球化的多种样态。以哲学来把握全球化文明必须立足于对各门具体科学的借鉴和批判，吸收其研究成果，在此基础上实现全球化语境分析的彻底转换。

建构全球化文明语境的关键在于建立“真正的全球性公共空间和公共秩序”。目前全球化语境主要是由全球化媒体、全球化资本所建构的，话语的主题、方式和内容无不受到全球媒体、全球资本的影响，实现全球化文明语境的转化就必须跨越现代文明狭隘的文明逻辑思维模式，培养对于共享文明和特殊利益相互结合的意识。

3.“全球化实体文明语境”的转化

实体文明强调文明生成的实体性前提，以国家文明、民族文明、群体文明等实体为约束条件，来讨论文明的性质与特点，构建出充满差异的文明化世界。可以说，实体文明是目前全球化文明结构形态的主要成分，任何话语的言说无不内含着各自实体性的评价倾向。正因为如此，我们惯常理解的诸多文明形态、文明话语都从“实体性的视角”加以考察，认为任何个体、个别现象始终处于各种实体界定和约束的逻辑框架内展开，实施某种“实体性控制”。另一方面，全球化逻辑专注的视点是“全球性”，传统的所有实体存在物在全球化的氛围下，无不发生实物特征、时空特征以及边界和内涵的极大转换，原有的各种实体语境遭到极大的破坏。尽管当今世界上依然存在着各种实体文明主导甚至支配和决定全球化文明发展的现象和倾向，但应该认识到这种状态只是全球化文明生成、发展过程中的暂时现象，并不能由此否认未来全球化文明发展的美好前景。重塑实体文明的关键在于使各种、各个文明实体都具有和拥有全球文明创制的平等权、自由权和参与权,维护各种实体文明充分表达意见和见解的权利,营造全球化语境共享的环境,将实体文明与全球化文明密切联系起来,真正处理好民族、国家、政党与全球化的矛盾与冲突。

4.“全球化个体文明语境”的转化

个体文明是一切文明社会发展的直接承担者、建设者以及文明成果的拥有者,一切物质文明(包括自然资源、资本、技术、信息等)、精神文明(包括历史、文化、道德、教育等)和政治文明(包括制度、管理、阶层关系等)的功与过、利与弊无不切切实实地由每个个体来承担、体验与实现。因此,重视个体文明语境在全球化文明微观机制创建中的基础性作用,是解释和解决全球化文明冲突的一种重要方法和线索。全球化使无数单个个体连续地从群体、乡土、习惯的语境中解脱出来,个体在全球化的时空范围内的选择性不断增强,真正实现了自我的任意连接和组合。可以说,个体化语境是全球化建构的直接结果,没有全球化事实的充分侵入和展开,处于诸多物质、文化和制度因素制约下的个体自由就不可能得以实现。个体文明真正实现了文明的自我生成、感知和承受,舍弃了外界所强加的文明话语的各种“不知”、欺骗和虚假的诱惑,使全球化文明真正成为“我的文明”,至少是与我相关的文明。正是在这个意义上,全球化文明才可以真正成为个体文明的集结与凝聚,成为个体努力参与和奋斗的重要领域。重塑个体文明必须从个体、人本的视角来看待全球化的各种现象与问题,形成适应全球化并建构全球化的开放的个体行为文明、话语文明。

5.“全球化日常文明语境”的转化

全球化的生产体系和消费产品直接进入人们的日常生活领域,传统的行为模式发生潜移默化的变化,日常话语、日常生活遭到一种完全“异在”因素、事件、氛围的重构,传统日常生活世界从全球化的语境中逐步隐退，成为建构全球化文明形态的“基地”和重要构成部分。日常生活语境是个人和群体熟知的、习惯的话语条件，是形成相对稳定预期和行为批判的基本前提。日常的场域在全球化的声音与图像、事件与现象、话语与行动的冲击下，日益呈现出不稳定、分裂、破损和重组的特征，这种状态既是目前全球化推进过程中无序、任意、盲目、无法控制的表现，又显现出日常语境参与全球化文明生成机制的不足。只有关注重塑全球化条件下日常生活的重要意义，倡导一种全球化的日常生活行为观念和模式，容忍各种差异与对抗，探索日常文明语境的全球化联结，才能真正建构出全球化文明生成和发展的持续的微观基础。

6.“全球化乡土文明语境”的转化

任何有理解力的人都知道，单一的文明是枯燥而失去创造力的，而充满差异的各种地方性知识与乡土文明是丰富多彩的，是现实世界富有创造性的源泉。全球化文明的重塑直接指向乡土文明所惯有的各种机制，打破与乡土文明生成语境相适应的生活节奏、生活情节与生活样态，许多被乡土文明认为经典的文本与意象无不发生颠覆性的变化，许多被感动、被流传的故事与事件，都受到全球化无情的侵蚀而减弱和消失。全球化的稀释作用进一步减弱了乡土文明语境的归属感和认同感，归属的情感被全球化所解构：一抔故土、一株乡树、一条小河、一阵秋风、一行大雁在全球化同一性的背景下，越来越显得孤立和无助，而且乡土文明在轰鸣的城市化推土机，以及世界生产与消费的机制下，日渐破损和凋敝，最美好的乡土情结只能靠想象来填补。正是在这种条件下，全球化文明的生成必然要为各种乡土情结留下编织的空场和机会，重塑乡土语境的价值，改变乡土情愁、辛酸的失落心态，弘扬乡土对于全球化文明的建构意义，从根本上破除本土化、地方性与全球化的冲突心态，在真实又无法回避的全球化场景中，以乡土的语境展示全球化文明的巨大包容性和差异性。

总之，历史上的封闭、自足、自我循环的文明发展形态，已经被全球化开放式、网络化、极度宽容的文明发展模式所替代，文明生存的边界、内涵发生了根本性的变化，不变的东西南北的地理方位让位于全球化旋转的文明构图。全球化时代中的文明冲突依然带有浓厚的意识形态的色彩，在区分敌我、亲疏、远近的世界关系格局中，各种利益之间的争夺越来越以各种“非利益的形式”表现出来。世界文明的冲突并不令人恐惧和害怕，因为文明的交往中必然涵盖着各种误解、矛盾和冲突，而设想一种完全和谐、温情和友善的全球化文明交往模式事实上是不存在的。只有重塑全球化文明生成的新语境，把握不同文明在全球化时空中新的历史命运，一种适应和满足人们和平、发展、共同进步的文明新形态才会深入人心，逐步获得不同文明圈层的真正理解与认同，最终实现向“全球化文明”实践领域的顺利转化。

参考文献

［英］阿诺德·汤因比:《历史研究》,曹未风等译,上海: 上海人民出版社,1986年。

［英］艾比尼泽·霍华德:《明日的田园城市》,金经元译,北京: 商务印书馆,2000年。

［英］安东尼·吉登斯:《现代性的后果》,田禾译,南京: 译林出版社,2000年。

鲍宗豪:《全球化与社会发展》,上海: 上海三联书店,2002年。

［美］查尔斯·巴布科克:《云革命》,丁丹译,北京: 东方出版社,2011年。

陈代光:《中国历史地理》,广州: 广东高等教育出版社,1997年。

邓小平:《邓小平文选》第3卷,北京: 人民出版社,1993年。

董鉴泓编:《中国城市建设史》,北京: 中国建筑工业出版社,1989年。

［德］恩格斯:《反杜林论》,中共中央马恩列斯著作编译局编译,北京: 人民出版社,1970年。

［法］费尔南·布罗代尔:《文明史——人类五千年文明的传承与交流》,常绍民、冯棠、张文英、王明毅译,北京: 中信出版社,2014年。

［美］菲利普·李·拉尔夫等:《世界文明史》,赵丰译,北京: 商务印书馆,2006年。

冯象钧译:《马可·波罗行记》,北京: 中华书局,1955年。

[日]福泽谕吉:《文明论概略》,北京编译社译,北京: 商务印书馆,2016年。

郭沫若主编:《中国史稿》(第1册),北京: 人民出版社,1976年。

[美]赫伯特·马尔库塞:《爱欲与文明》,黄勇、薛民译,上海: 上海译文出版社,1987年。

[比]亨利·皮朗:《中世纪欧洲经济社会史》,乐文译,上海: 上海人民出版社,2001年。

胡焕庸,张善余编:《中国人口地理》,上海: 华东师范大学出版社,1984年。

胡耀邦:《全面开创社会主义现代化建设的新局面》,北京: 人民出版社,1982年。

[美]霍华德·T.奥德姆等:《繁荣地走向衰退——人类在能源危机笼罩下的行为选择》,严茂超译,北京: 中信出版社,2002年。

[美]杰弗瑞·戈比:《你生命中的休闲》,康筝译,昆明: 云南人民出版社,2000年。

[英]杰克·理查兹,约翰·普兰特、赫迪·魏伯编:《朗曼语言学词典》,刘润清等译,太原: 山西教育出版社,1992年。

[德]卡尔·雅斯贝斯:《历史的起源与目标》,李夏菲译,北京: 华夏出版社,1989年。

[美]克利福德·格尔茨:《文化的解释》,韩莉译,南京: 译林出版社,2014年。

[英]理查德·莱亚德:《不幸福的经济学》,陈佳伶译,北京: 中国青年出版社,2009年。

李泽厚:《美的历程》,北京: 文物出版社,1981年。

李振,鲍宗豪:《大数据时代的网络社会》,上海: 学林出版社,2015年。

[英]李约瑟:《文明的滴定: 东西方的科学与社会》,张卜天译,北

京：商务印书馆，2017年。

联合国开发计划署：《2000年人类发展报告》，北京：中国财政经济出版社，2001年。

梁展编：《全球化话语》，上海：上海三联书店，2001年。

刘炜编，赵春青，秦文生：《中华文明传真1 原始社会：东方的曙光》，上海：上海辞书出版社，2001年。

［美］刘易斯·芒福德：《城市发展史》，宋俊岭、倪文彦译，北京：中国建筑工业出版社，2005年。

［美］路易斯·亨利·摩尔根：《古代社会》，杨东莼、马雍、马巨译，北京：商务印书馆，1977年。

［美］罗兰·罗伯森：《全球化社会理论和全球文化》，梁光严译，上海：上海人民出版社，2000年。

《马克思恩格斯全集》第1卷，中共中央马恩列斯著作编译局编译，北京：人民出版社，1960年。

《马克思恩格斯全集》第3卷，中共中央马恩列斯著作编译局编译，北京：人民出版社，1960年。

［美］马修·梅尔科：《文明的本质》，陈静译，北京：中国社会科学出版社，2018年。

宁越敏，张务栋，钱今昔：《中国城市发展史》，合肥：安徽科学技术出版社，1994年。

［德］诺贝特·埃利亚斯：《文明的进程：文明的社会发生和心理发生的研究》，王佩莉、袁志英译，上海：上海译文出版社，2018年。

漆侠：《宋代经济史》，上海：上海人民出版社，1988年。

［英］R. R. K. 哈特曼，F. C. 斯托克：《语言与语言学词典》，黄长著等译，上海：上海辞书出版社，1981年。

［美］塞缪尔·P. 亨廷顿：《导致变化的变化：现代化、政治和发展》，载［美］西里尔·E.布莱克编：《比较现代化》，杨豫、陈祖洲译，上海：上

海译文出版社，1996年。

［美］塞缪尔·P.亨廷顿：《文明冲突与世界秩序的重建》，侯井天译，北京：新华出版社，2002年。

［美］塞缪尔·P.亨廷顿等：《现代化：理论与历史经验的再探讨》，上海：上海译文出版社，1993年。

《孙中山全集》第3卷，北京：中华书局，2006年。

沈玉麟编：《外国城市建设史》，北京：中国建筑工业出版社，1989年。

世界银行：《世界发展报告2006：公平与发展》，北京：清华大学出版社，2006年。

汪晖、陈燕谷编：《文化与公共性》，北京：生活·读书·新知三联书店，1998年。

王振复：《中国建筑的文化历程》，上海：上海人民出版社，2000年。

［英］维克托·迈尔-舍恩伯格，肯尼思·库克耶：《大数据时代：生活、工作与思维的大变革》，周涛等译，杭州：浙江人民出版社，2013年。

［美］西里尔·E.布莱克编：《比较现代化》，杨豫、陈祖洲译，上海：上海译文出版社，1996年。

徐康宁：《文明与繁荣——中外城市经济发展环境比较研究》，南京：东南大学出版社，2003年。

［英］亚当·弗格森：《文明社会史论》，林本椿、王绍祥译，杭州：浙江大学出版社，2010年。

［英］约翰·汤林森：《全球化与文化》，郭英剑译，南京：南京大学出版社，2002年。

张鸿雁：《春秋战国城市经济发展史论》，沈阳：辽宁大学出版社，1988年。

张琢：《九死一生：中国现代化的坎坷历程与中长期预测》，北京：中国社会科学出版社，1992年。

中华人民共和国环境保护部：《2012中国环境状况公报》，2012年。